本书由昆明学院学术著作出版基金资助出版

昆明学院学术著作丛书

电子政务项目案例分析

——业务需求驱动的政务信息化实践之路

何 俊 著

图书在版编目（CIP）数据

电子政务项目案例分析 ：业务需求驱动的政务信息化实践之路 / 何俊著. -- 昆明 ：云南大学出版社, 2018
（昆明学院学术著作丛书）
ISBN 978-7-5482-3288-9

Ⅰ. ①电… Ⅱ. ①何… Ⅲ. ①电子政务－案例－分析 Ⅳ. ①D035.1-39

中国版本图书馆CIP数据核字(2018)第058269号

策划编辑：徐　曼
责任编辑：邓玲娜
封面设计：郑明娟

昆明学院学术著作丛书

电子政务项目案例分析

——业务需求驱动的政务信息化实践之路

何　俊　著

出版发行：云南大学出版社
印　　装：昆明市五华区理煜教育印务有限公司
开　　本：787mm×1092mm　1/16
印　　张：17.75
字　　数：443千
版　　次：2018年8月第1版
印　　次：2018年8月第1次印刷
书　　号：ISBN 978-7-5482-3288-9
定　　价：62.00元

社　　址：昆明市一二一大街182号（云南大学东陆校区英华园内）
邮　　编：650091
电　　话：（0871）65033244　65031071
网　　址：http://www.ynup.com
E-mail：market@ynup.com

本书若有印装质量问题，请与印厂联系调换，联系电话：0871-64167045。

内容简介

作为一本电子政务项目案例分析的专著，本书分为三个部分。第一部分，从介绍电子政务基础知识开始，给需要补充基础知识的读者作为预备。第二、三部分将电子政务项目案例分为公共应用项目和行业部门项目两个大类进行叙述：公共应用项目分别以政务信息资源目录、企业基础数据交换共享、地理信息公共服务平台、效能政府四项制度平台、政企服务平台、政府信息公开网站群等项目作为案例进行深入介绍和分析；行业部门项目分别以工信、交通、商务、工会等部门业务系统为案例进行深入介绍和分析。每个案例分析都以业务需求分析为驱动力，突出项目的业务需求分析和架构设计，并明确具体方案设计的思路，对相关单位进行类似项目分析、立项、建设等具有较好的参考价值和指导意义。

本书可以作为政府信息化部门相关工作人员参考书，也可作为高等院校计算机相关专业研究生和高年级本科生的教材和教学参考书，同时可供从事电子政务项目的科技人员使用和参考。

前　言

随着云计算、大数据、互联网+、人工智能等新一代信息技术的快速发展，电子政务建设将面临新的机遇和挑战，信息孤岛不断产生、网络安全面临威胁、公共服务模式急需创新等问题对电子政务下一步的高质量发展提出了新的要求，人们希望通过加强顶层设计、新信息技术应用和部门之间的协作来提高电子政务项目的建设效率和应用效果。

缺乏顶层设计、投资效益低下和信息资源共享困难是我国电子政务项目建设多年面临的三大难题。随着项目的不断建设，反而促使了无数“信息孤岛”的产生，最终人们把原因归结为机制和体制问题。那么这是不是唯一的原因呢？作者认为电子政务项目与其他领域的信息化项目一样，都应遵循软件工程的规律和本质，同样需要经历需求分析、设计、编码、测试和应用整个过程，且电子政务项目更加需要对业务需求进行深入分析，以此作为后续工作的基础和驱动力，在这个驱动力下来促进项目向纵深突破发展，同时还需要通过业务需求分析来化解政府部门内部自身带来的建设和实施阻力。

围绕业务需求驱动电子政务项目建设的基本思想，本书精选出一批电子政务项目案例，通过对每一个项目案例系统的分析，向读者呈现一种科学、适用、可操作的电子政务项目设计和建设方法，同时使读者能更好地了解电子政务项目建设的基本过程和科学发展趋势。本书主要介绍了电子政务的基本知识，通过深入研究每个项目案例的业务需求，抽取出建设目标和内容，设计总体架构和系统方案，体现业务需求驱动政务信息化的理念，使本书成为关于电子政务的基础性、指导性和前瞻性的读物。

本书根据作者自己多年来负责或参与的电子政务项目建设的经验和研究心得整理、编撰而成。

作　者

2017 年 9 月

目 录

第一部分　基础篇

第二部分 公共应用项目案例篇

第三部分 行业部门应用项目案例篇

第一部分　基础篇

第1章　电子政务概述

1.1 电子政务的定义

电子政务（Electronic Government，简称 e-gov）是一个综合性很强的概念，因为电子政务与电子政府在英语中语意相同，所以在了解电子政务含义以前，必须先了解什么是政府和政务。所谓政府（Government），是指国家权力机关的执行机关，即国家行政机关。政府是从事政治活动的机构和组织，是为社会各种组织和个人提供服务的机构。政务（Government Affairs）是指关于政治方面的事务，也可以泛指国家和地方政府的各种管理工作。政务有广义和狭义之分：广义的政务是指各类行政管理事务的总称，如政府、人大（议会）、军队、政党等各种行政管理活动，它包括政府事务、军务、社区服务、执政党党务活动等等；狭义的政务是专指政府部门所开展的行政管理和社会服务活动。我国对政务的理解主要是指广义的政务。电子政务不同于电子政府，电子政府是电子政务的发展目标和结果。电子政府是相对于传统政府而言的信息社会的政府形态，它将传统政府的实体形态与信息化虚拟性网络相结合，构建出适合信息时代的政府组织，电子政府是运用信息化工具改造传统政府的结果。正因为如此，在西方国家，政府信息化就是指 e-Government，我们既可以把它翻译成电子政府，也可以把它翻译成政府电子化。

电子政务的本质，是全面提高政府行政能力，更好地适应全面建设小康社会的重要举措。为了应对经济社会发展的新形势、落实党中央关于“科学发展观”的重要思想，我国电子政务建设必须满足四个基本需求：一是转变政府职能，通过电子政务建设，更好地为民服务，提高监管水平和工作效率；二是避免重复建设，许多政府部门建立了大量的网络体系，但互联互通不够，网络利用率低，需要加快建立统一标准和统一平台的步伐；三是拉动内需，通过政府率先加快信息化建设，创造市场需求，拉动国内信息产业的发展；四是应对中国加入世贸后的挑战，全面提高行政的透明度，增强依法行政能力。

1.2 电子政务的特征

作为一种新型的管理模式，电子政务的特点可以概括如下：

1.2.1 信息资源数字化

要实现信息资源的数字化必须做好两方面的工作：一是要对信息进行数码化处理，即将各种信息按照程序化的要求转化成二进制数学语言，以便于传送、储存和操作；二是要按照管理的要求建立数据库，以便于对信息资源进行深加工，为信息资源的有效利用和信息化管理创造有利条件。由于政务管理涉及政府部门内部的方方面面，涉及部门外部相互关联的信息，涉及整个经济运行、社会活动、国家政策、国内外环境等多方面的因素，要将这些内容按照管理的要求收集起来，转化成数据形式，需要付出相当大的劳动，所以在信息资源数字化的过程中，对信息和数据进行有效地整理、输入是基础，需要投入大量的人力、物力，如果没有这个基础，整个信息化管理就无法进行。这也是电子政务与传统政务管理的巨大区别。

1.2.2 办公手段电子化

办公手段电子化是人类生产力发展到一定阶段的产物。人类社会的信息手段从最初的语言形式，到文字形式，从发明印刷、普及电话，到计算机与卫星通信、光纤通信，信息手段从原来仅仅是信息的载体，变成了既是信息的载体又是人类脑力的延伸和智能化动作的体现。实施电子政务就是实现政务工作信息化，它必须把计算机运用于政务工作中。当然，办公手段电子化是一个由低到高，由局部到全面发展的过程。我们不可能要求在同一时间，在所有部门都实现办公手段电子化。因此，电子政务的发展过程本身就是一个不断进步的过程。

1.2.3 运行环境网络化

电子政务是在网络环境下运行的。随着互联网的快速发展，政府、企业和社会公众能够方便、快捷、低成本的实现网上互联。互联网本身所具有的开放性、全球性、低成本性、高效率性等特点，也成为电子政务的内在特点，这使电子政务大大超越了作为一种政务运行平台所具有的价值，它不仅改变了政府本身的业务活动过程，促进了政府业务流程的重组，而且对整个社会及相关运行模式都产生了积极的影响，互联网是电子政务运行赖以存在的基础。

1.2.4 政务处理信息化

在政务处理过程中将各种先进的现代信息技术和信息手段广泛地运用于政府管理的各个环节，从而彻底改变了传统政府管理的方法和手段，提高了政府管理的有效性和政府管理的效率。办公自动化系统是政务处理信息化的核心应用系统，其特点是进行实时通信和交流，系统不仅使政府机关内部实现了电子化和网络化，而且政府可以以知识管理为基础，实现政府部门之间的信息共享和实时通信，从而建立起一个以反映公民需求为导向的工作流程和工作机制。

1.2.5　决策过程智能化

在信息化条件下，管理中的许多问题可以借助计算机数据处理技术来解决。一些复杂的问题在采用定量分析时，因其多因素和非线性特征，靠手工很难解决，现在可以用数学方法，通过信息技术解决，使决策过程中的大量问题都能找到有效的解决方案。决策过程智能化的关键是要建立科学化的决策程序，按照提出的目标，收集相关信息、建立数学模型、选择科学方案，以实现决策的科学化。通过流程优化达到智能化决策的目的。要完成以上任务，必须逐步减少个人经验因素的影响，推进人工智能在决策过程中的运用。在政府管理中运用智能化系统，是因为人工智能系统能够运用自然语言，协调利用感官仪器，控制物理行为，以模仿人类专家做决策。决策过程智能化也有一个发展过程，在开始阶段，它只起到辅助决策的作用，随着专家系统的日益完善，智能系统在政府管理中的作用越来越大，直到在一些部门和工作中实现完全自动化。

1.3　电子政务的发展原则

1.3.1　领导重视原则

电子政务涉及的问题全面且复杂，仅靠单一部门或少数技术人员是根本无法完成的，它已经是一次管理理念、体制和方式的变革。因此，在国家已经把电子政务建设放到一个很重要地位的情况下，各级政府领导必须高度重视电子政务建设工作，把它与政府体制改革结合起来，与我国社会主义现代化建设结合起来，才能抓出实效。

1.3.2　服务性原则

服务性原则，即我们建设电子政务系统的目的不是摆样子、出政绩，而是为人民服务。把建设电子政务系统建立在服务性原则基础之上，才能保证电子政务建设的正确方向。电子政务建设的目的是更好地为人民群众服务，同是也是为了保证政令畅通和政府内部管理高效，把政府工作人员从大量重复劳动中解放出来。

1.3.3　互动性原则

互动性原则，即建立政府与公众之间的互动关系。传统政务的管理行为是单向的，而在电子政务中，人民群众通过互联网与政府形成良性互动。政府将决策及时进行传达，公众可以通过互联网向政府反映情况，监察部门可以通过互联网了解群众情况。这大大地缩短了政府与公众之间的距离。

1.3.4 开放性原则

电子政务建设应该以公众利益诉求为重要目的。电子政务应用系统的开放性主要体现在对异构平台的适应方面，好的数据库和应用系统平台的主要特征是应该能够支持对多种异构平台的访问。电子政务的开放性还表现为不同的政府部门相互间的信息按预定的规则开放，政府内部各部门、企业和社会公众之间的信息是开放的。

1.3.5 安全性原则

电子政务作为信息时代政务活动的一种新的表现形式，在安全性方面有着更高的要求。为此，电子政务应有完备的安全防范措施，从硬件、软件以及行政管理等方面严格管理，杜绝非法入侵和泄密事件的发生。必要时应采用物理隔离的方法，做到文件流转途中保密；并从法律法规、技术手段、体制制度、人员管理各个方面和环节，来构建完整的电子政务系统安全保障体系。

第2章　电子政务建设的目标和任务

2.1 电子政务建设的目标

随着经济全球化的发展，发达国家政务电子化的步伐不断加快。一些国家经过20多年的努力，已经建设起与本国国情相适应的电子政务体系。与发达国家相比，我国在电子政务建设上还存在差距。这种差距虽是我们的劣势，但又为我国跳跃式发展提供了条件。我国可以借鉴各国成熟的经验，充分利用成熟的网络技术手段，通过面向需求的政务信息资源，整合与信息化不相适应的业务流程，在推进传统政府职能和运行模式转型的同时，跳过发达国家的在发展电子政务上的某些发展阶段，直接进入现代电子政务模式，实现跨越式发展。“十五”期间，我国电子政务建设的主要目标是：标准统一、功能完善、安全可靠的政务信息网络平台发挥支持作用；重点业务系统建设取得显著成效；基础性、战略性政务信息库建设取得重大进展，信息资源共享程度明显提高；初步形成电子政务网络与信息安全保障体系，建立规范的培训制度，与电子政务相关的法规和标准逐步完善。这些工作完成后，中央和地方各级党委、政府部门的管理能力、决策能力、应急处理能力、公共服务能力将得到较大的改善和加强，电子政务体系框架将初步形成，为下一个五年计划期的电子政务发展奠定坚实的基础。具体来说可以概括为以下三个方面。

2.1.1　功能管理自动化

从电子政务的内涵可以看出，电子政务是一种政府对政府、政府对社会、政府对企业以及政府对公务员的信息化系统。因此，电子政务在管理上必须自动化，这种自动化表现在三个方面。一是政府内部办公自动化。办公自动化是电子政务的首要目标，也是建设电子化政府的前提条件。从电子政务的发展史看，各国政府的电子政务都是从办公自动化开始的，并逐步向外延伸。我国电子政务建设目标也必须把办公自动化放在首位。要实现办公自动化需要大量的资金技术，因此，必须在做好整体方案的基础上，分步骤、有计划地实施。二是在实现政府内部办公自动化的基础上，建立政府局域网，实现政府各部门之间的信息共享。同时在政府所管辖的范围内实现网络化，实现连线作业。三是为社会公众获得信息提供一个统一的平台。为此不仅要对现有的政府主页进行重新设计，使其更适应公众获取政府信息的需要，使政府网站能够与公众实行信息交流，而且要在与外界交流的过程中保证政府信息安全，以保证为社会管理与服务提供一种全新的技术手段。

2.1.2 公共管理社会化

发展电子政务的最终目标是搞好公共管理。在社会主义市场经济条件下，公共管理目标的整体定位是“小政府、大社会”。电子政务的发展为这种“小政府、大社会”提供了技术保障。这种保障表现在三个方面。一是政府职能单一化。长期以来，我国政府不仅要承担政治职能，同时还承担着领导社会生产的职能。按照社会主义市场经济的要求，政府职能主要是运用公共权力、代表公共利益、管理公共事务、提供公共服务、维护公共秩序、承担公共责任。总而言之，政府只承担政治职能。这样它必须把政府生产经营权和投资决策权归还给企业，政府职能实现了单一化。二是政府规模小型化。由于政府的职能缩小，与此相适应的政府事务减少，政府的管理层次及相互关系也必然发生变化，控制政府规模（包括控制靠财政供养的公职人员的数量、国家公务员以外的其他公职人员数量）就成为一种必然，政府财政收入支出的比例必然发生变化，政府与其他事业单位的关系也会发生相应的变化。因此，在电子政务建设过程中，实现“小政府、大服务”目标，建立快捷、高效、协调的行政管理体制是电子政务的重要内容。三是业务流程便捷化。电子政务条件下的社会公共管理目标终要落实到政府管理与社会服务的简便、高效、廉洁上，因此，在业务流程上必须以公众的需求为目标，做到流程便捷化。

2.1.3 政务应用社会化

电子政务应用是电子政务建设的核心内容。电子政务建设的重要目标之一，就是要使原来只有少数人了解的政务系统公开化、透明化。要使政务应用社会化，一是要建立政府为社会服务的网络系统。这包括政府通过网站发布信息，提供查询系统、面向社会的信息收集和反馈系统、面向社会的各类公共服务系统、面向社会的各个管理系统。二是要建设政府部门之间的应用系统。这包括各级政府间的公文信息系统、各级各部门间的多媒体信息应用系统、同级部门之间的信息交换系统、政府部门内部的各类核心数据应用系统、政府电子商务应用系统以及通过信息手段为基层群众提供各种服务系统。

2.2 电子政务的主要任务

我国电子政务建设的主要任务包括：

(1) 建设和整合统一的电子政务网络。

为适应业务发展和安全保密的要求，有效遏制重复建设，要加快建设和整合统一的网络平台。电子政务网络由政务内网和政务外网构成，两网之间物理隔离，政务外网与互联网之间逻辑隔离。政务内网主要是副省级以上政务部门的办公网，与副省级以下政务部门的办公网物理隔离。政务外网是政府的业务专网，主要运行政务部门面向社会的专业性服务业务和不需在内网上运行的业务。建设和整合统一的电子政务网络要统一标准，利用统一网络平台，促进各个业务系统的互联互通、资源共享；要用一年左右的时间，基本形成统一的电子政务内外网络平台，在运行中逐渐完善。

（2）建设和完善重点业务系统为了提高决策、监管和服务水平，逐步规范政府业务流程，维护社会稳定，要加快 12 个重要业务系统建设：继续完善已取得初步成效的办公业务资源系统、金关、金税和金融监管（含金卡）4 个工程，促进业务协同、资源整合；启动和加快建设宏观经济管理、金财、金盾、金审、社会保障、金农、金质、金水等 8 个业务系统工程建设。业务系统建设要统一规划，分工负责，分阶段推进。党的工作业务系统建设方案由中共中央办公厅研究提出。

（3）规划和开发重要政务信息资源，满足社会对政务信息资源的迫切需求，国家要组织编制政务信息资源建设专项规划，设计电子政务信息资源目录体系与交换体系。同时也要启动人口基础信息库、法人单位基础信息库、自然资源和空间地理基础信息库、宏观经济数据库的建设。

（4）积极推进公共服务，各级政务部门要加快政务信息公开的步伐。在内部业务网络化的基础上，充分发挥部门和地方政府的积极性，推动各级政府开展对企业和公众的服务，逐步增加服务内容、扩大服务范围、提高服务质量。近两年重点建设并整合中央和地方的综合门户网站，促进政务公开、行政审批、社会保障、教育文化、环境保护、“防伪打假”“扫黄打非”等服务。

（5）基本建立电子政务安全保障体系要组织制定我国电子政务网络与信息安全保障体系框架，逐步完善安全管理体制，建立电子政务信息体系，加强关键性安全技术产品的研究和开发，建立应急支援中心和数据灾难备份基础设施。

（6）完善电子政务标准化体系，逐步制定电子政务建设所需的标准和规范。

（7）加强公务员信息化培训和考核要发挥各级各类教育培训机构的作用，切实有效地开展公务员的电子政务知识与技能培训，制定考核标准和制度。

（8）加快推进电子政务法制建设，适时提出比较成熟的立法建议，推动相关配套法律法规的制定和完善。在完成电子签名法的立法以后，要加快研究和制定政府信息公开及网络与信息安全、电子政务项目管理等方面的行政法规和规章。基本形成电子政务建设、运行维护和管理等方面有效的激励约束机制。

第3章 发展电子政务的意义

3.1 电子政务推动社会发展

电子政务推动社会发展的主要表现包括以下方面：

（1）由于政府部门之间各自为政，逐步形成信息壁垒，一些政府机关把信息是否公开视为自己的权力，甚至成为少数人“寻租”的工具。信息的这种不对称性，行政行为的权威性、神秘性，特别是几千年来的封建官本位制，使人们对政府产生神秘感、畏惧感。电子政务恰恰为打破这种状况提供了技术条件。一方面，电子政务的公开性使政府的政策法规公开化、透明化，人们对政府的神秘感消失，增加了公众对政府的亲近感，长期以来提出的人民政府为人民的口号在现代电子政务面前开始变为现实。另一方面，由于电子政务实现了双向交流，上级的指示、政策能在短的时间内下达，普通群众的呼声也能在短的时间内让上级领导知道，实现信息的公众化，从根本上剥夺了少数人依靠信息不对称获得的好处的权利，这也拉近了人民群众与政府的距离，保证了人民群众的根本利益。电子政务的运用，使人民群众对政府的观念发生了变化，使人民群众的心与人民政府贴得更近。

（2）促进政府管理理念的变革。政府对经济和社会的管理到底应该管什么，长期以来，由于受封建统治思想的影响和计划经济中无所不包的计划影响，形成了一种官员“治民”的观念。电子政务的推行，从根本上改变了政府管理的理念。这就是按照社会主义市场经济的要求，政府主要的职能是从事社会公共事务的管理和社会服务。所有这些管理不是由少数人说了算，而是要依法办事。依据政府规章制度办事。政府管理的范围主要是公共领域、公共事务，为公众提供公共服务，维护公共秩序，承担公共责任等。特别是政府的权力终属于人民，人民是国家权力的主体，政府只是受人民委托进行管理，因此，政府管理的一切手段和目的只能是满足公众的需要。由此出发，运用电子政务对社会进行管理，必须以服务公众为导向，电子政务实施的过程就是政府打破公共服务垄断的过程，提高对公众服务的质量，让公众享受政府更具体、更个性化的服务成为电子政务发展的目标，也是电子政务促进政府管理理念变革的根本所在。

（3）促进政府效能观念的转变。电子政务不仅是服务理念的一次大变革，也是政府效能观念的一次大转变。长期以来，我们也强调全心全意为人民服务，但限于当时的条件，很难实现。电子政务是信息化时代的产物，是市场经济的内在要求，这就要求一切活动都必须强调效率，必须降低成本，提高效益。电子政务不仅为这一要求提供了实现的条件，而且还延伸到提高服务质量上。由于良好的网络技术条件，各级政府官员坐在办公室里即可查询国内外信息，处理有关业务。政府为公众办事的效能，不能靠增加人来解决，而是通过提高电子政务的效能来实现。政府官员在运用电子政务系统不断为群众办实事、办好事的过程中，提高了政府的效能观念。

3.2　电子政务促进政府职能的转变

传统的政府管理模式的重心是管理，虽然人们也强调政府的主要功能是服务，但由于受服务的条件限制，在过去的几十年中这种管理模式并没有发生多大的变化。电子政务的发展为政府职能的转变提供了重要条件，主要表现在以下方面。

3.2.1　电子政务发展过程通常伴随着政府制度创新

电子政务的发展使传统的政府行政管理模式逐步发生变化，这种变化主要表现在以下四个方面：

3.2.1.1　政府的组织结构发生了变化

长期以来，我国的政府组织结构是金字塔式的层级式结构。这种结构的特点是中间层次多，信息传达速度慢，电子政务的发展改变了这种金字塔式的组织结构，形成了以扁平式网络化结构为特点的网络信息交流模式。由于网络通信的高效快速，政府的很多中间层次已经没有必要存在，中央政府根据电子政务发展的要求，对中间层实现必要的撤并和增减。

3.2.1.2　行政权力日益弱化

由于电子政务从根本上解决了获取信息的对称性问题，政府的某些权力已经没有存在的必要，它迫使中央政府将一些公共政策的制定权、执行权下放给地方政府，各级政府在电子政务面前也必须将部分权力让渡给非政府组织或中介组织，政府行政权力在电子政务面前日益缩小。

3.2.1.3　形成以公众服务为中心的流程体系

在传统的政府管理模式中，政府组织根据各部门的功能来划分自己的职权，这种方法的优点是便于各职能部门管理，其缺点是各部门关注的中心是本部门职能的完善和任务的完成，其他部门的事则与己无关。但社会及经济活动是一个完整的整体，各部门只顾本部门的利益，必然造成部门之间横向协调困难，部门之间相互扯皮，这样做不仅影响政府的工作效率，也严重地影响人民政府的威信。电子政务为各职能部门之间建立起相互沟通的平台，它以为公众服务为目标，按照公众的需要组织政府服务流程，这样做，打破了职能部门的层次结构界限，提高了服务的质量。

3.2.1.4 改变了政府的办公方式

长期以来，由于办公方式主要靠手工劳动，因此，大量的人力物力都用在开会、出差、公文“旅行”等工作上，政府官员在办公场所等公众上门，为公众提供服务。电子政务的交互性，使政府办公方式发生了根本性改变，电子政务不仅使手工劳动实现了网上运行，而且使公众足不出户即可完成与政府各部门的沟通，使政府部门之间、上下级政府之间、政府与社会之间实现了办公自动化。我国一些地区政府还将大量档案文件和基础性数据整合成电子资料库，方便群众查阅。政府的办公方式发生了根本性的变化。

3.2.2 电子政务发展将促进政府决策水平的提高

宏观决策是政府对社会事务进行管理的基本职能。在工业社会，政府决策经过多个烦琐的步骤，实现科学决策。然而，由于传统体制的束缚，决策的体制是只有少数人才能做宏观决策，其他人处于服从命令的地位。由于行政下级和社会公众既不了解上层领导的意图，又无参与决策的权力，决策在一定程度上成了少数人的特权。同时，又由于领导需要决策的事太多，受条件限制，他们不可能事事亲临第一线，这就使决策信息不完整，决策者获得的信息不准确、不全面，决策草率，盲目行事，导致决策失误。加上政府决策的时间周期较长，导致决策的时效性差，应变能力下降，降低了决策的效果。由于决策是少数人的特权，下级不可能对上级的决策进行有效的监督与约束，进一步降低了决策的效果。电子政务的发展促进了政府对策水平的提高。

3.2.3 电子政务促进政府工作作风的转变

电子政务的实施，将政府的工作重心从原来的以管理、审批为中心，转向以服务和指导为中心，政府机构的设置也以社会是否需要，人民是否满意为标准，同时政府为社会提供服务的能力也大大增强，这都为政府转变工作作风提供了条件。电子政务使政府的工作前移，推动政府为人民群众办更多的好事实事。

3.2.4 电子政务提高了政府工作效率

电子政务的实施在改变传统政府管理机制的同时，也极大地提高了政府工作效率。电子政务借助现代信息和通信技术，建立起政府组织间、政府与社会、政府与企业、政府与公民之间的广泛沟通网络，这种沟通打破了时间和空间的限制，提高了政府的决策效率、服务效率，提高了公民到政府机构办事的效率。同时也扩大了公民对政府公务活动的参与和管理，提高了社会对政府行为的监督和管理力度，增加了政府工作的透明度。

3.2.5 电子政务提高了我国公务员队伍的整体素质

政府电子政务的建设对政府管理方式及行政人员素质同样产生了极为深刻的影响。在传统的政府管理模式下，政府对社会公共事务的管理，主要是通过行政命令、行政审批等手段来实现。由于审批的项目多、透明度低，加上少数行政人员的基本素质低，各种监督不到位等多种因素，使我国公务员的整体素质一直难以提高。电子政务的发展为提高我国公务员的素质提供了条件。

3.2.6　电子政务推动了我国的廉政建设

政府腐败一直是各国力图解决的一个难题，政府腐败之所以存在，一方面是因为政府在行使权力的过程中存在很多漏洞，使一些心怀叵测的政府工作人员为了谋取私利而置党纪、国法于不顾。另一方面，由于技术原因，监督、查处和处罚难以实行，产生腐败以后，抓住的少，得逞的多，这也助长了腐败的产生和蔓延。网络的发展，使全国形成统一的信息体，市民可以通过网络对腐败行为进行网上举报，政法机关可以通过网络在网上通缉逃犯。电子政务为遏制腐败的产生提供技术手段。

第4章　电子政务标准规范

4.1　标准规范概述

电子政务是一项社会系统工程，它是国家信息化建设的重要领域之一。电子政务工程的推进要遵循统一规划、统一标准的原则，通过标准化的手段减少重复建设，提高建设效率，确保系统的正常运行和安全可靠。统一标准是确保系统互联互通，促使信息共享、业务协同的基础。

电子政务工程的建设必须依靠标准化的支撑和保障，尤其要发挥标准化的先导作用，以确保其技术上的协调一致和整体效能的实现。电子政务工程的实施要统一规划、统一标准，通过标准化的导向、协调和优化功能来减少重复建设，提高建设效率，确保系统的安全可靠。统一标准是互联互通、信息共享、业务协同的基础。标准化是电子政务建设的基础性工作，它如同“纽带”一样将不同方面的各个业务环节有机地连接起来并确保彼此间的协同工作。电子政务标准化必须服从于电子政务的总体目标，并最大限度地满足电子政务建设的需要。

4.2　电子政务标准规范

4.2.1　主要政策文件

（1）《国家信息化领导小组关于我国电子政务建设指导意见》（中办发〔2002〕17号）。

（2）《中共中央办公厅　国务院办公厅印发〈关于深化政务公开加强政务服务的意见〉的通知》（中办发〔2011〕22号）。

（3）《国务院办公厅转发全国政务公开领导小组关于开展依托电子政务平台加强县级政府政务公开和政务服务试点工作意见的通知》（国办函〔2011〕99号）。

（4）《全国政务公开领导小组关于开展依托电子政务平台加强县级政府政务公开和政务服务试点工作意见的通知》（国办函〔2011〕99号）。

（5）《国务院关于促进云计算创新发展培育信息产业新业态的意见》（国发〔2015〕5 号）。

（6）《国务院关于积极推进“互联网 +”行动的指导意见》（国发〔2015〕40 号）。

（7）《国务院办公厅关于运用大数据加强对市场主体服务和监管的若干意见》（国办发〔2015〕51 号）。

（8）《关于印发〈依托电子政务平台加强县级政府政务公开和政务服务实施指南〉的通知》（工信部联信〔2011〕455 号）。

（9）《中共中央办公厅国务院办公厅关于印发〈关于进一步加强国家电子政务内网建设的指导意见〉的通知》（厅字〔2014〕28 号）。

（10）《国家电子政务内网建设和管理规划（2011—2015 年）》。

4.2.2　主要参考标准

（1）《接入政务外网的局域网安全技术规范》。

（2）《国家电子政务工程建设项目管理暂行办法》，国家发展和改革委员会，2007 年。

（3）国家电子政务标准化总体组制定《电子政务标准化指南（第二版）》（征求意见稿）中的相关参考标准：电子政务数据元部分。

（4）《信息安全技术：云计算服务安全指南》（GB/T 31167—2014）。

（5）《信息安全技术：云计算服务安全能力要求》（GB/T 31168—2014）。

（6）《计算机软件需求说明编制指南》（GB9385—1988）。

（7）《中华人民共和国计算机信息系统安全保护条例》（国务院令 147 号）。

（8）《计算机软件产品开发文件编制指南》（GB/T 8567—1988）。

（9）《计算机信息系统安全保护等级划分准则》（GB/T 17859—1999）。

（10）《信息技术安全性评估准则》（GB/T 18336—2001）。

（11）《信息技术开放系统互联高层安全模型》（GB/T 17965—2000）。

（12）《信息技术开放系统互联基本参考模型》（GB/T 9387）。

（13）《信息技术开放系统互联应用层结构》（GB/T 17176—1997）。

（14）《信息技术开放系统互联开放系统安全框架》（GB/T 18794）。

（15）《接入网技术要求—基于以太网技术的宽带接入网》（YD/T1160—2001）。

（16）《IP 网络安全技术要求—安全框架》（YD/T1163—2001）。

（17）《防火墙设备技术要求》（YD/T1132—2001）。

（18）《千兆比因特网交换机设备技术规范》（YD/T1099—2001）。

第二部分　公共应用项目案例篇

第5章 政务信息资源目录服务平台

5.1 概 述

本项目旨在建立一个分布式的、可扩展的、可集成的、有统一数据模型、有多种用户视角的、安全可靠的目录服务平台，对各类政务资源进行组织管理及整合，解决当前政务信息资源发现和定位以及政务信息资源的规划和整理的问题，实现政务协作服务、专题信息服务、定制服务和公众服务。目录服务的重点是空间地理、法人单位、宏观经济和人口信息四大基础数据库，政务服务信息资源、应急信息资源以及各部门业务应用信息资源。

政务信息资源目录体系是政务信息资源共享的基础性设施，项目的建设范围涉及各省级部门，内容涵盖法人单位、人口信息、宏观经济、地理信息四大基础数据库，应急指挥信息资源、政府信息公开资源以及部分部门业务信息资源。

一方面，政务信息资源目录服务平台的核心是促进政务信息资源的共享和业务协同，提高行政效率，降低政府部门行政成本，提高宏观调控的主动性和科学性，营造良好的经济社会发展环境；另一方面，政务信息资源目录服务平台是对政务信息资源共享和部门业务协同的重要探索，有利于政府加强信息资源的共享和利用，为实现跨部门协同办公提供基础支撑，能有效提高政府部门行政效率和执法服务能力，使政务信息资源共享利用水平大大提高，增强政府的服务能力。

5.2 业务需求分析

政务信息资源共享是加强政府部门业务协同、提高行政效率、降低政府行政成本的关键。通过目录服务平台的建设，实现对政府共享信息资源的有效组织，是方便用户发现、定位和利用的组织架构，其主要功能包括对各政府部门的共享信息资源实现信息服务、内容编目、目录传输、目录管理和目录服务等。政务信息资源目录服务平台的需求主要分为以下三个部分：

5.2.1 功能需求

5.2.1.1 共享信息编目功能

它是指按照统一的标准设计、开发、部署共享信息服务系统，实现共享信息资源生成、共享信息资源发布、共享信息资源访问。

5.2.1.2 共享信息服务功能

它是指按照国家相关标准，对各部门共享信息资源进行编目，生成共享信息目录信息库；支持自动、机辅等编目方式；能够实现唯一标识符管理功能；标准符合性检查功能；按照国家标准，实现对共享政务信息资源的分类。

5.2.1.3 目录传输功能

它是指实现目录内容在部门目录内容信息库与目录服务中心的目录内容管理信息库之间的传输。目录传输功能包括：建立传输通道、目录内容传送、目录内容回退。

5.2.1.4 目录服务系统

它是指完成目录内容的发布，并提供目录内容的查询等服务。目录服务功能包括：目录内容发布、目录内容查询、检索。

5.2.1.5 目录中心互联互访功能

它是指按照国家相关标准，实现与省中心、各部门目录的互联互访。

5.2.2 性能需求

政务信息资源目录服务平台主要面向政府多部门信息资源共享和业务协同应用，其性能需求主要体现在以下几个方面。

5.2.2.1 网络性能需求

网络性能方面，要求网络必须畅通、快捷和安全。

5.2.2.2 系统性能需求

系统性能方面，要求系统性能良好和维护方便。

5.2.2.3 应用性能需求

应用性能方面，要求为业务应用及公共服务系统的开发和运行提供技术支撑，并具有可扩充性和可管理性。

5.2.2.4 安全性能需求

安全性能方面，必须实施相应的安全等级保护，实现身份认证、访问控制；同时完成数据备份、容灾和应急响应等。

5.2.2.5　数据质量需求

数据质量方面，要求数据及时、准确和完整，能够满足汇总统计、分析计算等要求。

5.3　平台目标、任务和内容

5.3.1　平台目标

政务信息资源目录服务平台建设的总体目标是充分利用各部门现有的信息系统和数据资源，实现政府部门之间政务信息资源的互访和信息共享，支持政府工作目标的实现；促进政务信息资源的开发及深层次运用，深化政府信息公开服务，促进经济发展与社会和谐。

5.3.2　平台建设任务

政务信息资源目录服务平台建设项目的总体建设任务包括以下内容：

5.3.2.1　目录体系建设

根据国家目录体系建设规范，总体按“逻辑集中、物理分散”的原则，建立政务信息资源目录服务平台的技术支撑环境，设计、开发信息资源的目录管理与服务功能，实现多种形态政务信息资源的发现、定位和共享，支持上、下级政务信息资源目录中心互访。

5.3.2.2　信息资源目录建设

全面调研、梳理有广泛应用需求的人口、法人单位、空间地理、宏观经济等领域政务信息资源，以及政务信息公开、应急指挥信息资源和各部门政务信息资源等，将分布在各部门的多种形式的共享信息资源组织起来，逐步构建政务信息资源目录库。

5.3.2.3　管理制度建设

围绕政务信息资源的开发利用，梳理资源共享及业务协同流程，制定建议稿及实施细则。

5.3.3　平台建设内容

政务信息资源目录服务平台建设按照统筹规划、分步实施的原则，项目将分三阶段建设。

第一阶段建设政务信息资源目录管理和服务平台（省级目录中心），建设试点部门目录中心、基础政务信息资源编目（四大基础数据库及应急信息资源、政府信息公开等），制定政务信息资源目录体系的各项技术标准和管理规范。

第二阶段的建设内容是以四大基础库为核心，推广使用政务信息资源目录服务平台，促进部门协同业务的开展；完善工程技术支撑体系的功能和性能；贯彻落实政务信息资源目录体系标准规范和管理制度。

第三阶段主要推广内容是在基本实现信息资源共享的基础上，大力推动各部门业务协同，推动“一窗式”政务联合审批替代“一门式”政务联合审批；促进智能检索和数据分析工具在决策支持中的应用。

5.4 平台总体架构设计

5.4.1 总体框架

政务信息资源目录体系技术总体架构如图 5－1 所示。

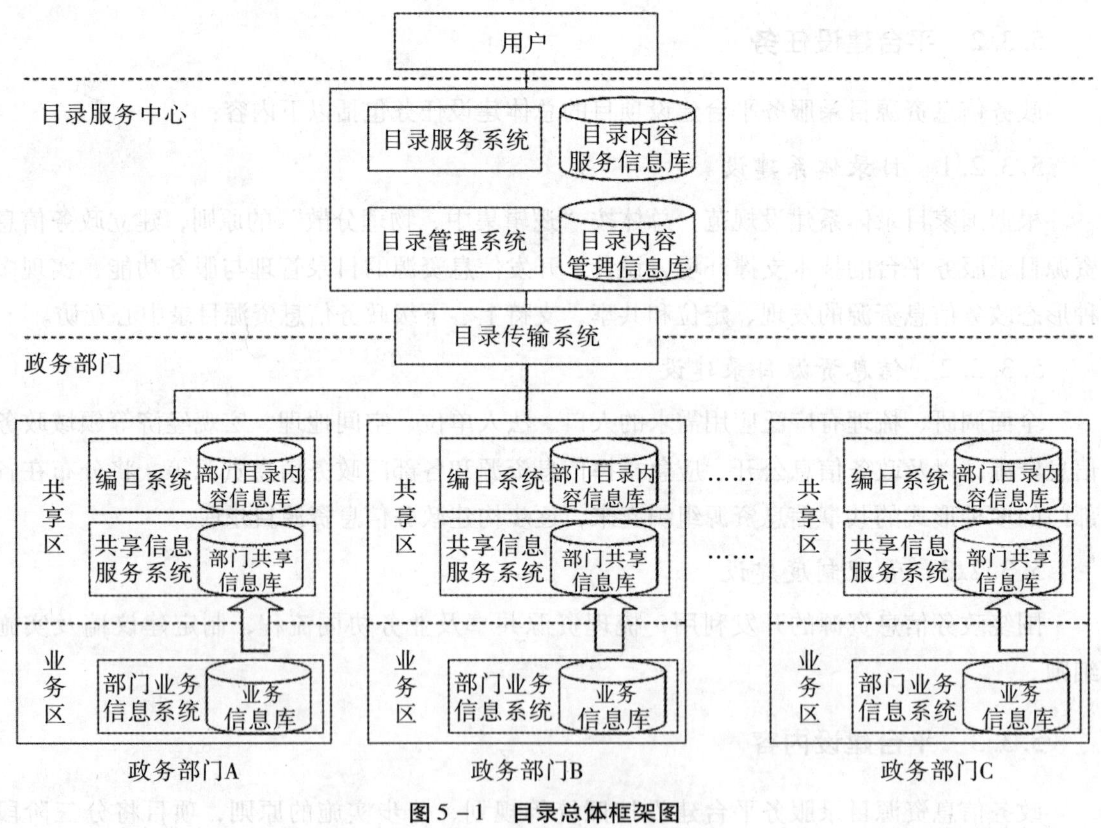

图 5－1 目录总体框架图

政务信息资源目录体系由部门共享信息库、部门目录内容信息库、目录内容管理信息库、目录内容服务信息库等信息库系统以及共享信息服务系统、编目系统、目录传输系统、目录管理系统、目录服务系统等目录内容服务系统组成。

5.4.2　技术架构

按照"一点接入，普遍联通""一套设施，普遍适用"的原则构建本项目的技术架构，如图 5－2 所示。

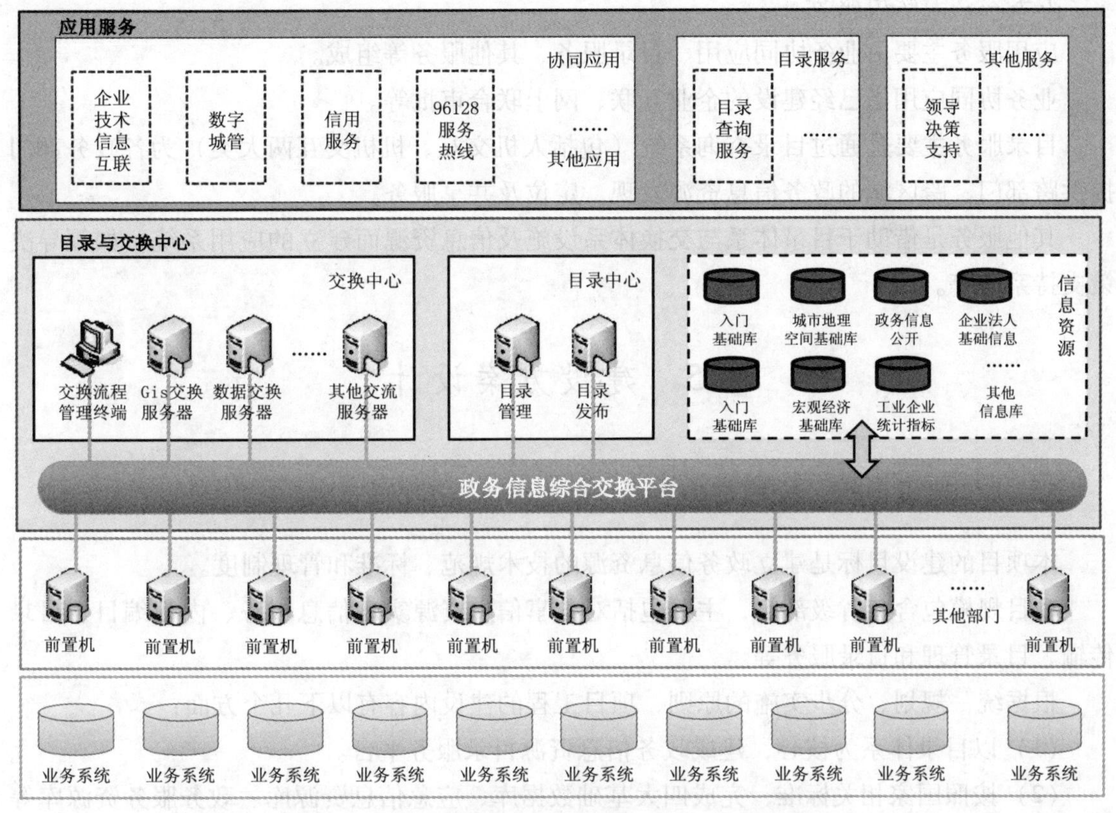

图 5－2　政务信息资源目录服务平台技术架构图

项目技术架构主要由部门业务系统、目录与交换中心、应用服务三个层面组成。

5.4.2.1　部门业务系统

部门业务系统以各职能部门的业务系统为主体，为跨部门的政务信息资源共享和业务协同提供基础，各职能部门既是政务信息资源的提供者也是使用者。参照国家标准，通过前置交换系统实现部门业务系统、目录与交换中心间的互联互通；并通过部门前置系统上建立的信息共享环境，实现政务信息资源发现、定位后的信息资源的查询访问。

5.4.2.2　目录与交换中心

目录与交换中心是政务信息资源目录体系与交换体系试点建设的管理运维中心，主要由综合交换平台、交换中心、目录中心、信息库系统四部分组成。政务信息综合交换平台主要是完成部门间的信息可靠传输及交换；交换中心主要完成对跨部门信息交换、共享流程的配置、部署及管理；目录中心主要负责对部门编目信息的审核、注册、发布、管理及服务；信息库系统主要由基础信息库、目录信息库、基于各种应用主题的共享信息库（如就业再就业等）等组成。此外，试点目录体系的目录信息报送将基于综合交换平台来完成。

5.4.2.3 应用服务

应用服务主要由业务协同应用、目录服务、其他服务等组成。

业务协同应用指已经建设的企业互联、网上联合审批等。

目录服务主要是通过目录查询系统（包括人机交互、机机交互两大类）为各政务部门提供跨部门、跨区域的政务信息资源发现、定位及共享服务。

其他服务是借助于目录体系与交换体系设施及信息资源而建立的应用系统，如领导决策支持系统等。

5.5 建设方案设计

5.5.1 建设目标、规模与内容

本项目的建设目标是建立政务信息资源的技术规范、标准和管理制度。

项目规模包含各省级部门，主要包括对共享信息资源实现信息服务、内容编目、目录传输、目录管理和目录服务等。

根据统一规划、分步实施的原则，项目工程的建设内容有以下几个方面：

（1）以目录体系为核心，建成政务信息资源目录服务平台。

（2）按照国家相关标准，完成四大基础数据库、应急信息资源库、政务服务资源库等信息库编目，并提供目录服务。

（3）在数据交换平台的基础上，实现目录内容信息库及其目录信息资源的传输。

（4）实现目录管理系统建设，完成审核等管理工作，基于网络实现对目录内容的发布，并向用户提供目录内容的查询等服务。

（5）制定面向电子政务建设实际的政务信息资源目录体系标准规范，制定政务信息资源目录服务管理和保障系统长效运行的相关管理制度和方法。

5.5.2 标准规范建设内容

5.5.2.1 标准规范建设原则

（1）统一规划，急用先行。

以本项目对标准规范的需求为基础，以国内外成功的标准化工作经验为参考，以国家电子政务标准体系为框架，参照其他各先进省市政务信息资源目录服务标准体系，规划和

编制本系统标准规范，建立本系统标准规范贯彻实施机制。

（2）采标为主，制定为辅。

以满足本系统建设需求为根本目的，充分考虑采用目前国家、省级已有的标准规范，适当修订或制定适合本项目特点的标准规范。

5.5.2.2 标准规范建设内容

信息交换环节制定相应的标准和规范主要包括：

（1）目录体系的技术管理要求。

（2）目录内容的分类标准。

（3）目录内容的编码方案。

（4）信息交换的接口规范。

（5）交换体系的技术管理要求。

（6）前置环境的建设、配置规范。

（7）其他需要规范的技术和管理要求。

5.5.3 应用支撑平台和应用系统建设方案

5.5.3.1 政务信息资源目录体系概念模型

政务信息资源目录体系概念模型如图5－3所示。

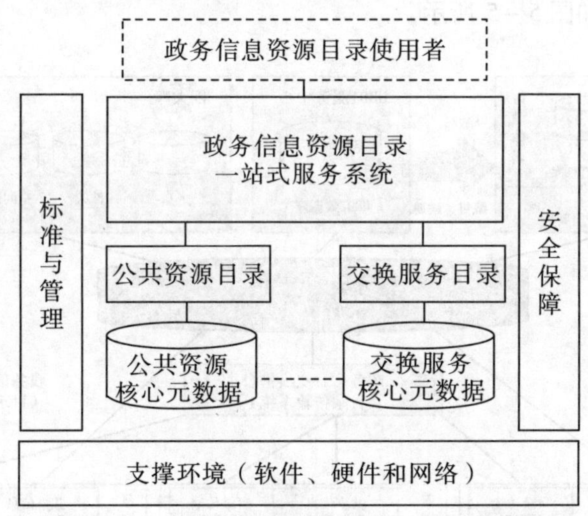

图5－3 政务信息资源目录体系概念模型图

政务信息资源目录体系总体技术架构如图5－4所示。

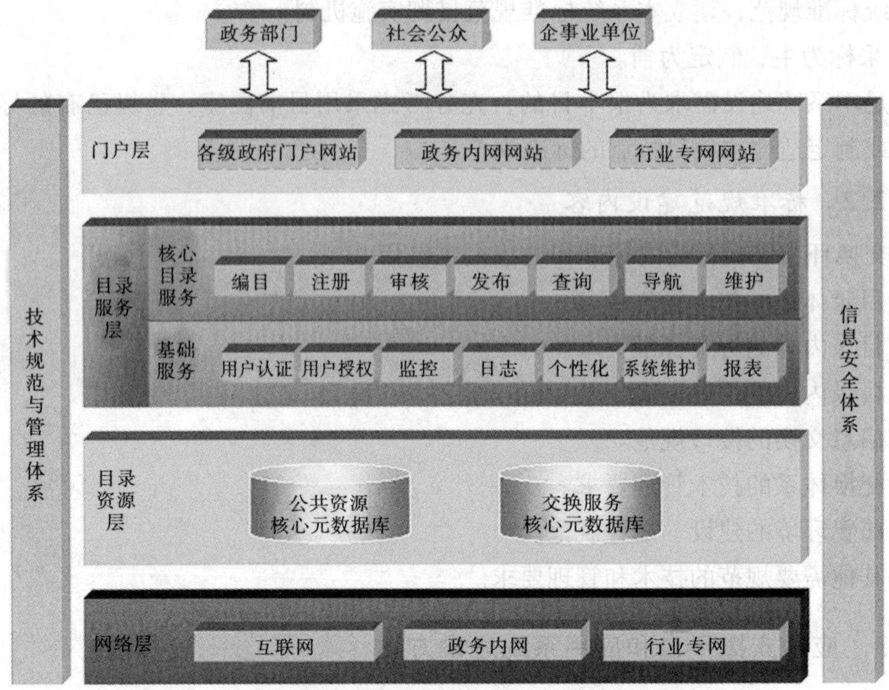

图5－4 政务信息资源目录体系总体技术架构图

5.5.3.2 逻辑方案和物理架构

项目的逻辑方案如图5－5所示。

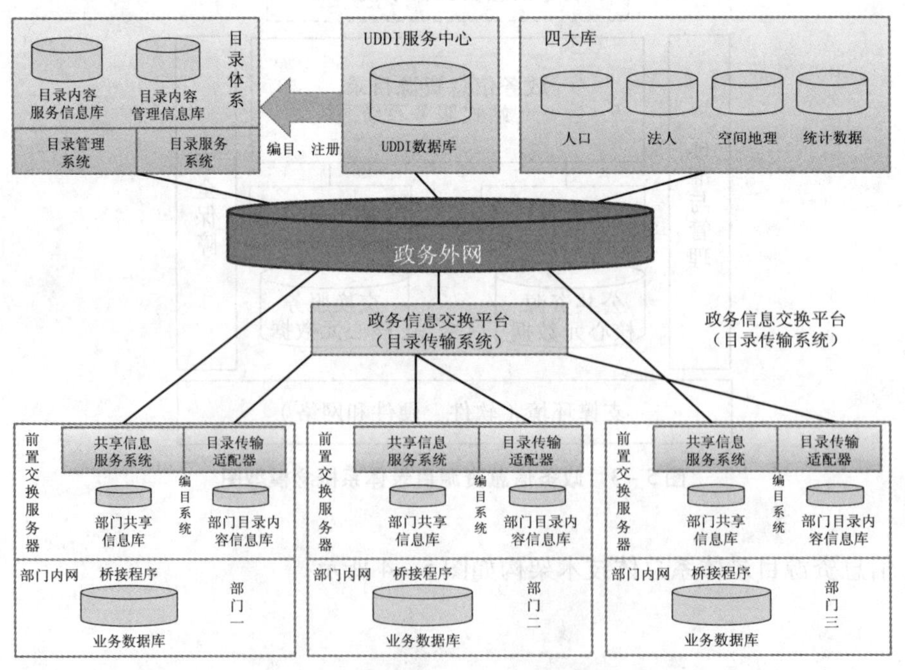

图5－5 政务信息资源目录体系逻辑方案图

项目的物理架构如图 5－6 所示。

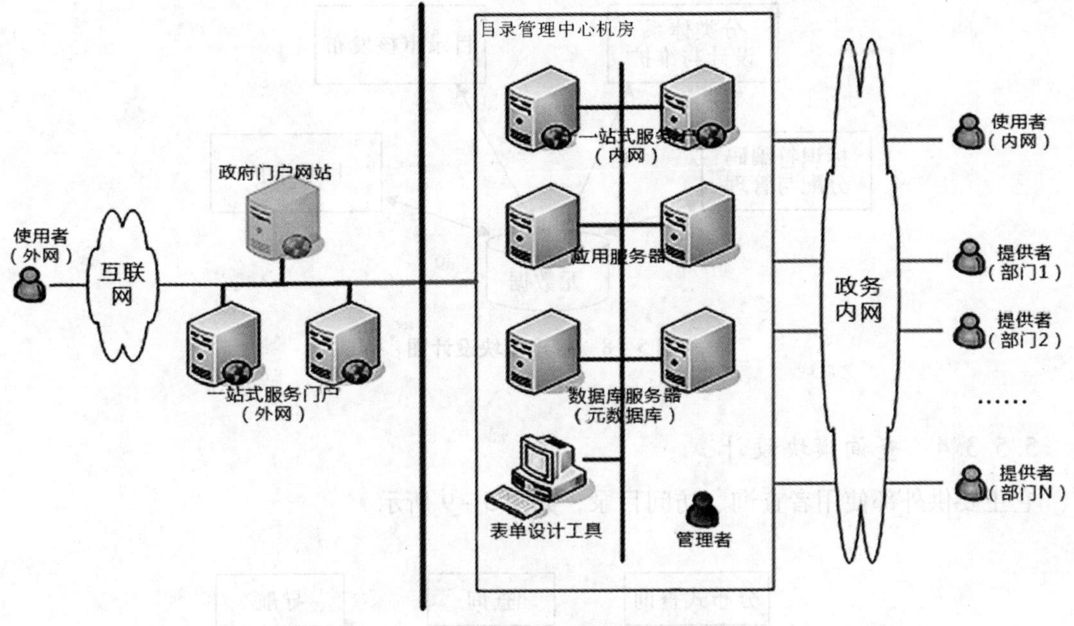

图 5－6　政务信息资源目录体系物理架构图

5.5.3.3　目录服务平台系统设计

（1）编目上报模块设计。

它主要包括编目与上报工具：管理者使用表单设计器设计表单，表单设计完成后，交付给提供者作为编目工具，提供者按照表单中的字段，从其所在部门的政务信息资源中提取出元数据，填写表单形成目录；最后把目录报送给目录管理中心（审核通过后即可对外发布）。编目上报模块设计如图 5－7 所示。

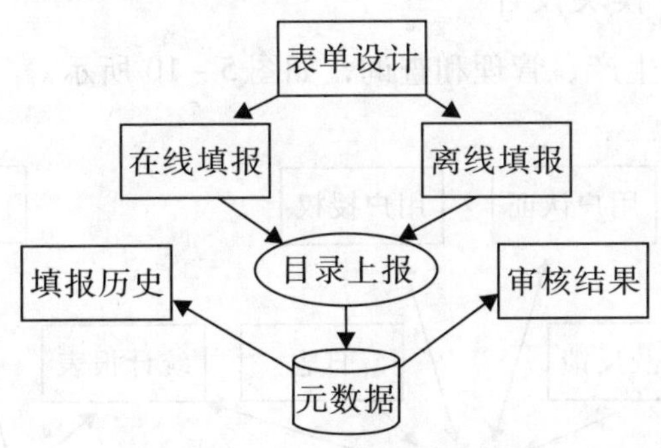

图 5－7　编目上报模块设计图

（2）管理模块设计。

它主要包括以下几个子模块，供管理者使用，如图 5－8 所示。

基础数据管理包括：分类体系、标识符编码；目录审核发布；目录维护。

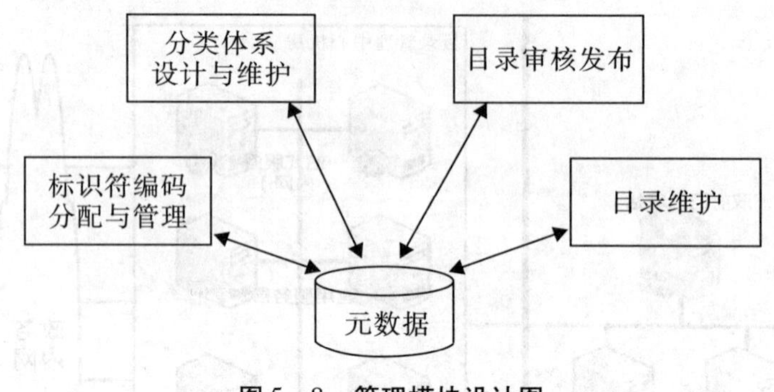

图 5－8　管理模块设计图

5.5.3.4　查询模块设计

它主要供外部使用者查询、访问目录，如图 5－9 所示。

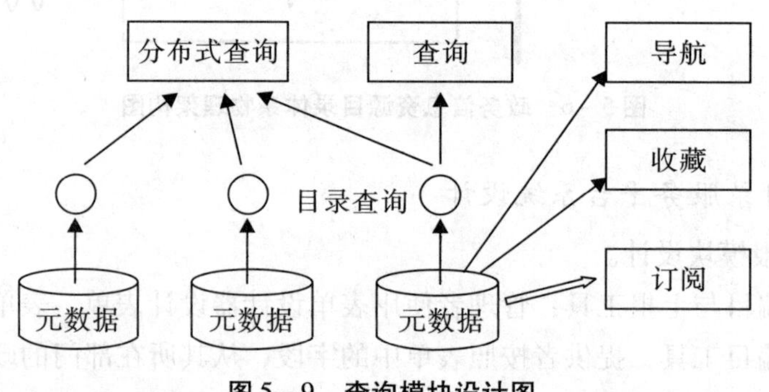

图 5－9　查询模块设计图

5.5.3.5　基础服务模块设计

它主要是支撑目录的生产、管理和查询，如图 5－10 所示。

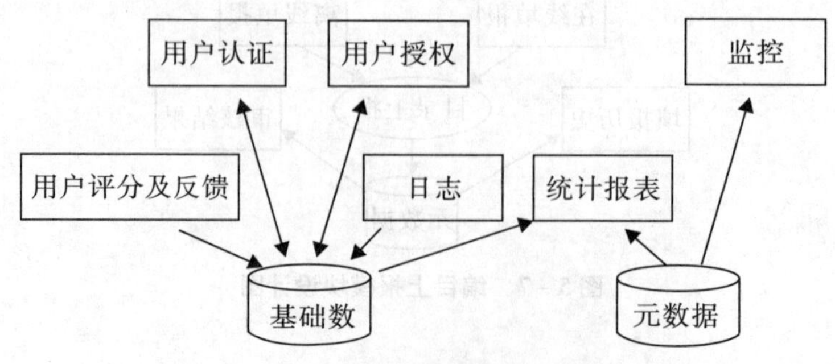

图 5－10　基础服务模块设计图

5.5.4 数据处理和存储系统建设方案

5.5.4.1 数据处理需求

政务信息资源目录服务平台需要处理各种类型的信息，系统必须具备数值型数据处理能力、文本型数据处理能力和图形图像信息处理能力。

5.5.4.2 存储系统

磁盘阵列应满足如下要求：

（1）性能。存储系统必须具备足够的存储容量和读写速度。

（2）可靠性。存储系统必须使磁盘系统的可靠性达到最高级别。

（3）可扩展性。存储系统必须有强大的扩展性。

（4）开放性。存储系统应具有多平台/多主机的联接能力。

（5）实施及维护。这就要求供应商拥有经验丰富的咨询专家和工程师队伍，可以提供从规划到实施到维护的整体服务。

（6）投资保护。存储系统应能充分体现对客户的投资保护。

存储区域网络（SAN）是一种集中化管理的调整存储网络，它是目前最主流的存储方式，从应用的成熟度、先进性、可扩展性来看都是最好的。

5.5.4.3 数据处理和存储系统方案

项目建设的存储系统尽量遵循使用原有设备的原则；采用双机热备份、热切换的高性能、高可靠的群集系统，保证系统的高可靠性。

数据存储系统采用SAN存储结构，主要数据库服务器均通过冗余链路分别与两台光纤交换机相连，实现数据可靠的高速交互。

5.5.5 终端系统建设方案

本项目终端系统主要是分布在各部门的数据交换终端和目录管理终端。

项目应用基于浏览器的B/S结构设计，对政务信息资源目录服务使用单位的终端系统无特殊要求。

5.6 社会效益分析

5.6.1 有利于推进电子政务建设

电子政务建设是信息化建设的重要组成部分，也是知识经济时代提高政府工作效率、保证行政管理工作适应新时代发展的重要手段。政务信息资源目录服务平台建设项目的实施，有利于整合分散在政府各部门的政务信息，为电子政务建设提供数据平台，为政府提供更准确、实时的决策依据。

5.6.2 有利于提高政府管理和服务水平

建设政务信息资源目录服务平台，对政府之间的信息共享和开发利用、打破部门间条块分割意义重大，对部门之间的业务协同提供基础支撑，为提高政府行政效率有着重要促进作用。

随着平台的不断完善，平台的功能重点从为政府部门信息共享和业务协同支撑发展为真正实现便捷、协同、高效的政务服务窗口。

5.7 案例评析

政务信息资源目录服务平台项目是一项复杂的政务工程，它涉及多个部门的配合协作，需要对各类政务信息资源进行组织和管理，实现信息资源共享、交换和统一的目标。项目对打破政府信息孤岛，破除信息壁垒有重大的促进作用，意义非凡。在大数据时代，统一的信息资源是政府宏观决策分析的前提条件，是电子政务进入新阶段的标志。此类项目通常是协调工作大于技术工作，通常需要在政府主要领导强有力的组织领导下，协调各部门完成各自职责内的信息资源整理和共享，即“一把手”工程。

政务信息资源目录服务平台建设完成之后能开展目录体系和目录服务的推广和应用，引导、促进并支撑各部门政务信息资源共享和开展协同业务，能够实现各部门之间各类政务业务信息资源的协同共享，让各政府政府职能从管理型向服务型转变，促进经济发展与社会和谐。

该电子政务项目案例是信息资源共享应用的典型案例，可为建设多部门信息交换共享这一类项目时提供参考使用。

第6章　企业基础数据共享平台项目

6.1　概　述

“企业基础数据共享平台”是以现有企业基础信息交换平台和试点应用为基础，整合各部门需求，通过扩展、优化技术平台，深化应用和部门协作，形成政府相关部门信息资源共享和交换，实现异构应用系统间信息交换，建立企业基础信息资源共享机制，实现各部门间的业务协同，后期还可与其他相关部门密切合作，把各家基础数据纳入到共享平台中，以此实现更多部门之间企业基础信息共享和交换以及业务协同。

根据项目要求，平台建成后，需要全面开展平台应用，逐步扩大平台服务范围；形成以企业基础数据库为核心的数据组织体系，使资源共享及业务协同更加规范、便捷和安全；使开展资源共享及业务协同工作成为一种常态。

6.2　系统功能和性能需求分析

6.2.1　功能需求

企业基础数据共享平台应具备以下基本功能：

6.2.1.1　数据共享

通过搭建企业基础数据交换中心，构建企业基础数据库，为相关部门提供数据共享服务，包括请求响应、数据比对转换、数据清洗、数据查询以及其他个性化服务。

6.2.1.2　业务协同

它是指结合业务需求梳理参与交换部门的业务流程，实现部门之间的数据传输、存储、处理和办理等需求，并为各类业务流程实现跨部门流转创造条件。

6.2.1.3　交换服务

它是指采用应用集成技术实现系统交换服务，按照跨平台、标准、开放、成熟、先进的目标，实现各部门的前置交换信息库之间信息交换。

6.2.1.4　交换桥接

它是指对接部门业务系统到部门前置接口之间的信息交换接口，实现数据之间的同步转换和请求的实时响应。

6.2.2　性能需求

企业基础数据共享平台主要面向政府多部门信息资源共享和业务协同应用，其性能需求主要体现在以下几个方面：

6.2.2.1　网络性能需求

网络性能方面，要求网络必须畅通、快捷和安全。

6.2.2.2　系统性能需求

系统性能方面，要求系统性能良好和维护方便。

6.2.2.3　应用性能需求

应用性能方面，要求为业务应用及公共服务系统的开发和运行提供技术支撑，并具有可扩充性和可管理性。

6.2.2.4　安全性能需求

安全性能方面，必须实施相应的安全等级保护，实现身份认证、访问控制；同时完成数据备份、容灾和应急响应等。

6.2.2.5　系统存储能力

各类分析数据、各类业务数据以及经用户设定为重要的数据可在磁带机或磁盘中长期（大于5年）保存。

6.2.2.6　系统可维护性

系统应提供对自身运行情况的维护和管理，包括系统运行状态监控、数据库备份和还原等。

6.3　平台目标、任务和内容

6.3.1　平台目标

企业基础数据共享平台（包括交换中心平台和交换部门节点）的总体目标是以前期工作为基础，制定企业基础数据交换共享相关标准、规范，建立交换（共享）模式和协调机制，完善数据交换中心，建立基础数据服务系统，实现资源共享、业务协同，形成全省各个相关部门之间横向和纵向的信息资源交换与深度共享，围绕突出的社会热点问题，建立起一数一源、多元校核、及时更新、授权使用、过程审计的数据共享平台。形成及时、真实、完整、统一的全省企业基础数据库，为各政府部门提供服务。通过交换中心平台、部门交换节点的建设，着力解决企业税收流失严重、假证扰乱经济秩序、社会保险费用流失、企业登记效率低下等急切的问题，实现财税增收，规范社会经济秩序，提高政府行政效率和公共服务水平的目标。

企业基础数据共享平台的项目目标是完成平台标准规范、交换管理系统、企业基础数据库、安全管理系统的建设。信息资源组织、发现、定位和数据交换等关键技术和功能基本实现；完成交换中心企业基础数据应用服务的建设，逐步开展推广应用，并取得一定应用成效。使技术支撑体系的功能和性能更趋完善；标准规范和管理制度趋向成熟并相继颁布执行；数据资源日益丰富；资源共享和协同应用系统基本上线。

6.3.2　平台建设任务

随着各部门信息化水平的不断提高，各部门已经实现了数据的省级集中，而且部门内部也实现了省、州、县的三级的网络联通，有的部门甚至连接到乡镇办事机构一级，所以目前已具备将地方成功模式在省级实现的客观条件。因此，企业基础数据共享平台主题项目以原有工作和成果为基础，扩大数据共享范围和内容，以一数一源为原则，建立信息共享身份认证、使用授权、数据公开、过程审计等机制，在全省范围内实现企业基础数据的交换和应用，进一步提高全省企业基础信息共享的显示度。

6.3.3　平台建设内容

企业基础数据共享平台需完成以下建设内容：

6.3.3.1　建立完备的企业基础数据库

本次项目的主要建设内容就是建立全省统一、及时、真实、完备和规范的企业基础数据库，包括全省所有的企业、个体工商信息。信息类型将囊括企业基础信息、企业经营信息以及企业其他的业务信息，其中有企业登记、核准、变更、注销信息；企业纳税信息；部门对企业的行政处罚结果信息；企业社保业务信息等。这些企业在整个生命周期中的经营活动信息将为政府部门对企业的监管和决策分析提供数据支持。

6.3.3.2　建设共享机制和规范

本次建设另一个重点就是建设企业基础数据交换的管理机制和规范，结合以往项目的成果和经验，制定企业基础数据管理机制、企业基础数据库基本共享指标、共享数据规范、共享交换技术规范、企业基础数据库共享接口及服务标准，其中包括企业信息共享身份认证、数据接口、使用授权、数据公开、安全审计、责任认定等方面。通过这些标准规范的制定，建立企业数据交换的长效机制，有效指导企业基础数据交换与共享工作，实现各部门企业基础数据交换的统一规划。

6.3.3.3　建设完善的交换管理系统及相关安全保障系统

本次还将建设交换管理系统以及安全保障系统，为全省的企业基础数据交换和应用打好坚实的基础。整个交换管理是基于成熟的交换中间件，实现多部门的点对点、点对多、多对多等的交换方式；满足批量数据交换、单条数据查询、数据请求服务、FTP 等多种交换模式；预留接口，适应后续不同的部门的交换接入需求。同时，加强安全保障系统的建设，通过数据安全传输、数据防泄漏、入侵防护、用户身份认证、日志管理、安全审计等多重手段，在传输环节、交换环节、存储环节上提供安全保障和有力措施，从技术上和制度上实现信息安全和系统安全。

6.3.3.4 建设企业基础数据应用服务系统

系统包括以下几个组成部分：企业基础数据门户、企业基础数据服务、公共应用服务、定制应用服务等。通过将交换、比对后的企业基础数据资源进行分析和挖掘，向各级政府部门提供各项企业信息查询服务及各类企业信息资源展示，以及对企业数据分析后形成的各种数据报表；同时各级政府部门的业务系统也可以使用标准 API 接口访问企业基础数据服务系统注册的服务；另外还可为特定部门提供定制的个性服务，为其他企业基础信息需求部门提供通用服务。通过企业基础数据应用服务系统的建设，为各政府部门政策的制定提供可靠的数据支持。

6.4 总体技术架构

企业基础数据共享平台总体架构如图 6－1 所示。

6.5 项目建设方案

6.5.1 管理机制、标准规范建设方案

为确保企业基础数据共享平台的良好、规范运作，根据企业基础数据交换平台全面统筹、常态化、规范化的管理运行机制，结合前期的项目成果和经验，制定企业基础数据共享标准和规范，以建立长效机制，有效指导全省企业基础数据交换与共享工作。其建设内容包括企业基础数据管理机制、企业基础数据库基本共享指标、共享数据规范、共享交换技术规范、企业基础数据库共享接口及服务标准。

6.5.1.1 管理机制

良好的管理机制和健全的管理规范是保证企业基础数据共享正常运行的基石和保证。因此需要制定《企业基础数据交换运行管理办法》《企业基础数据交换平台管理规范》《企业基础数据交换平台安全保密管理规定》及《企业基础数据服务系统标准规范》，对运行维护阶段的组织机构、工作模式、信息共享与更新、信息安全管理、应急响应、问题处理、技术服务、维护部门职责等方面做出原则性规定，明确平台的用户范围，明确各部

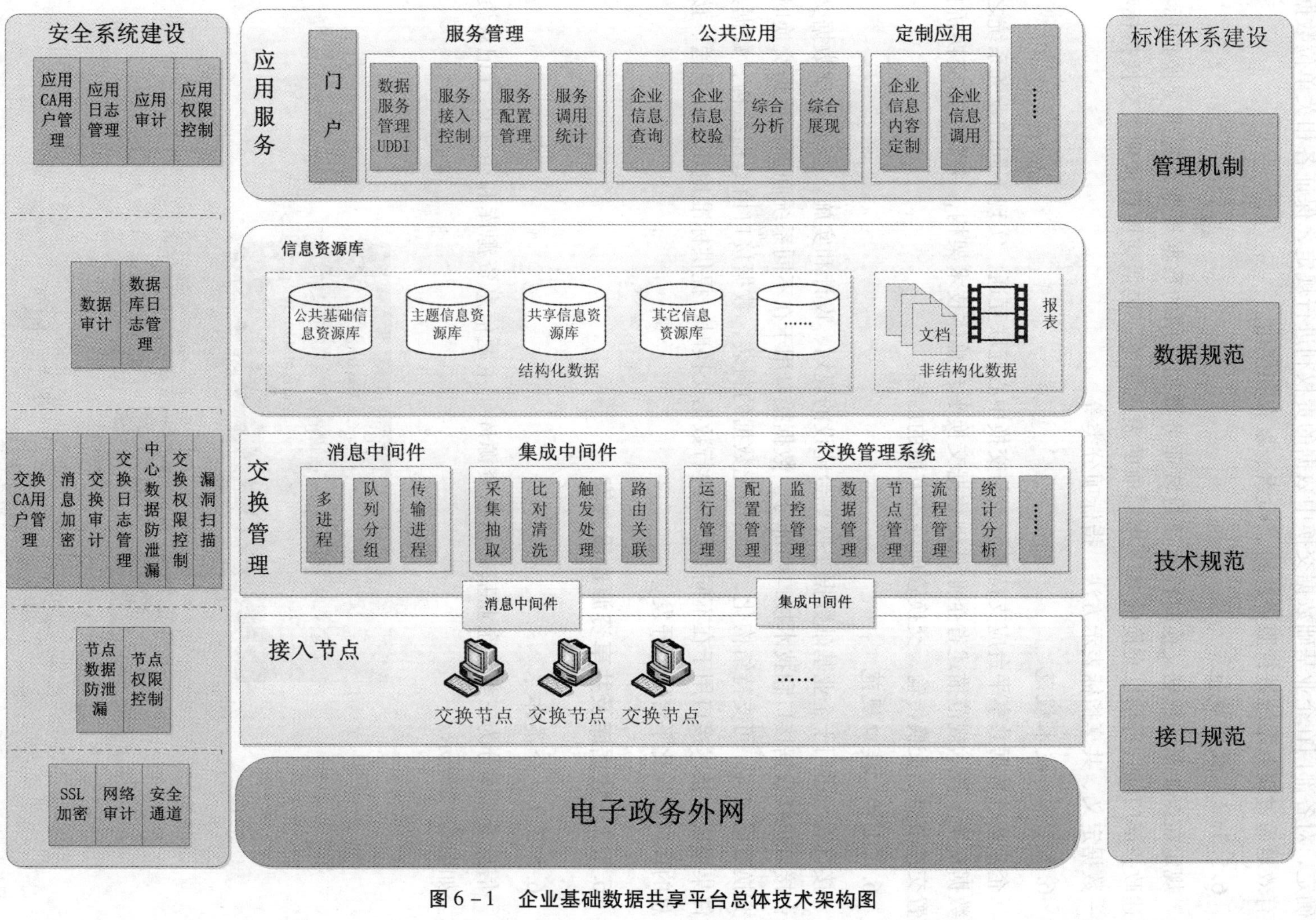

图6-1 企业基础数据共享平台总体技术架构图

门在平台使用、维护方面的权利、责任和义务等；对企业基础数据的使用合法性和范围进行确定，对各部门在企业基础数据交换中数据的责权利进行规定，保证各相关单位数据能够有效地通过服务系统进行服务注册、检索、发布和使用。

6.5.1.2 数据规范

规定在企业基础数据交换时检索及封装业务数据采用的数据规范，提出交换指标项，描述政务部门间进行信息交换的基本指标项的表示规范，包括交换目录项、交换指标项、统一数据定义、共享指标表示方法、指标项分类等。

6.5.1.3 技术规范

企业基础数据共享平台应支持各节点与交换中心互联互通，实现不同的业务系统之间的数据交换。技术规范描述省企业基础数据交换平台总体技术架构，主要包括交换桥接、前置交换节点、交换传输、交换管理等各方面的内容。

6.5.1.4 接口规范

接口规范适用于企业基础数据交换平台建设的规划、设计和实施。企业基础数据交换平台接口包括数据接口和技术接口两部分。数据接口用于在不同系统间进行数据交换时封装交换数据内容，可支持结构化、非结构化数据的封装，数据接口由数据结构、数据集、附件集组成。技术接口用于在不同系统间进行数据交换时，提供标准地产生、发送、接收消息的接口，简化平台应用开发。

6.5.2 数据库及共享资源建设方案

6.5.2.1 分类体系

信息资源库分为三类：企业基础信息资源库、主题信息资源库和企业运行记录资源库。如图 6-2 所示。

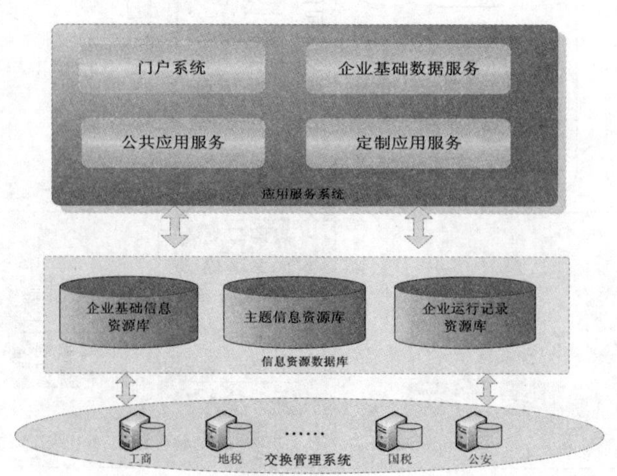

图 6-2 企业基础数据共享平台分类体系图

6.5.2.2　基础信息数据

围绕企业注册成立、生产经营、持续运营直至亏损破产退出市场全生命周期的一个循环过程，可以建立一套完整的企业各类信息详细记录，集中存储综合信息资源，从而提高企业基础数据的一致性、准确性、完整性。

（1）企业基础信息数据。

它用于存储企业基础信息，包括企业组织机构代码、企业注册号、企业名称、注册资本、实缴资本、法定代表人、身份证件号码、住所、经营范围、行业类型、企业类型、成立日期、核准日期、登记机关、经营期限止等。通过建立此库可以对企业的基础信息实现统一管理、统一维护，从而有效提高企业基础信息的一致性、准确性。

（2）企业证照信息数据。

它实现对企业经营中可能涉及的各类证照信息的集中查询和管理，包括企业工商营业执照信息，执照的年审、变更、注销、吊销等信息；企业税务登记证信息（含国税、地税），税务登记证的变更、注销、停用；生产许可证信息，食品生产许可证信息、工业产品生产许可证信息。

（3）企业社保信息数据。

它主要记录企业在经营过程中的用工情况，从而规范企业内部人员管理，帮助企业建立科学合理的用工制度，主要包括企业人数规模、所属行业、劳动用工备案信息、企业参保信息、签订劳动合同信息等。通过上述信息可了解企业用工过程中的详细信息，为每年的企业劳动执法年检活动提供参考数据。

（4）其他扩展信息数据。

它主要是与企业生产经营无直接关联的信息组成的数据库，包括企业法人信息，姓名、性别、身份证号码、法人行政处罚信息、法人重大经济犯罪信息，企业机动车登记信息及检审信息，机动车数量、品牌、型号等，可以更全面、更完整地掌握企业存续过程的全貌。

6.5.3　交换管理系统建设方案

6.5.3.1　系统架构

（1）设计原则。

系统在设计和实现时要充分考虑以下主要因素：

①采用先进的技术实现。

②符合国家政务信息资源交换相关标准和规范。

③充分考虑异构系统兼容性。

④系统可扩展性要强。

⑤数据交换的安全性。

⑥数据交换的开放性、灵活性。

⑦数据交换的可管理性。

(2) 系统框架。

各参建部门将需要报送的信息放到部门前置交换信息库，在部门前置交换系统中对数据进行转换处理，系统提供 FTP 方式和 Web Service 服务整合方式，如图 6-3 所示。

6.5.3.3　系统功能

交换管理系统，是数据交换系统运行的指挥中心，提供数据交换系统操控和监管的人机交互工具。交换管理系统的主要功能包括：工作状态、启停服务、交换模式、流程配置、监控日志、数据管理。

本系统管理、监控对象如下：

数据交换系统涉及的所有实体、数据交换流程、数据交换系统的运行模块、数据交换系统的所有访问行为审计。

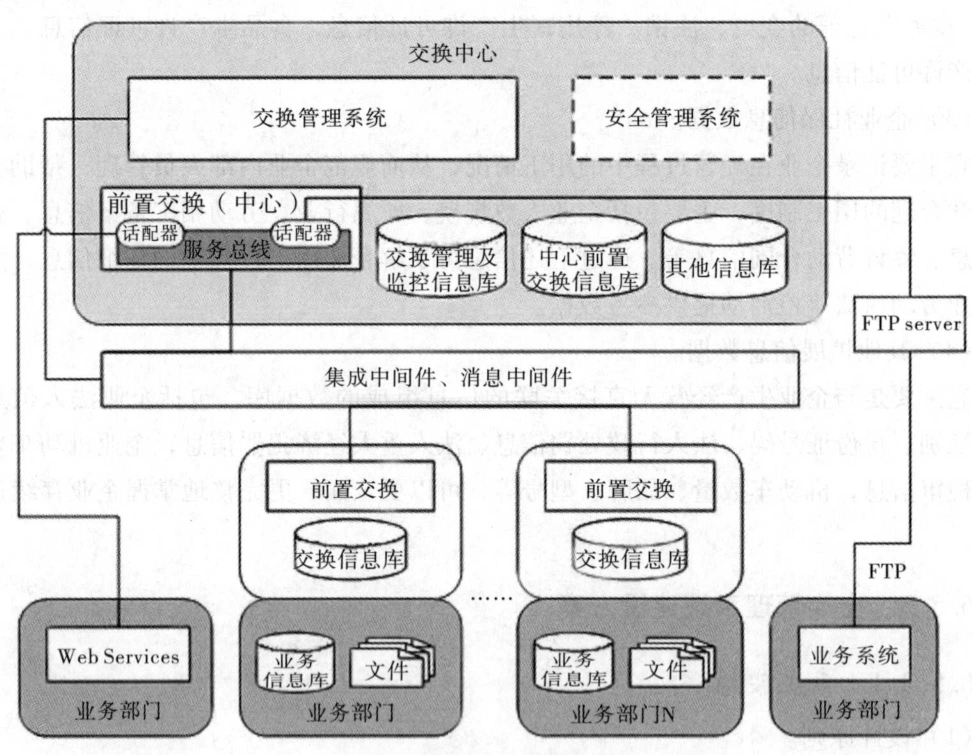

图 6-3　系统框架图

本系统包含以下几个内容：交换中间件；运行管理；配置管理；节点流程管理；监控管理；数据管理；统计分析。

6.5.4　应用服务系统建设方案

企业基础数据应用服务系统主要面向各有关政府部门，向其提供所需的企业基础数据查询服务以及对企业数据分析后形成的各种数据报表。应用服务系统以通过数据交换平台获取的企业基础数据资源为基础来进行搭建。平台主要由门户系统和企业基础数据服务系统两个部分组成，其中门户系统部分数据由企业基础数据资源和企业基础数据服务系统构成。应用服务系统的建设可有效提高各级政府部门之间信息资源共享能力，节约跨部门的协同办公成本，系统数据的分析挖掘为各政府部门政策的制定提供可靠的数据支持。

6.5.4.1　建设内容

建设内容主要为以下几个方面：搭建企业基础数据服务系统；集成各政府部门已发布的 WEB 服务；基于企业基础数据资源开发满足不同需求的服务。

6.5.4.2　门户系统

基于企业基础数据资源，开发统一平台门户系统。系统应具备导航功能，提供有效、快速、便捷的多种引导方式，保障用户可以快速准确的查找所需信息资源。信息资源在门户系统上的共享运用为各级政府部门提供了丰富的企业基础数据查询服务，同时极大地提高了各政府部门之间的协同工作效率。

6.5.4.3　企业数据服务系统

基于 SOA 构建企业基础数据服务系统，通过建立一个开放式、面向服务的体系架构，使得在不同平台上，以不同语言编写的各种应用服务可以在基于标准的方式下相互通信。企业基础数据服务系统可以将各政府部门分布在不同位置的服务注册到服务系统，它提供了一种服务注册的机制，通过相应的标准 API 来实现服务发布及查询，使得 Web 服务能够方便、及时地被发现并集成到各政府部门的业务应用。

6.5.4.4　公共应用服务

公共应用服务提供面向企业基础数据交换部门人员的基于法人企业基础数据信息的各项服务，包含查询、综合分析、校验等项。系统接到使用者发出的各项服务请求后，将相应的结果反馈给用户。公共应用服务包括企业信息查询服务、企业信息校验服务、初步综合分析、地区综合分析、行业综合分析、指标排名综合分析、经济类型综合分析、综合展现。

6.5.4.5　定制应用服务

定制应用服务面向全省相关政府部门，提供基于企业基础信息的各项服务，包含面向特定部门的个性服务，面向其他企业基础信息需求部门的通用服务；可为每个政府部门定制其所需求的信息，实现灵活定制，便于扩展和提供个性化的服务。它包括企业信息内容定制服务、企业信息调用服务。

6.5.5　安全管理系统建设方案

企业基础数据共享平台以数据的交换为核心，所有接入部门均通过电子政务外网共享或获取企业基础数据，这面临着各式各样的安全威胁，因此有必要进一步加强企业基础数据共享平台的安全性。

6.5.5.1 安全建设目标

企业基础数据共享平台安全系统建设的总体目标是为平台建立技术、管理上的安全保护，保护平台内部的计算机硬件、软件和数据不受偶然和恶意的原因遭到破坏、更改和泄露，保证整个交换和共享信息的机密性、完整性和可用性，保证所有用户操作的可审计、查询，确保平台的安全、稳定运行。

6.5.5.2 安全需求分析

鉴于项目承建单位现有机房、网络及安全基础设施、设备条件，在物理安全、病毒防护和网络边界保护等方面都具有较为完备的措施，因此本项目的安全需求主要包括以下几个方面内容：身份认证和访问权限控制、应用安全、数据交换安全、漏洞发现和管理、安全审计。

6.5.5.3 基本建设原则

系统的安全需求是全方位的、整体的，其安全保障体系不是解决单个环节、单一层面上的问题，而是一个从设施、技术到管理，乃至整个运作体系的全面的安全解决方案。因此，企业基础数据共享平台在系统安全保障体系设计过程中应遵循如下的原则：分级保护原则；最小特权原则；标准化与一致性原则；技术与管理相结合原则；动态发展原则。

6.5.5.4 安全管理系统设计

安全管理系统主要包括三大部分：交换安全管理系统、应用安全管理系统和安全审计系统。安全管理系统需将三个部分的定制软件与所采用的成熟安全产品或软件进行有效的集成，建成统一的安全管理系统，以便于平台及部门管理员、运维人员操作使用，从而实现对企业基础数据交换平台的统一、全面、有效、易用的管理，如表6－1所示。

表6－1 安全管理系统设计表

模块	名称	类型	备注
交换安全管理系统	数据交换用户身份认证	定制开发和集成	CA证书，网管中心提供
	交换数据传输安全	购买软件	数据交换中间件
	数据交换及应用服务访问控制	定制开发和集成	
	交换管理日志	定制开发和集成	
	漏洞管理	已有	已有

续　表

<table>
<tr><th>模块</th><th colspan="2">名称</th><th>类型</th><th>备注</th></tr>
<tr><td rowspan="7">应用安全管理系统</td><td rowspan="3">网络边界防护</td><td>防火墙</td><td>已有</td><td>已有</td></tr>
<tr><td>防病毒</td><td>已有</td><td>已有</td></tr>
<tr><td>入侵防御</td><td>购买设备</td><td>IPS 系统</td></tr>
<tr><td colspan="2">应用用户身份认证</td><td>定制开发和集成</td><td>CA 证书，网管中心提供</td></tr>
<tr><td colspan="2">应用安全通道</td><td>已有</td><td>安全网关，网管中心提供</td></tr>
<tr><td colspan="2">应用服务日志</td><td>定制开发和集成</td><td></td></tr>
<tr><td colspan="2">网页防篡改</td><td>购买软件</td><td></td></tr>
<tr><td rowspan="4">安全审计系统</td><td>网络安全审计</td><td></td><td rowspan="2">购买设备</td><td rowspan="2">网络及数据库安全审计系统</td></tr>
<tr><td>数据库安全审计</td><td></td></tr>
<tr><td colspan="2">应用安全审计</td><td>定制开发和集成</td><td></td></tr>
<tr><td colspan="2">交换审计</td><td>定制开发和集成</td><td></td></tr>
<tr><td></td><td colspan="2">堡垒机</td><td>购买设备</td><td>运维审计系统</td></tr>
</table>

6.5.6　存储和备份系统建设方案

6.5.6.1　存储系统

企业基础数据资源库是应用的核心，不但数据处理量大，而且对安全性要求较高。因此保证该系统的高性能、高可靠性，是数据存储系统的核心。在本项目中，将已有的磁盘阵列，采用 SAN 存储结构，搭建企业基础数据中心平台存储系统，可实现数据可靠的高速交互，保证系统的高可靠性。

6.5.6.2　备份系统

建立完善的备份体系是保证整个企业基础数据共享平台稳定高效运行的必要手段。在备份系统的建设中应包含数据备份、应用备份、网络备份、环境备份等多方面的内容，并且建立相适应的恢复机制、备份管理机制、备份管理制度，确保备份系统发挥最大效用。针对本项目，不单独建设备份系统，系统建成后将融入实际运行维护体制中，同步进行系统备份运维。

6.5.7　系统部署方案

企业基础数据共享平台采用集中部署方式，依靠技术手段，实现企业基础数据资源的集中和数据的整合，并对共享的数据进行深层次的挖掘和分析，便于用户快速地进行科学决策，从而提高政府的管理水平和工作效率。各协作部门可根据需要对企业基础数据进行查询、统计、分析和深度应用。整个平台的部署如图6－5所示：

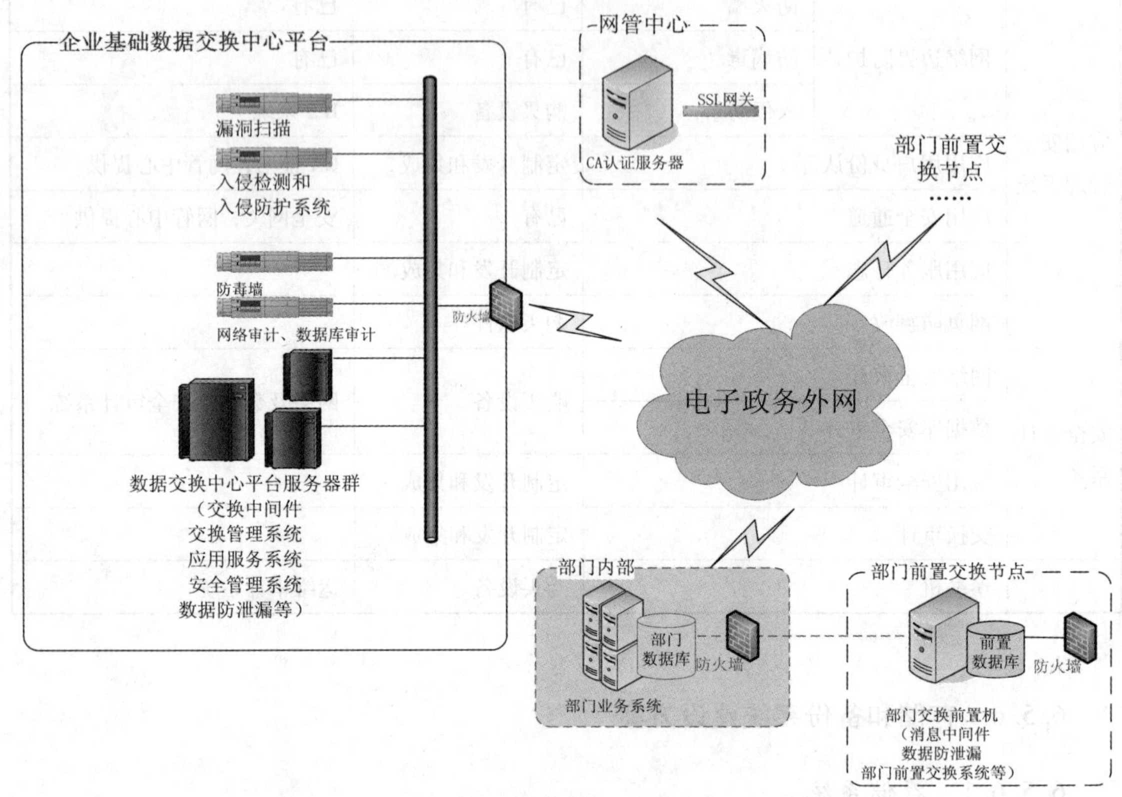

图6－5　平台系统部署设计图

6.6　经济及社会效益

6.6.1　经济效益

（1）企业基础数据共享平台的核心是促进政府相关部门企业基础信息资源的共享和业务协同，克服政府相关部门间企业基础信息分散及利用率低等弊端，避免各部门的重复建设，节约建设资金和行政成本，提高信息利用率和时效性，对全省经济和社会发展产生直接经济效益。

（2）企业基础数据共享平台有利于提高政府相关部门的工作效率和服务能力，及时准确地为相关政府部门的企业基础数据交换提供基础支撑，有利于营造良好的跨部门的业务协同环境，对促进国民经济和社会发展产生间接经济效益。

（3）企业基础数据共享平台将有利于提高宏观调控的主动性和科学性，有利于营造良好的经济社会发展环境，对促进国民经济和社会发展具有重要作用。

（4）项目的建设能够促进政务信息资源的共享开发，促进现代信息服务业的发展。

6.6.2　社会效益

（1）企业基础数据共享平台将实现政府相关部门的企业基础信息资源的交换和共享利用，平台建设是政务信息资源共享和部门业务协同的重要探索，对转变电子政务建设思路、加快电子政务建设有着积极的促进作用。

（2）企业基础数据共享平台为实现跨部门数据共享提供基础支撑，加强政府相关部门对市场监管的力度，有效提高政府部门行政效率和执法服务能力。

6.7　案例评析

企业基础数据主要分布在工商、国税、地税和质监等部门，为确保企业基础数据共享平台良好、规范、常态化运作，必须有以上四个部门参与。此类项目可以为各地电子政务信息资源共享工作提供有益的探索和经验，推进政务信息资源实现有效和安全共享。除了项目技术工作外，必须先构建以企业基础数据为核心的数据组织体系，使资源共享及业务协同更加规范、便捷和安全，在制度框架下开展资源共享及业务协同工作，使资源共享成为一种常态，促进政府、社会资源共享进一步提升，满足各部门之间横向和纵向的企业基础信息资源交换与共享的需求。

企业基础数据共享平台项目建设完成后，不仅能够充分利用共享信息为各级政府部门服务，实现各业务部门之间实时信息共享和业务协同，而且还可以建设面向公众的各类应用，这些应用对提升相关部门的行政管理效能、深化政务应用、支撑宏观决策等具有十分重要的意义。

第7章　地理信息公共服务平台及应用项目

7.1 概　述

地理信息公共服务平台及应用项目，是通过高端技术和有效的管理和共享机制，使各种与地理空间位置有关的信息数据，通过统一的综合平台，得到整合、交换和充分共享。它对于提高信息资源的开发利用程度和信息化水平，加快推进信息化进程，最大限度地减少政府重复投资，对于解决信息化建设过程中存在的突出问题是非常必要的。

7.2 业务需求分析

7.2.1　业务分析

地理信息数据在各个政府部门产生并存储，各部门通过地理信息公共服务平台上传、提取、交换数据，也可以采用上报存储介质的方式由数据中心做导入处理。数据中心采集和导入数据时，按数据规范将需要的数据进行转换，并存贮在数据中心。当授权用户需要使用数据中心的数据时，外部系统向公共服务平台发出请求，平台验证请求系统的身份，身份验证通过之后，获取访问者请求的数据，并使用发布的规范格式（XML或其他的方式）将数据传输给请求者。

7.2.2　信息量分析与预测

（1）地理信息资源库包含：遥感影像数据、电子地图、数字线划图、地址数据库等。

（2）工业经济地理信息数据主要是采集各类包括统一的基础地图（如行政区划图、道路图、学校、医院等）、基于工业园区分布图，对各类经济指标进行空间查询、空间展示分析及重点工业企业、无线电监测、产业结构等进行空间查询、统计，并对重大项目进行动态监测等。

（3）应急指挥地理信息服务系统主要采集应急指挥综合数据和应急指挥专题数据，包括空间和属性数据、专题地图制作火灾档案管理以及卫星应急监测管理等相关数据。

（4）新农村建设地理信息服务系统主要搜集全省范围内社会、经济和自然资源信息，包括水资源，森林和生物资源的分布状况、气候资源状况、旅游资源、人口状况、发展规划等相关数据。

（5）基层党组织管理地理信息服务系统主要搜集基层党组织管理地理信息，同时系统通过调用地理信息公共服务平台其他的专题数据服务，如企业法人数据、人口数据与系统自身的信息进行对比分析。其中包含党组织信息库、党员信息库、辖系单位信息库三个属性数据库；党组织分布专题空间数据库；基层党组织管理地理信息服务系统、经整理加工后的数据以及数据挖掘工具。

7.2.3　系统功能和性能需求分析

7.2.3.1　基本功能需求

地理信息公共服务平台及应用示范项目建设要满足国家相关规范标准要求。它主要有三项基本功能需求：一是地理信息数据库建设；二是地理信息公共服务平台及应用建设；三是地理信息公众服务。另外，平台是一个多层次的复杂系统，包含多个层次结构，其运行维护工作也很复杂，为了保障系统信息的持续更新和平台可靠运行，需要考虑平台的运行管理系统。

7.2.3.2　系统性能需求

（1）平台基础设施性能需求。

平台的基础设施应能满足地理信息快速、安全服务的要求。

系统存储能力。平台的框架数据对外提供是栅格化分级存储的电子地图和影像地图，所需的存储空间很大，同时为保障性能，需要采取服务器集群方式和多台网络存储设备，因此我们初步估计平台存储空间需要 2×30TB。

地理信息服务器并发访问能力。平台提供地理信息服务对服务器的吞吐能力、计算能力和并发访问能力要求很高。

网络带宽在政务网的平台的部署初步设计放于基础地理信息中心机房，并采用光纤接入政务网，出口带宽应大于 100M。

（2）平台地理信息服务能力。政务网平台应支持每日近万人的访问量，所支持的应用应该在 100 个以上。

矢量数据交换每百兆数据入库时间：不超过 8 分钟。

影像数据交换每百兆数据入库时间：不超过 100 秒。

7.3 平台目标、任务和内容

7.3.1 平台目标

项目的总体目标是利用电子政务网络平台和国家及省级基础测绘建设成果，通过对地理信息资源的整合、加工、处理，构建全省地理信息资源数据库，并开发地理信息公共服务平台，为实现全省的地理信息资源的有效整合、交换、开发和分建共享，推进电子政务重点业务系统的建设提供地理空间数据共享平台支撑。

7.3.2 平台建设任务

本项目建设以实现对现有基础地理信息资源的整合，建立地理信息服务门户系统，提供三维、二维的电子地图和影像服务，并基于自然资源与地理信息数据库建设各电子政务应用业务系统。

7.3.3 平台建设内容

根据统一规划、分步实施的原则，项目的具体建设包含以下内容。

7.3.3.1 基础设施

基础设施是支撑“地理信息公共服务平台及应用示范项目建设”信息资源管理、共享、服务以及应用所需的网络、系统软件硬件设备及其运行环境。根据业务性质和安全要求的不同，可以选择不同的网络环境。基础设施是“地理信息公共服务平台及应用示范项目建设”正常运行的基本保障。

7.3.3.2 地理信息资源库

信息资源库主要包括基础地理信息产品库、公共地理框架数据库、专题应用数据库。

7.3.3.3 地理信息公共服务平台

地理信息公共服务平台主要包括：数据库管理系统、平台服务系统、政务网门户系统、运维管理系统。为保障体系的在日常业务中的有序运转，必须提供与建立严格的运行维护管理制度。

7.3.3.4 部门应用示范项目

在地理信息资源公共服务平台基础上，政府部门利用该平台提供的各种服务搭建各自的应用示范项目，以满足业务需要，因此业务应用层的涵盖范围很广，如国土资源管理、城乡建设规划与管理、环境保护、园林绿化、水利、工业、农业、交通等。从今后的发展趋势来看，地理信息资源不仅广泛应用于政府部门业务，而且在综合信息服务、公众信息服务等领域均有较大的应用潜力。

7.3.3.5　互联网应用系统

建设面向互联网的地理信息门户网站，通过互联网发布统一标准的地理信息服务，面向企业和公众户提供地图服务、地理信息查询服务、空间分析服务等。

7.3.3.6　政策法律法规与标准规范体系

健全完善政策法规与标准规范体系是地理信息公共服务平台顺利建设的客观需求。如当前地理信息资源分散在各个政府部门，各部门采用的数据格式、坐标系基至数据质量都不尽相同，简单的数据收集整理无法满足政务协同工作需求，因此，健全完善政策法律法规和制定标准规范保障体系已成当务之急。

7.3.3.7　信息安全体系

政务信息资源经整合、集成后，其实际价值将无法估量，是一种非常宝贵的财富，尤其是地理信息资源。因此，地理信息公共服务平台框架的设计也必须从安全策略、安全技术保障、安全组织、安全管理等多方面进行系统考虑，通过信息安全保护和防御以确保地理信息的保密性、完整性、可用性、可控性和不可否认性。

7.4　平台总体设计

7.4.1　总体框架

“地理信息公共服务平台及应用示范项目建设” 总体框架可划分成基础设施、地理信息资源库、地理信息公共服务平台、部门示范应用系统、互联网应用五大内容以及政策法规与标准规范体系、信息安全体系两大支撑手段。其中，五大内容构成平台建设的阶段性目标，两大支撑手段贯穿于整个平台建设、应用以及推广的各个阶段，是其重要的保障。

7.4.2　技术架构

“地理信息公共服务平台及应用示范项目建设” 技术架构如图7-1所示。

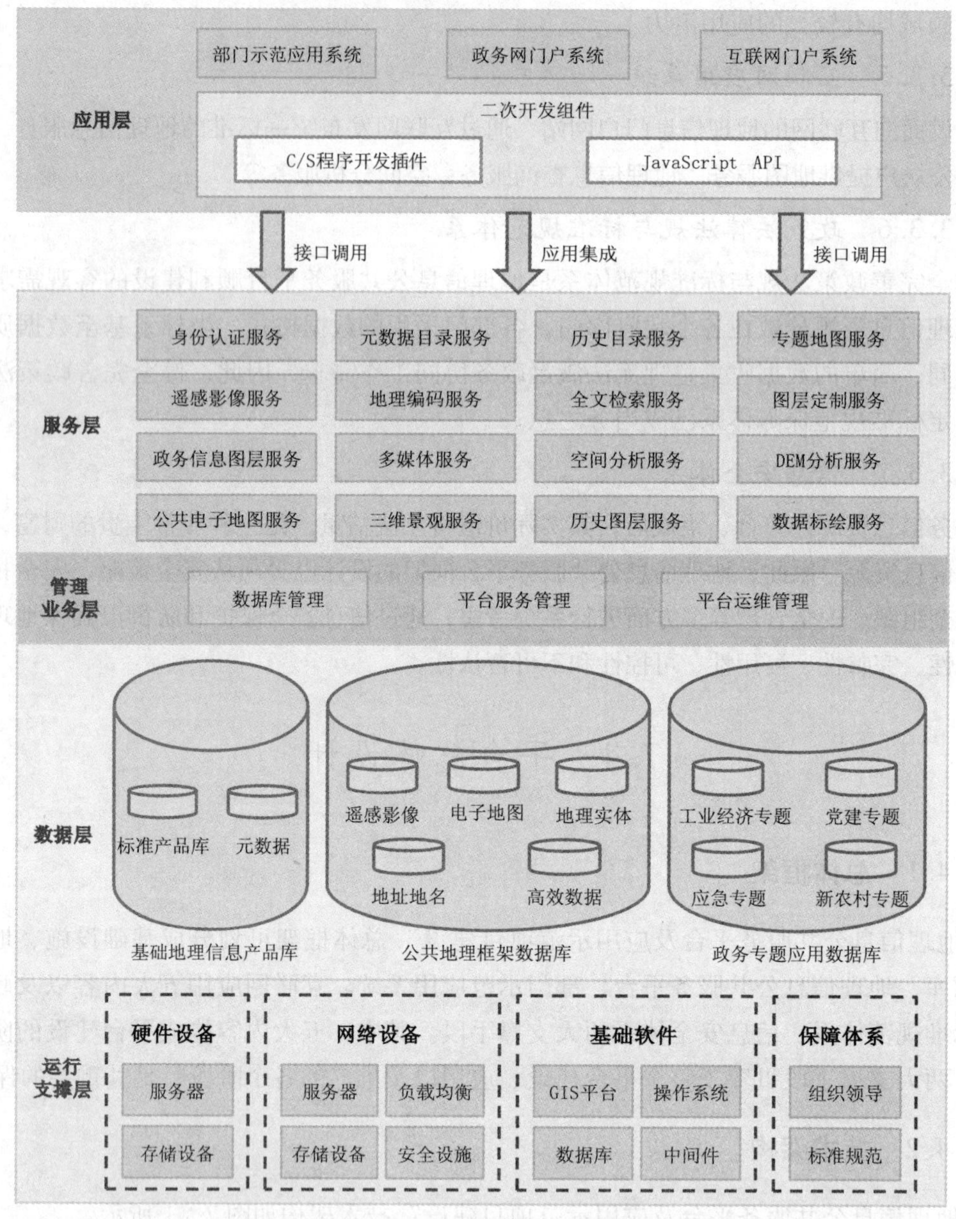

图7-1 “地理信息公共服务平台及应用示范项目建设”技术架构

7.5 项目建设方案

7.5.1 建设目标、规模

平台建设的目标包括以下内容：

（1）制定面向省级政府及各部门应用的省级地理空间数据标准、分类编码体系及数据共享机制。

（2）通过多尺度、多时相、多源、多类型、动态化的地理信息数据库的整合和转换，建立省级自然资源与地理信息数据资源中心，为省级电子政务建设提供强大的自然资源与地理信息支持，从而推动电子政务向深层次发展。

（3）建立地理信息公共服务平台，面向政府决策，同时面向各部门，通过地理信息公共服务平台提供信息交换、目录服务，增强数据可用性和共享性，实现地理信息资源共享。

（4）重点开发基于地理信息数据库在工业、农业、党建、应急的电子政务应用示范系统，为各部门提供基础地理信息相关的基本功能服务和应用支撑。

（5）在互联网上建立面向公众的地理信息门户网站，为企业、公众提供在线地理信息服务，进一步发挥地理信息在社会公共服务等方面的保障服务作用。

平台的建设规模包括以下内容：

本项目将完成国家服务平台建设规划中省级节点的建设，项目完成后将提供覆盖全省 1:1 万（40% 以上）、1:5 万（100%）、1:25 万（100%）地形图以及中、高分辨率影像、数据高程模型等的基础地理信息产品库及公共地理框架数据库。

7.5.2　标准规范建设内容

在地理信息公共服务平台建设中，需要调研已有的和正在制定的与地理信息公共服务平台有关的国家标准、行业标准、地方标准以及国际标准。

7.5.2.1　数据规范

地理信息公共服务平台共享数据标准规范用于规范全省地理空间数据的内容与属性信息，省级各业务部门通过该数据规范整理规范基础空间数据和专题空间数据，以便数据的共享交换使用。其主要内容包括目录和元数据规范、专题空间数据图层数据规范、基础电子地图数据规范、地名地址数据规范、专题数据提交规范等。

7.5.2.2　服务规范

地理信息公共服务平台共享服务规范用于规范全省地理空间信息交换服务接口，它在便于共享交换和二次开发的同时也是系统使用的重要参考手册。其主要内容包括项目术语、目录服务接口规范、专题空间数据图层服务规范、基础电子地图服务规范、地名地址匹配服务规范。

7.5.3　数据资源建设方案

（1）基础地理信息产品库包括传统的基础测绘成果产品以及基于基础测验成果形成的专题产品。

（2）公共地理框架数据库主要包括以下数据：地理实体、电子地图、地名地址、影像数据、高程数据等。又根据不同的运行环境与服务对象将公共地理框架数据库分为政务版公共地理框架数据库与公众版公共地理框架数据库。

(3) 专题应用数据库根据实际业务需求管理各种不同行业应用需求的专题应用数据，如新农村专题空间数据、应急指挥专题空间数据等。专题数据的类型将根据今后平台的应用不断地进行拓展。

(4) 数据质量控制。“质量”是数据的基础和生命线，质量控制就是要确认最终生产出来的成果数据具备完整性、正确性与权威性。它是数据生产的一个重要组成部分，是在充分分析现有质量控制模式、质量控制需求以及数据现状的基础上实现的一套网络环境下包括测绘数据的质量检查、流程控制、质量管理等功能的质量控制体系。该体系将具备丰富的检查功能，确保质量控制落实到每一个环节。

7.5.4 系统建设方案

7.5.4.1 地理信息公共服务平台

地理信息公共服务平台如图7－2所示。

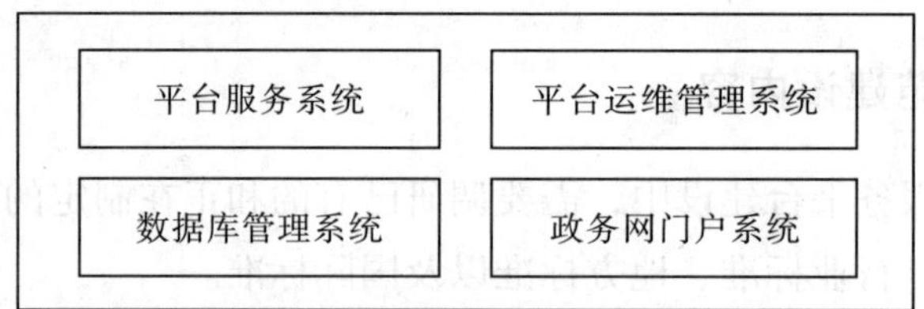

图7－2 地理信息公共服务平台系统组成示意图

7.5.4.2 应用示范项目建设

在地理信息公共服务平台基础上将开发四个应用示范系统，分别是：

(1) 工业经济地理信息服务系统。

(2) 应急指挥地理信息服务系统。

(3) 新农村建设地理信息服务系统。

(4) 基层党组织管理地理信息服务系统。

应用示范系统的建设，可对平台的数据和功能进行展示，并结合实际业务的需求，发挥地理信息公共服务平台的支撑和保障作用。

7.5.5 数据处理和存储系统建设方案

7.5.5.1 数据处理需求

地理信息公共服务平台需要处理各种类型的信息，系统必须具备以下四种处理能力：

(1) 数值型数据处理能力。

（2）文本型数据处理能力。

（3）图形图像信息处理能力。

（4）地理空间数据处理能力。

7.5.5.2　存储系统

（1）磁盘阵列：对磁盘存储子系统，尤其是对数据读操作性能的要求较高，既要求磁盘I/O的读写速度要高，又要求磁盘阵列扩展性要好。磁盘子系统性能对系统整体性能有着至关重要的作用。因此，它应满足如下要求：性能、可靠性、可扩展性、开放性、实施及维护、投资保护。

（2）存储区域网络（SAN）。SAN是目前最主流的存储方式，从应用的成熟度、先进性、可扩展性来看都是最好的。

7.5.5.3　数据处理和存储系统方案

数据处理与存储系统是地理信息公共服务平台的核心，因此要保证该系统的高性能、高可靠性。这里不但数据处理量大，而且安全性要求较高。采用双机热备份、热切换的高性能、高可靠的群集系统，可保证系统的高可靠性。

数据存储系统采用SAN存储结构，主要数据库服务器均通过冗余链路分别与光纤交换机相连，实现数据可靠的高速交互。

7.5.6　终端系统建设方案

本项目终端系统主要是分布在各部门的数据交换终端，各部门需分别部署前机置服务器用于部门专题地理空间数据的交换。

7.6　效益分析

7.6.1　经济效益分析

该项目的经济效益主要表现在：

（1）本项目建设通过地理信息数据整合，将实现信息资源共享，缩小“数字鸿沟”，消除“信息孤岛”，促进政府各行业应用的深入开发和信息可视化能力的提高，提升了政府部门决策指挥的准确性和时效性，从而提高政府办事效率，转变政府管理职能，节约人力资源和时间，降低政府运转费用，避免或减少因决策失误所产生的社会经济成本和风险。

（2）本项目建设公共的地理信息数据资源和地理信息公共服务平台将减少低水平的重复建设，节约大量财政资金。

（3）本项目在3G移动网络上的应用潜力很大，未来可形成面向公众的收费模式3G

地理信息服务。

（4）本项目建设地理信息公共服务平台为企业服务还有商业发展潜力。地理信息应用在企业信息化中有很大的潜力，如对商贸企业、金融服务机构的商业选址分析，物流企业的物流配送计划和监控管理等应用。

7.6.2 社会效益分析

本项目不仅经济效益大，而且也有良好的社会效益，其效益表现在：

（1）通过地理信息资源库与地理信息公共服务平台建设，制定统一的地理信息数据共享政策和技术标准，实现与地理空间位置有关的信息数据广泛共享，增强全社会和政府部门地理信息资源的可用性和可获得性，政府部门和社会公众在任何地点、任何时间可以最便捷的方式获取有效的地理信息服务，有效提升政府行政监管和公众服务能力。

（2）通过地理信息资源库与地理信息公共服务平台建设，可以实现与地理空间位置有关的信息数据在共同协议标准下和管理规范下发布和注册地理空间及相关信息，实现了地理信息资源统一管理和统一服务，实现空间信息资源的动态更新和及时服务。

（3）通过与地理空间位置有关的信息数据的广泛应用，可以激发更多的应用需求，推动多部门、多个信息系统协调服务，推动技术创新，带动基于位置服务的现代服务业发展，从而促进整个地理信息产业的快速发展。

（4）地理信息公共服务平台及应用示范项目建设又可促进国家级和省级重大信息化项目的建设，如可为自然资源库建设、二次调查数据提供数据、技术和政策的基础支撑。

（5）为公众服务的地理信息公共服务平台及应用示范项目建设又可提升政府信息服务能力，通过提供强大的可视化技术使政府公开信息更加透明和易于理解。

7.7 案例评析

本项目结合实际需要建设地理信息公共服务平台，实现对现有基础地理信息资源的整合，并基于基础信息建立地理信息服务门户系统，提供三维、二维的电子地图和影像服务，基于自然资源与地理信息数据库建设各电子政务应用业务系统。项目建成后，通过在线调用地理信息公共平台服务，相关单位可以构建业务化运行的专业地理信息应用服务系统，不仅可节约大量的软硬件初期投资和地理信息公共数据建库和公共服务平台开发经费，还可节约大量的地理信息维护经费，减少政府投资提高政府工作效率，加强服务力度。

此外，项目建成后可使电子政务和其他专业应用系统在统一的地理信息公共服务平台的基础上获得广泛、及时的空间信息资源，从而实现更为深入的地理信息应用。整个地理信息公共服务平台使用，可以加强政务资源共享交换服务体系建设，增强信息化管理水平，有利于促进政府信息公开和共享，提高地理信息的社会公众服务水平。

第8章　效能政府四项制度应用项目

8.1　概　述

为持续推进政府自身建设，强化快速发展的制度保障，着重在行政机关推行行政绩效管理制度、行政成本控制制度、行政行为监督制度、行政能力提升制度等效能政府四项制度，开展效能政府建设。其中搭建效能政府四项制度应用系统是主要的工作任务。

效能政府四项制度应用系统以联网协同办公、网上行政审批和电子监察为重点，其主要应用目标是为部门提供统一、高效的基础办公应用服务，实现资源共享，强化部门间协作沟通。通过应用系统的建设可以推动联网办公、网上行政审批和电子监察，建立健全全省各级政务部门内部沟通渠道，规范行政审批流程、完善公共服务体系，这是保障效能政府建设的有力手段。效能政府四项制度应用系统，采取统筹规划、整体推进的策略，实现业务系统的互联互通和信息共享，提高政府的监管能力、服务质量与政务信息化水平，助力实现“效能政府”服务的建设目标。

8.2　需求分析

8.2.1　业务需求分析

效能政府四项制度应用系统建设主要包括联网办公、网上审批、电子监察、信息共享、门户网站五个方面的需求。

8.2.1.1　联网办公需求

按照实施效能政府四项制度对电子政务建设的总体要求，联网办公应满足以下需求：

（1）纵向方面，各部门可通过联网办公实现省、州、县三级联通，集成部门办公业务，实现纵向层面的垂直办公模式；将部门原来分散的各类资源全部统一到一个平台上进行管理，实现资源的一体化。

（2）横向方面，部门与部门之间可以通过联网办公实现公文传递和业务协同。整合各部门分散的业务系统和信息资源，逐步实现各项业务网上协同办公和在线服务，提高政府部门行政效率。

（3）个人方面，全省公务员可通过联网办公实现业务办理、信息共享和交流，提高公务员工作效率。

8.2.1.2 网上审批需求

根据相关政策规定，结合实际行政审批业务管理现状与业务办理需求，实现行政审批事项网上办理具有重要意义，网上行政审批系统应满足以下需求：审批业务电子化；行政审批规范化。

8.2.1.3 信息共享需求

（1）政府管理对共享需求。

在实际工作中各政府部门的职能具有延续性、交叉性，这就产生了部门间信息共享的需求，部门之间信息共享成为政府信息化建设不可或缺的重要内容。

（2）社会管理对共享需求。

当前，我们国家正处于经济社会发展的重要转轨、转型时期，要有效管理，提高管理效率，这就要求按照精简、效能的原则，加快推进行政体制改革和政府职能转变。

（3）公共服务对共享需求。

公共服务是与民众的生存权和发展权相联系的，通过政务信息资源共享可以促进政务数据信息的流通和共享，促进信息资源的增值利用，推动政务信息资源优化配置和有效利用。

8.2.1.4 门户网站需求

整合各部门的信息资源及业务系统，优化部门之间的办事流程，构建一个高效率、低成本、跨部门的外网综合办公平台已成为当前政府信息化发展的重要任务。在此平台中，各部门由统一的入口进行信息的“采、编、发”操作，通过平台的信息元数据管理和标准程序接口，可实现信息的“一次录入，多处使用”，既可发布到外网、互联网门户网站中，也可共享到政府信息公开目录系统或其他的互动应用系统中。

8.2.2 系统功能和性能需求分析

8.2.2.1 功能需求

联网办公。它是从全省“公务员办公一体化”的角度设计的一个覆盖全省（含省、地、县三级）的大型协同办公平台，可有效实现对各级行政部门协同办公应用的支撑，为行政效能改革提供可能和手段。

网上行政审批。建立政府与企业和社会公众之间网上办事的通道，实现网上行政审批、咨询、查询、申请等业务功能，成为真正的网上办公、办事的在线服务平台。

电子监察。建立和完善全省行政效能电子监察平台和省、州（市）、县（市、区）三级联网电子监察系统，充分运用政务服务行为考评系统、满意度评议系统，将咨询、申请、受理、审批、办结和取件等政务服务过程纳入信息化管理。

8.2.2.2　性能需求

系统建设过程中要充分考虑其性能，主要包括系统容量、系统可靠性、系统实时性、系统存储能力、系统安全性、系统扩展性、系统易用性、系统可维护性等。

8.3　平台建设目标、规模和内容

8.3.1　建设目标

围绕效能政府建设，以联网办公和网上行政审批为核心，全过程实行电子监察。为实现跨部门、跨地区的信息资源共享创造条件，促进业务系统的互联互通和信息共享，提高政府的监管能力、服务质量与政务信息化水平，为建设“效能政府”服务。

8.3.2　建设规模

项目建设范围将包括省级具有行政审批职能的部门及其他具备建设政务服务中心条件的区县，全省各级监察部门及有联网办公需求的各级政府机构；目标用户包括全省的省、州市、区县级公务员。项目建设包括公务员门户网站建设、公文交换、网上行政审批、电子监察系统、政务应用集成、数据交换以及政务信息资源库等配套支撑环境建设。

8.3.3　建设内容

（1）完成全省统一的公务员门户网站建设，通过应用集成和信息集成，整合政务应用服务和信息资源，提供面向全省公务员的服务。

（2）公文交换系统推广部署，目前部分省级部门、州市已在运用公文交换系统完成公文交换工作，接下来需要通过在全省范围内进一步推广和部署公文交换系统，实现各省、州市、县级部门之间的公文流转。为实现办公业务协同奠定基础。

（3）推广部署行政审批系统，完成行政审批网上办理在省直行政机关、州市人民政府及其所在地县（市、区）政务服务中心的推广应用。

（4）建设电子监察系统，对行政许可事项的办理过程进行监督，发现各种违规及异常状况后及时纠偏，并评估各部门行政服务的效率、效能和服务质量，促进“效能政府”建设。

（5）集成应用系统，通过公务员门户网站的应用集成功能，集成现有全省性公共业务应用系统，为公务员提供信息化集成工作环境。

（6）建设基础软硬件及应用支撑环境，包括配套的机房建设、网络接入、安全设施等基础支撑环境和以统一的标准和架构建设的数据交换、统一用户管理等软件支撑环境建设，全面支撑业务应用。

（7）信息资源库，建立组织机构及用户信息库、资源管理信息库、行政审批（服务）项目数据库、政务业务流程知识库、行政审批电子监察业务数据库、运行记录历史库等信息资源库，为公务员门户、网上办公和业务应用提供数据支持，为各级公务员提供方便、直观和灵活的数据服务。

（8）制定相关的标准规范和管理制度，为系统的稳定运行及应用推广提供可靠保障。

8.4 平台总体设计方案

8.4.1 设计原则

效能政府四项制度应用系统是为提高政府的监管能力、服务质量与政务信息化水平，实现全省跨部门、跨地区的业务协同和信息资源共享的基础软硬件平台，是一个复杂系统，在设计中应尽可能采用先进信息技术，解决建设中的关键技术问题，提高运行、开发效率。本项目的建设应遵循实用性、科学性、先进性、安全性和可扩展性等原则，建设标准上遵循国家信息化建设有关标准，需要具备以下几个原则：统一性；适用性和可扩展性；先进性；安全性；标准性和开放性；经济性；可管理性。

8.4.2 总体架构

效能政府四项制度应用系统建设由基础软硬件平台、信息资源库、应用支撑环境、政务应用集成、公务员门户网站以及标准规范体系等几个部分组成。整个系统划分的主要部分和体系如下：

8.4.2.1 基础软硬件平台

基础软硬件平台构建了整个电子政务外网应用运行的基础软硬件环境，包括服务器、操作系统、中间件、数据库系统以及保障信息安全的各类设施和备份系统、网络管理及运维保障系统等。

8.4.2.2 公务员门户网站

公务员门户网站面向的是政府工作人员，以资源共享和业务协同为导向，整合公共应用服务和信息资源，门户网站提供标准化的应用接口，将外部各种应用系统集成到门户网站，通过统一的界面登录、访问和应用。

8.4.2.3 政务应用集成

通过公务员门户网站的应用集成功能，集成现有全省性公共业务应用系统，包括公文交换系统、行政审批系统、电子监察系统、网上信访系统和即将开展建设的政务督察系统等。

8.4.2.4　应用支撑环境

应用支撑环境为业务应用的建设提供了统一技术支撑，实现全省政务应用统一的用户管理、组织机构管理、应用权限管理和信息资源的交换等应用支撑功能。应用支撑环境由统一用户管理平台、数据交换平台等组成。

8.4.2.5　信息资源库

通过整合政务应用资源，建立信息资源库，对基础数据进行集中管理；通过科学的数据更新维护机制，确保数据的一致性、准确性和完整性；为公务员门户、联网办公和业务应用提供数据支撑。

8.4.2.6　标准规范体系

效能政府四项制度应用系统的标准规范体系包括政策法规规范性文件、国家标准、地方标准、技术标准、待制定标准规范五部分内容。这五部分相互制约、相互作用、相互依赖、相互补充，共同保证政府各部门业务应用系统之间的互连互通，有效避免各部门信息化投资的重复和浪费。

8.5　项目建设方案

8.5.1　标准规范建设内容

8.5.1.1　管理制度

项目的管理制度包括项目建设管理规范、项目管理运维规范、应用接入规范、信息共享服务规范、应急响应规则。

8.5.1.2　技术规范

（1）信息资源交换体系的技术管理要求。

（2）政务信息资源交换接口规范。

（3）前置环境的建设、配置规范。

（4）其他需要规范的技术要求。

8.5.1.3　数据标准

（1）基础信息相关标准。

（2）专题信息相关标准。

（3）信息资源分类标准。

（4）信息资源标识符编码规范。

（5）信息资源核心元数据编码规范。

8.5.2 信息资源库建设内容

建立信息资源库，对基础数据进行集中管理；通过科学的数据更新维护机制，确保数据的一致性、准确性和完整性；为公务员门户、网上办公和业务应用提供数据支持，为各级公务员提供方便、直观和灵活的数据服务。信息资源库包括组织机构及用户信息库、行政审批（服务）项目数据库、政务业务流程知识库、行政审批电子监察业务库、公文及政务信息数据库、运行记录历史库。

8.5.3 应用支撑平台和应用系统建设方案

8.5.3.1 统一用户管理系统

（1）组织机构。

①业务模型分析。

统一的组织机构和用户是建立电子政务一体化的标准和核心，全省组织机构人员管理对外提供统一规范的数据格式，接口以电子政务标准指南的 XML 方式进行提供和使用。

②功能模型设计，如图 8－1 所示。

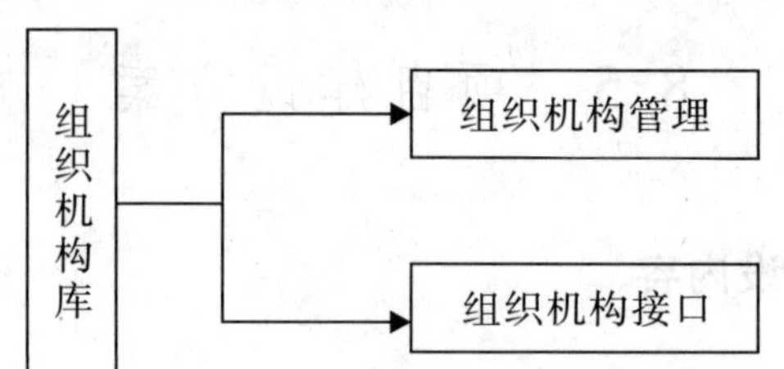

图 8－1 组织机构功能模型设计图

（2）用户管理。

①业务模型分析。

为了实现用户信息的统一管理和存贮，在各应用系统之间方便地共享用户信息，保证信息的共享和互通是受控制的、安全的；需要建设一个统一用户管理系统为电子政务各应用系统提供统一的用户身份信息管理，保证了用户身份信息的安全性、完整性、一致性和可用性。

②功能模型设计，如图 8－2 所示。

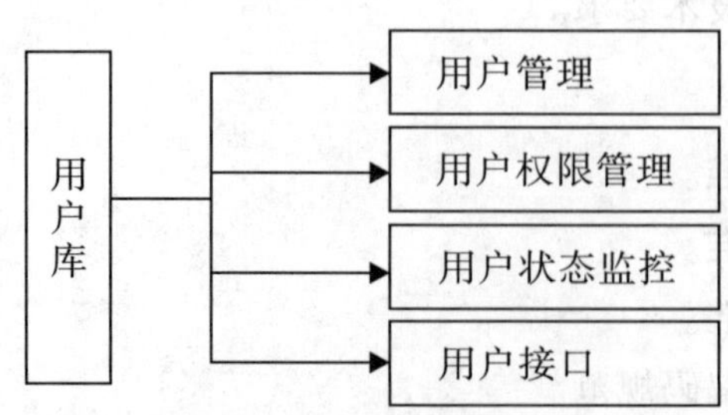

图 8－2 用户管理系统功能模型设计图

(3) 单点登录。

电子政务系统是由多种异构系统集成而成的，公务员门户应具备集成多种系统、封装多种功能的功能。通过单点登录，用户通过单一的身份来登录所有应用系统，自动访问所有授权的业务应用系统，无须记忆多种登录过程、ID 或口令，从而提高整体安全性。

(4) 审计日志。

审计日志管理负责采集平台用户的登录日志、运行日志、访问日志，对这些日志信息进行统一展示和统计分析，为管理人员对整个平台的运行情况、使用情况的分析提供依据。

8.5.3.2　公务员门户网站

整合各部门的信息资源及业务系统，优化部门之间的办事流程，构建一个高效率、低成本、跨部门的外网综合办公平台已成为当前政府信息化发展的重要任务。为此，我们需要建立公务员门户网站，通过公务员门户网站建设一整套规范的用户管理、权限管理、认证管理、安全管理体系，实现以公文交换、OA、信访、督办、电子监察、网上审批、绩效考核等系统为基础的综合查询、统计分析。

公务员门户网站面向的是政府工作人员，以资源共享和业务协同为导向，整合各部门的应用服务系统和信息资源，主要功能分为三个方面：信息管理、应用集成和知识管理。

8.5.3.3　公文交换系统

根据系统的业务需求，在应用服务层，分系统管理服务组件、公文交换服务组件、公文库管理服务组件。应用服务层的业务组件通过数据库接口程序与基础支撑服务器交互。系统管理服务作为一个基础服务，为其他两个服务提供组织结构、用户权限等基本信息，而公文交换服务为公文库服务提供公文交换信息及公文文件。

对应与应用服务层的三个业务组件，用户终端也有三个，即系统管理终端、公文收发业务终端、公文库管理终端，三个用户终端分别提供给系统管理员、公文收发人员和公文库管理员使用。在本系统中，三个业务终端是从业务功能上划分的逻辑模块，实际上都包括在统一的用户终端程序中，并通过权限控制，登录用户只能使用授权终端。如图 8－3 所示。

8.5.3.4　网上行政审批系统

本次项目建设的重点是推广应用以及与相关部门原有行政审批业务处理系统进行衔接，新建系统与原有系统集成应用完成行政审批事项业务处理，同时面向公众提供行政审批基础信息、审批件处理、办结情况等信息的查询服务。

8.5.3.5　电子监察系统

电子监察系统为监察部门提供行政审批事项全过程、逐级的监察功能，主要包括：针对各部门所发布的行政许可、非行政许可事项进行统计查询；对各部门办理情况、各类型事项办理情况进行监督管理；对所有办件进行超时预警提醒和监督管理；对事项数量、部门办理情况、事项办理情况生成报表、柱状图和饼图进行统计分析；对公众的网上投诉、举报进行受理，更好地监督各部门对各事项的办理情况；在审批办理过程中会出现一些有合法合理原因需要停办或者废止的办件的处理。

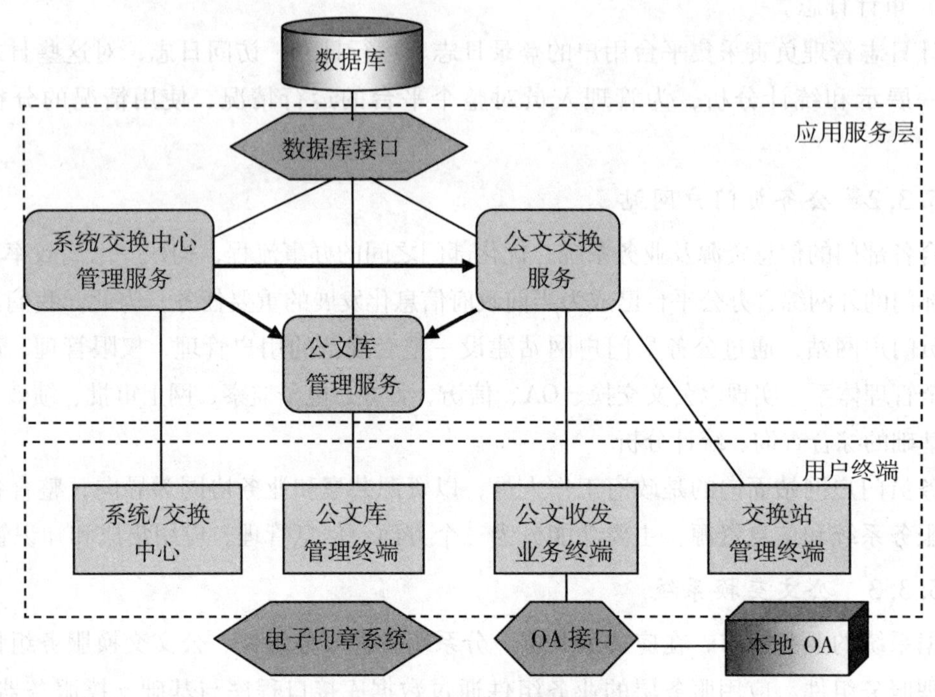

图8－3　公文交换系统架构图

8.5.3.6　数据交换平台

数据交换平台是依托电子政务外网和安全基础设施，为网上行政审批系统与部门行政审批系统之间的数据交换与共享提供服务的电子政务信息服务基础设施。交换平台是提供统一的信息交换与共享服务的关键支撑，基于成熟的数据交换中间件产品开发建设。平台由交换桥接子系统、前置交换子系统、交换传输子系统、交换管理子系统等部分组成。

8.5.3.7　政务应用集成

政务应用集成是整个效能政府四项制度应用系统的重点内容，主要实现两方面的内容：一是平台内各应用系统及相关业务系统与公务员门户网站的应用集成，二是平台内各应用系统之间的应用集成。

平台内各应用系统以公务员门户网站为入口，通过统一的用户管理机制实现单点登录，各应用系统、业务系统之间的数据交换通过规范的数据接口与规范的数据交换标准实现，数据交换接口分为数据接口服务及本地 XML 文件导入/导出接口两种。

8.5.4　网络系统建设方案

系统的网络环境依托于电子政务网络平台，分别部署在电子政务外网和专网上，如图 8－4 所示。

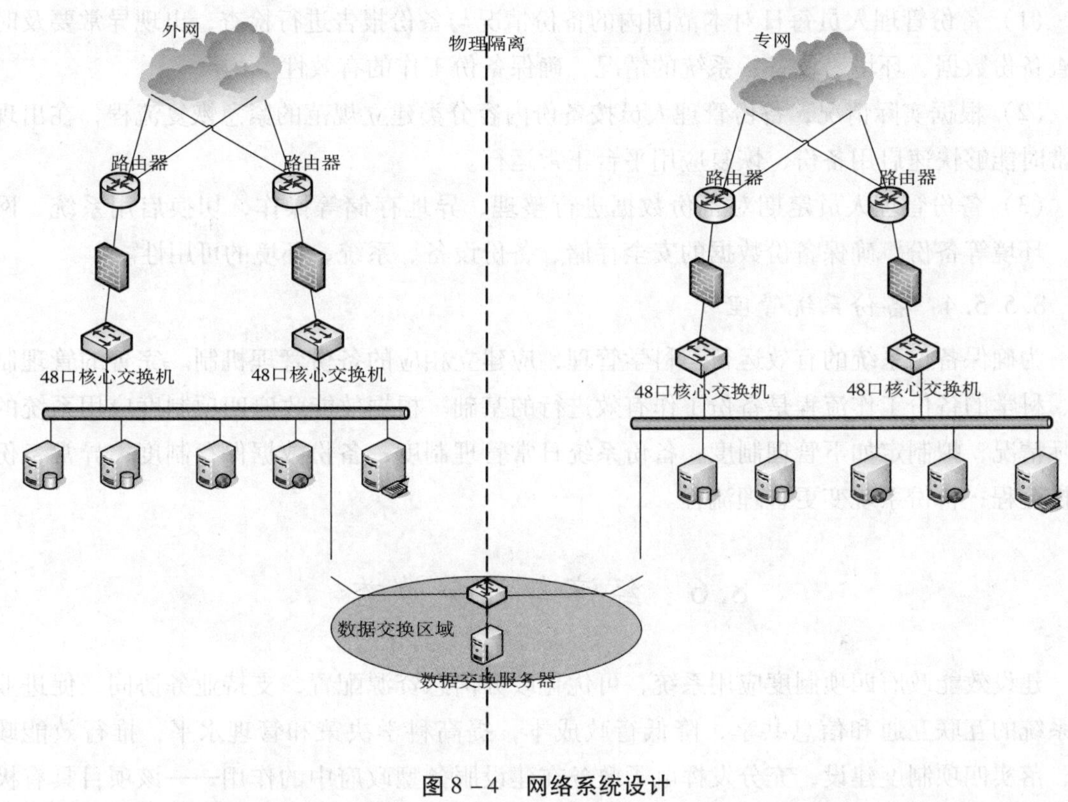

图 8－4　网络系统设计

8.5.5　备份系统建设方案

建立完善的备份体系是保证效能政府四项制度应用系统稳定高效运行的必要手段。在备份系统的建设中应包含数据备份、应用备份、网络备份、环境备份等多方面的内容，并且建立相适应的备份管理机制，确保备份系统发挥最大效用。

8.5.5.1　备份系统建设目标

备份系统建设的目标：建立集中的、可靠的、易扩展的备份系统；备份内容主要包括数据备份、应用备份、网络备份等；采用稳定可靠的备份技术，充分保证效能政府四项制度应用系统的安全可用；提供快速有效的备份恢复机制，确保对应用平台内出现异常的部分在允许的异常时间范围内进行有效恢复。

8.5.5.2　备份系统建设内容

项目建设完成后为保证效能政府四项制度应用系统的安全稳定运行，需要建立完整的备份机制。因该平台应用涉及全省各部门的业务处理，并且整合了多个应用系统及基础支撑系统，为了平台能够持续稳定运行，所以备份内容应从单纯的数据备份转向综合备份，从网络环境、应用系统、数据等多个方面进行备份，确保系统异常得到快速响应与恢复。

8.5.5.3 恢复机制

（1）备份管理人员每日对本范围内的备份情况与备份报告进行检查，出现异常要及时检查备份数据、环境、设备、系统的情况，确保备份工作的有效性。

（2）根据实际情况，备份管理人员按备份内容分类建立规范的紧急恢复流程，在出现异常时能够快速启用备份，恢复应用平台正常运行。

（3）备份管理人员定期对备份数据进行整理、异地存储等操作，切换启用系统、网络、环境等备份，确保备份数据的安全存储、备份设备、系统、环境的可用性。

8.5.5.4 备份系统管理

为确保备份系统的有效运行与科学管理，应建立相应的备份管理机制。完善的管理制度、科学的备份工作流程是备份工作有效进行的基础。根据效能政府四项制度应用系统的实际情况，拟制定如下管理制度：备份系统日常管理制度；备份数据保存制度；异常备份切换流程；备份系统变更管理流程。

8.6 经济与社会效益

建设效能政府四项制度应用系统，可优化政务信息资源配置，支持业务协同，促进业务系统的互联互通和信息共享，降低行政成本，提高科学决策和管理水平；推行效能政府，落实四项制度建设，充分发挥电子政务在建设服务型政府中的作用——该项目具有极大的社会效益与经济效益。

经济效益方面。一是有效降低行政成本。通过效能政府四项制度应用系统建设，实现政府部门联网办公，促进政务协同，减少政府业务部门的重复劳动，节约行政管理成本，产生直接经济效益。二是促进国民经济和社会发展。效能政府四项制度应用系统的建设将使各政府部门快速、准确地掌握相关政务信息，提高宏观决策、行政管理和服务效率，增强宏观调控的主动性和科学性，有利于营造良好的经济社会发展环境，对促进国民经济和社会发展产生间接经济效益。

社会效益方面。一是推动电子政务建设。效能政府四项制度应用系统建设项目的实施，将在全省范围内形成规范统一的行政办公体系，建立完善的行政事务处理机制，对于提高各部门业务处理信息化技术应用水平、推动全省电子政务建设发展具有重要意义。二是提高政府办公效率与行政管理水平。效能政府四项制度应用系统的建设，将逐步提高政务集成应用水平，构建以政务协同为重点，以行政需求为导向的综合性应用系统，最终形成便捷、高效的电子化行政办公体系，为实现跨部门的业务协同和电子监察提供支撑，对提高政府行政效率，规范行政管理，提高政府部门间业务耦合程度有着重要的作用。

8.7　案例评析

效能政府四项制度应用系统项目建设采取统筹规划、整体推进的策略，能够实现业务系统的互联互通和信息共享，提高政府的监管能力、服务质量与政务信息化水平，改进行政服务，有力推动政府的效能建设；提高政府部门协同操作能力，促进政府业务流程的优化和重组，增强政府公共管理、公共服务的效率。集中的政府外网综合办公平台可提供集成化的工作空间，让各个部门的用户通过单一的应用入口，个性化的、基于角色的集成访问政府的各种后台应用系统，并通过丰富的协作功能实现与其他部门高效协作。

效能政府四项制度应用系统在规划、建设过程中遵循相关标准规范要求，以此作为依据和参考，同时要根据实际情况，制定部分标准规范，为统一应用系统的稳定运行及应用推广提供可靠保障。

本项目是政府行政效率建设的典型案例，是探索如何打破电子政务内外网络安全壁垒并建立面向公众服务的信息平台的典型项目，各政府部门和单位在进行面向公共服务项目和 OA 系统等应用系统建设时都可以参考。

第9章 政企服务平台项目

9.1 概 述

在企业经营的整个生命周期中，企业需要的各种信息资源、社会化服务资源分散于政府、各类组织、机构中，而要使这些资源能够有效地为企业服务，就需要整合各类资源、组织于一个统一的服务平台，形成一个企业社会化服务体系，实现企业社会化服务资源信息共享，这是加强政府部门业务协同、提高行政效率、降低政府行政成本，引导各类社会力量更好地为企业服务的关键。通过政企服务平台所提供的服务，促进政府由管理型向服务型转变，可以改善投资环境，进一步解决企业的急难问题，提高企业管理和创新水平，引导优化产业结构和组织结构，提高企业总体竞争实力。

政企服务平台项目建设紧扣政府为中小企业服务的实际需求，推进中小企业公共服务基础设施建设，完善政府对企业的服务，加快中小企业服务体系的建设和信息化；通过建立服务、资源整合和平台运作机制，明确政府、企业、企业服务机构的角色定位，保障政企平台良性运行。通过这样的手段，可以有效提高政府服务水平和服务能力，大大提高行政工作的效率，有望建成一个高效能的政府，为民众提供更优质的服务。

9.2 需求分析

9.2.1 业务现状描述

9.2.1.1 现状描述

政府部门在由管理型政府向服务型政府转化的过程中，因为掌握着大量的服务资源，所以政府要发挥主动的作用，扮演推动者的角色。推动这个进程的核心就是优化配置现有的服务资源以及整合后的资源使其更好地对企业的发展提供服务。政府对企业的服务现状包括：

（1）政府需要进一步整合服务资源提升服务能力。

（2）企业需要高效的一站式的服务。

（3）企业公共服务平台迫切需要统一的公共基础平台支撑。

（4）企业公共服务信息资源分散隔离，信息链断裂。

（5）企业公共服务信息缺乏统一的标准和规范。

（6）企业在资金、技术和人才等方面的能力薄弱，急需政府扶持。

9.2.1.2　业务流程

（1）政企服务平台业务流程。

政企服务平台业务流程包括：信息资源收集、信息资源处理、专业化服务建设、社会化服务、信息反馈、需求反馈。本项目建设将整合企业在管理、市场、技术创新、服务外包、生产资料采购等方面所需的各类信息，社会化服务平台充分应用这些资源信息为企业提供服务，弥补中小企业不足之处，并在线上服务过程中不断完善与充实企业服务资源信息。

（2）政企服务平台角色关系分析。

政企服务平台建设，是将已有的、分散于政府、各类组织、企业中的，在企业经营的整个生命周期中以及企业运营各环节所需的各种服务资源信息整合到一个平台，通过统一的门户，实现资源共享，更好地为企业服务，进一步解决企业的急难问题，帮助企业应对国际金融危机，帮助企业转型升级。

通过政企服务平台的建设，能够将原来各角色间不完整的连接补充完整，最大限度的发挥资源的价值。

9.2.2　功能及性能需求

将分散在各个部门的服务资源整合在一起，形成一个基础平台，才能够主动、快速、高效地为企业提供服务。平台要能够提供扩展的接口，并且公共服务平台与扩展平台都要为用户提供一个统一的访问门户，对资源的使用者来说，这使得服务平台和扩展平台的结构和部署是透明的，平台进行的升级、改进和扩充均不会影响资源的使用。

9.2.2.1　功能需求

（1）信息资源交换和整合需求。

资源信息的核心就是数据，服务平台要能很好地运转，关键的一点就是对分散在各个部门的业务系统之中的异构数据的整合。

（2）公共应用支撑系统需求。

系统的功能主要包括：搜索引擎、即时消息、呼叫服务、支付服务、服务论坛等。对于这些通用的功能应当抽取为专门的服务，为将来的扩展平台提供基础，避免重复建设。

（3）系统管理功能需求。

系统需要一个统一、灵活的用户管理，给系统中涉及的用户进行注册、基本信息修改、授权。

（4）信息资源管理系统功能需求。

整合政府、相关机构、企业和应用服务平台的相关信息资源，实现信息资源的共建、共享，形成各类信息资源库。

（5）统一门户需求。

为服务平台和扩展平台提供一个统一的门户，整合各子平台的服务功能。

（6）安全管理需求。

安全管理，为保证系统的安全有效运行，掌握平台运行时的各种状态；在系统发生异常情况时及时发现和恢复，提供对平台运行状态的实时查看和日志记录功能；同时提供系统异常之后的数据恢复和业务状态恢复的功能。

（7）社会化服务平台各应用系统（或子平台）的需求。

社会化服务平台对政企服务平台的需求包括但不限于如下所列：政府和企业数据资源的共享交换与整合；搜索引擎、即时消息、支付服务等公共应用；信息资源管理；统一门户；低廉高效的云计算及虚拟化平台；用户及安全管理等功能性服务。

9.2.2.2　非功能需求

非功能需求包括：性能需求；灵活性需求；可扩展性需求；可用性需求；安全性需求；易用性需求；高质量数据需求。

9.3　平台建设目标、主要考核内容及建设内容

9.3.1　平台建设目标

本项目的建设目标是以云计算平台为基础服务环境，数据资源交换与共享为核心，制定规范及建立服务机制为手段，围绕与企业密切相关的资金、技术、信息、人才、管理等需求，建设“政企服务平台”。

政企服务平台将作为企业公共服务平台的公共基础部分，为各政府职能部门及各社会组织、机构和企业建设各类应用服务平台提供基础支撑。从而进一步推动工业化与信息化的融合，为企业的发展创造优质环境，以到达提升政府对企业的服务能力和提升本土企业的综合竞争能力的目标。

9.3.2　主要考核内容

（1）建设企业服务资源信息系统，形成企业资源信息、政府资源信息、技术能力信息、科技成果信息、服务项目信息、服务外包信息、物流信息等各类信息资源库。

（2）建立公共数据交换系统，整合政府职能部数据，实现数据转换、业务流程定义与

运行、消息封装、路由、传输等功能，同时还提供数据稽查、流程日志监控、业务活动监控等管理功能，实现各个应用系统间各种业务数据的交换。

（3）建立公共应用支撑系统，实现将独立存在的服务功能供各应用子平台调用的功能。

（4）通过建立安全及管理系统，构建整个平台统一的系统安全和系统管理体系。

（5）通过建立云计算平台，实现为社会化服务平台提供软件服务和基础设施服务。

9.3.3　平台建设内容

政企服务平台项目的建设内容如下：

9.3.3.1　政府基础服务门户系统

建立平台统一的门户，保障外观的一致性，提供内容管理功能，实现平台内门户展现内容的统一管理。

9.3.3.2　企业服务资源信息系统

整合相关政府部门的企业相关信息资源，如企业基本信息、政府资源信息、企业技术能力及资质信息等，并提供信息检索、规范接口等服务功能。

9.3.3.3　公共数据交换系统

建立公共数据交换的规范、标准和机制。

9.3.3.4　公共应用支撑系统

公共应用支撑系统内主要包括以下应用：即时通信、服务论坛、呼叫中心，各应用之间共享和统一用户信息；各应用中预留二次开发接口，为将来公共应用支撑系统的功能扩展提供空间，如支付系统、短信平台等第三方的应用服务。

9.3.3.5　安全及管理系统

通过构建安全和管理系统，保障政企服务平台安全、可靠的运行。

9.3.3.6　服务基础建设

采用云计算建立政企服务平台的私有云，通过提供用户接口实现自动化部署IT资源，能够提供足够的按需可扩展的计算容量和能力，并通过虚拟化技术为企业公共服务平台中的各应用系统提供服务。服务模式以IaaS（基础设施即服务）为主。

9.4　平台总体规划

9.4.1　总体原则

政企服务平台建设应遵循实用性、科学性、先进性、安全性和可扩展性等原则。建设标准上遵循国家信息化建设有关标准及本省电子政务建设规范要求。基于这些要求，确定本项目的设计原则是：统一平台、统一标准；适用性和可扩展性；先进性；安全性；标准性和开放性；经济性；可管理性。

9.4.2 总体框架

本项目仅是政企服务平台的建设。企业公共服务平台由两大部分组成：政企服务平台和社会化服务平台。政企服务平台是企业公共服务平台的基础，是社会化服务平台的支撑，如图 9－1 所示。

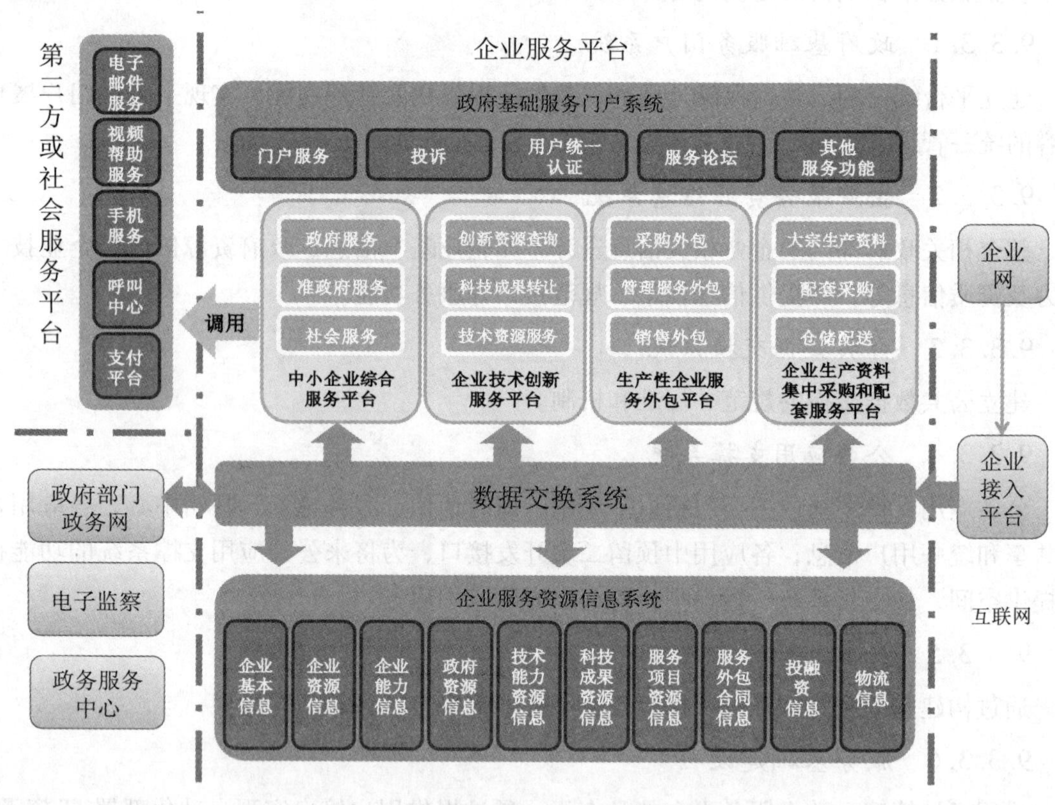

图 9－1 政企服务平台总体框架图

9.4.3 机制建设

政企服务平台是企业公共服务平台的基础，是社会化服务平台的支撑。因此，政企服务平台建设需要应对社会化服务平台业务的不断扩展，应对企业变化的服务需求，并能为企业提供良好的、所需的服务。政企服务平台将通过建立服务机制、资源整合机制、信息反馈机制来应对和实现这些目标。三种机制的建立必将使政府更好地为企业服务，促进企业的发展，提升经济实力。

9.5　项目建设方案

9.5.1　政府基础服务门户系统建设方案

政府基础服务门户系统是政企服务平台为企业公共服务平台提供的统一门户，是在保持系统界面一致性的同时提供平台内信息资源的展示管理功能。

9.5.1.1　系统框架

政府基础服务门户系统通过统一的门户展现实现一站式服务。系统可划分为两大部分：界面管理和内容管理，如图9－2所示。

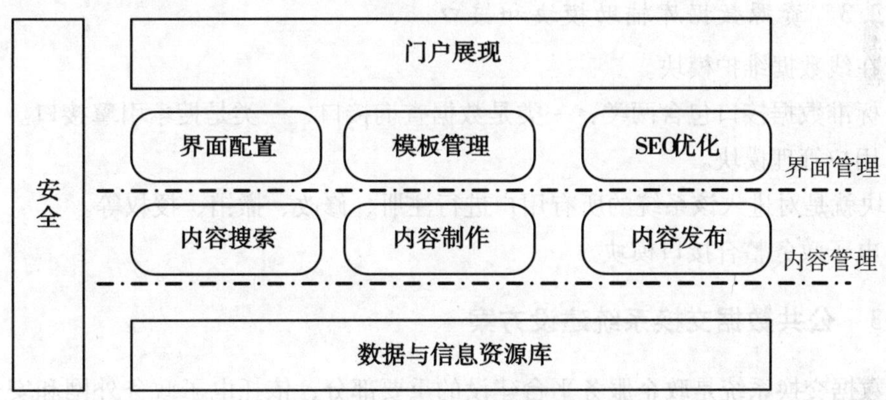

图9－2　政府基础服务门户系统框架图

9.5.1.2　功能设计

政府基础服务门户系统作为社会化服务平台的统一入口，应具备以下功能：内容搜索；站点配置；信息管理；上网导航；模板管理；帮助中心。

9.5.2　企业服务资源信息系统建设方案

企业服务资源信息系统是为了整合政府资源信息。系统将整合后的数据信息提供给社会化服务平台，并最终服务于企业。企业服务资源信息系统内部的服务不是一成不变的，是不断扩展的；根据平台能够获取的信息不断挖掘出新的服务，服务于企业，最终达到提升企业竞争力的目的。

9.5.2.1　相关实现

采用高性能服务器作为整合系统的运行平台。整个系统设计采用高效、稳定的数据库服务器。建立数据交换服务器，与其他政府部门进行了资源数据交换。

整个系统采用集中式的用户管理，管理所有对该平台访问的用户认证，而社会化服务平台内的用户权限授权将交由社会化服务平台内的扩展系统自行实现。

采用门户软件产品开发平台的门户，使用企业搜索引擎对系统进行模糊查询，完成客户对企业信息的匹配搜索；采用编程技术编写查询模块，实现服务企业或其他政府部门对企业基本信息或者企业对服务资源的访问。

9.5.2.2 资源数据库

建立资源数据库，对基础数据进行集中管理；通过科学的数据更新维护机制，确保数据的一致性、准确性和完整性；为公共数据交换系统、公共应用支持系统和上层业务应用提供数据支持。信息资源子库包括：组织机构及用户管理信息库、资源管理信息库、政府资源信息库、企业资源能力信息、企业协作信息、科技创新资源信息、企业服务资源数据库、基础地理信息数据库、运行记录历史库、其他政企服务平台中的应用数据库。

9.5.2.3 资源数据库辅助模块和接口

（1）在线数据维护模块。

（2）标准数据接口包含两类：一类是数据查询接口，一类是搜索引擎接口。

（3）用户管理模块。

本模块就是对进入该系统的所有用户进行注册、修改、撤销、授权等。

（4）电子政务整合接口模块。

9.5.3 公共数据交换系统建设方案

公共数据交换系统是政企服务平台建设的重要部分，依托电子政务外网和安全基础设施，以已建成的企业基础信息库作为基础，实现政企平台之上企业服务资源信息系统公共应用支持系统，以及各类社会化服务平台的企业相关信息资源的数据采集、更新、共享，以实现公共服务的互相调用。公共交换系统是提供统一的信息交换与共享服务的关键支撑，基于成熟的数据交换中间件产品开发建设。

9.5.3.1 系统框架

9.5.3.2 逻辑结构

系统采用基于SOA的系统架构模型。系统分为三层：最底层为数据资源层；其上一层是交换传输层；再上一层是系统的交换管理层。

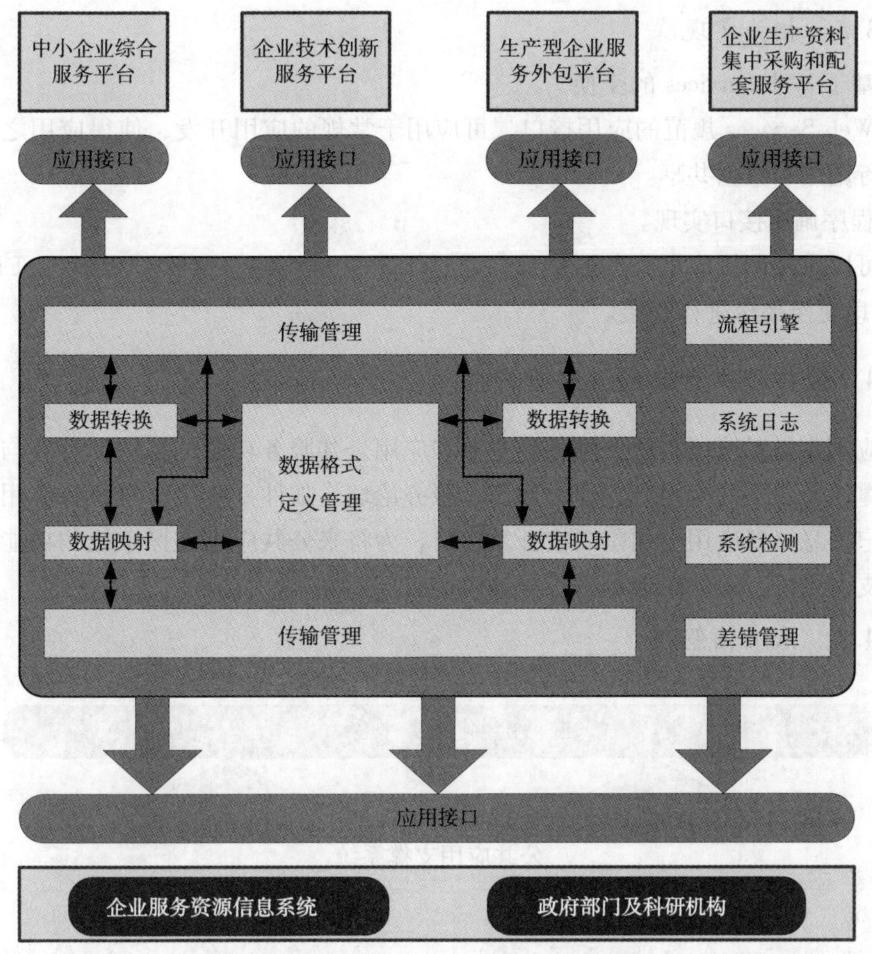

图9－3　公共数据交换系统框架图

9.5.3.3　数据保障

遵循规范标准的数据是不需要技术来处理的，但是作为一个系统平台，不排除存在不遵循规范标准的数据。不遵循规范标准的数据，平台可以为其提供数据转换技术。

数据保障系统保障数据的安全性、可用性、完整性。

通过管理机制和技术保障数据安全，保障数据的完整性和可用性。数据来源于不同的政府部门和科研机构等，通过公共数据交换系统提供的数据映射、数据转换等功能完成对基础数据的加工，最终获取政企平台所需的数据信息。

9.5.3.4　功能设计

系统采用基于SOA的系统架构模型，具有以下功能：传输管理、数据转换、数据格式管理、流程引擎、审计管理、日志管理、统计分析、安全管理、系统检测、应用接口、整理工具、二次及开发功能、数据可靠性管理。

9.5.3.5 相关实现

(1) 基于 Web Services 的交换。

符合 Web Services 规范的应用接口，可应用于常规的应用开发，使得应用之间可以很方便地进行调用和数据共享。

(2) 程序调用接口实现。

程序可以直接调用应用服务器接口，通过 TCP 标准协议（SOAP、HTTP、FTP、CORBA）与信息交换平台进行联接。

9.5.4 公共应用支撑系统建设方案

公共应用支撑系统可实现上层各类业务和应用公共服务功能的抽取、整合与统一。公共应用支撑系统包括的应用有：即时通信、服务论坛、邮件系统接口等，各应用之间共享和统一用户信息；各应用中预留二次开发接口，为将来公共应用支撑系统的功能扩展提供空间，如支付系统、短信平台等第三方的应用服务。

9.5.4.1 系统框架

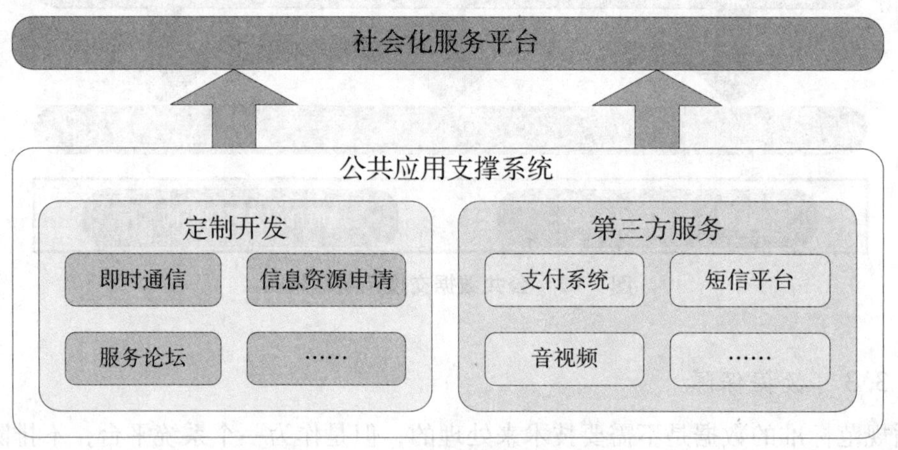

图 9-4 公共应用支撑系统框架图

9.5.4.2 功能设计

公共应用支撑系统主要包含以下几方面的功能：即时通信，功能主要包括：即时消息模块、群发/通知消息模块、语音及视频模块、状态管理模块、文件传输模块、采用点对点技术；服务论坛；信息资源申请；投诉沟通；邮件系统接口；呼叫中心接口；音视频接口；支付平台；短信平台接口。

9.5.5 安全及管理系统建设方案

安全及管理系统主要负责对整个系统的管理和保障系统的安全。通过安全及管理系统我们能够监控整个系统内部的服务器和客户端的运行情况，发现异常后通知管理员紧急处理。安全及管理系统能够设置政企平台的运行参数，保证系统按照用户的意愿运行。安全及管理系统能够保障整个系统的安全，做到事前预防、事中检测、事后发现，保障整个政企服务平台的稳定运行。

9.5.5.1 系统框架

政企服务平台包含了大量的IT基础服务，例如在基础设施服务框架中，包含客户端服务、分布式服务、数据服务、集成服务、消息服务、服务器服务、网络服务等等。

9.5.5.2 相关实现

（1）系统管理方法论。

最为常见的两类系统管理规程就是修改与配置管理和运转管理。

（2）系统管理设计的基本原则。

系统管理设计的基本原则：管理平台应采用遵循国际标准的厂商和产品；管理平台主要采用已经形成标准；管理平台应能够在应用过程中，根据实际情况灵活配置；用户使用方便；管理平台应能够很好地根据用户环境的需求来定义相关的管理角色。

9.5.5.3 服务器管理

（1）所有服务器的集中监控。

（2）更好地管理平台内部的IT基础架构，增强其安全性和可靠性。

（3）实现了一套全面且可伸缩的事件收集器、性能监视器以及报告工具。

（4）保证整个网络能够做到7×24小时不间断的实时监控其可用性和性能指标。

（5）持续监控用户行为、应用软件、服务器的操作系统。

（6）监控、管理和保护广泛的资源，包括计算机、应用程序和服务器集群。

（7）完成系统资源使用趋势分析，并且可以快速地产生报表。

（8）减少运营开销。

9.5.5.4 客户端管理

软件分发特性提供了众多的分发对象选择，它支持管理员将软件分发到个人用户、用户群、不同的网段以及特定的计算机；远程监控、远程诊断，使系统具有远程管理特性；网络端口扫描、监控，有助于分析网络和回答这些类似的问题。

9.5.5.5 安全管理

（1）管理制度。

参照国家和外省的经验，比照以前的管理方法，制定安全管理策略与规程，并在符合国家法律法规的基础上，制定标准规范和管理制度。

（2）设备管理。

建立基于申报、审批和专人负责的设备安全管理制度，应对信息系统相关的各种设备

（包括备份和冗余设备）、线路等指定专门的部门或人员定期进行维护管理，建立介质安全管理制度。

（3）密码管理。

建立密码使用、变更管理制度，建立变更管理制度。

（4）安全记录、备份和恢复。

对网络日志记录数据进行分析，并生成审计报表；提供本地和异地数据备份与恢复功能。

9.5.6 存储系统建设方案

9.5.6.1 数据处理需求

政企服务平台需要处理各种类型的信息，系统必须具备数值型数据处理能力、文本型数据处理能力、图形图像信息处理能力。

9.5.6.2 存储系统

（1）磁盘阵列：对于集中模式下的核心应用系统而言，对磁盘存储子系统，尤其是对数据读操作性能的要求较高，既要求磁盘I/O的读写速度要高，又要求磁盘阵列扩展性要好。磁盘子系统性能对系统整体性能有着至关重要的作用，因此，它应满足如下要求：性能、可靠性、可扩展性、开放性、实施及维护、投资保护。

（2）存储区域网络（SAN）是一种集中化管理的调整存储网络，SAN的基本内容包括连接、管理、使用和服务，它将光纤通道集线器，交换和网关等硬件与软件管理功能结合为一体。

9.5.6.3 数据处理和存储系统方案

数据处理与存储系统是政企服务平台的核心，因此要保证该系统的高性能、高可靠性。企业服务资源信息数据库是应用的核心，采用高性能、高可靠的群集系统来保证系统的高可靠性。

9.5.7 网络系统建设方案

政企服务平台网络逻辑整个物理部署分三个网络区域。

（1）第一个是政府外网，这部分主要和政府外网相连，通过防火墙，实现政府内的信息与政企服务平台数据相互交换。

（2）第二个是中间的政企服务平台的主体部署，包括门户集群、交换平台和应用服务器集群、数据库集群以及GIS系统，其中还包括了系统管理、用户认证相关的服务器及软件。

（3）第三个是在互联网上的企业及市民通过电脑登录到服务门户。

9.5.8 备份系统设置方案

建立完善的备份体系是保证整个政企服务平台稳定高效运行的必要手段。在备份系统的建设中应包含数据备份、应用备份、网络备份、环境备份等多方面的内容，并且建立相适应的备份管理机制，确保备份系统发挥最大效用。

9.5.8.1　备份系统建设目标

（1）建立开放的、可靠的、易扩展的备份系统。

（2）建立完整的、集中的备份与恢复系统，备份内容应包括数据备份、应用备份、网络备份、环境备份等。

（3）采用稳定可靠的备份技术，实现多样化的备份需求，提供灵活的备份策略，以充分保证政企服务平台的安全可用。

（4）提供快速有效的备份恢复机制，确保对应用平台内出现异常的部分在允许的异常时间范围内进行有效恢复。

9.5.8.2　备份系统建设内容

项目建设完成后为保证政企服务平台的安全稳定运行，需要建立完整的备份机制。因该平台应用涉及各种各样企业相关业务的处理，并且整合了多个应用系统及基础支撑系统，又要求能够持续稳定运行，所以备份内容应从单纯的数据备份转向综合备份，从基础设备、网络环境、应用系统、数据等多个方面进行备份，确保系统异常得到快速响应与恢复。

9.5.8.3　恢复机制

（1）备份管理人员每日对本范围内的备份情况与备份报告进行检查，系统出现异常时及时检查备份数据、环境、设备、系统的情况，确保备份工作的有效性。

（2）根据实际情况，备份管理人员按备份内容分类建立规范的紧急恢复流程，系统出现异常时能够快速启用备份，恢复应用平台正常运行。

（3）备份管理人员定期对备份数据进行整理、异地存储等操作，切换启用系统、网络、环境等备份，确保备份数据的安全存储、备份设备、系统、环境的可用性。

9.5.8.3　备份系统管理

（1）备份管理机制。

为确保备份系统的有效运行与科学管理，应建立相应的备份管理机制。

①分析整个平台内各个部分的备份需求，确定备份等级与恢复目标，制定相应的备份方案。

②确定备份系统预算，监督备份系统的实施。

③明确各部门的职责，协调各个部门的关系。

④对具体的备份恢复计划和策略进行审核、评估、测试，并根据实际情况制定相应的改进方案。

⑤制定备份工作管理规范与实施流程。

（2）备份管理制度。

完善的管理制度、科学的备份工作流程是确保备份工作有效进行的基础。根据政企服务平台的实际情况，拟制定的管理制度有：备份系统日常管理制度、备份数据保存制度、异常备份切换流程、备份系统变更管理流程。

9.6 效益分析

9.6.1 社会效益

政企服务平台的建设将主要实现以下社会效益：

（1）整合科技资源，集聚科技人才，强化公共服务和创新能力。

（2）实现科技创新成果与和市场需求的有机结合。

（3）提高企业技术水平和生产能力，加快现代化创新型企业的发展进程。

（4）促进现代化科学研究体系的建立与发展。

（5）解决企业服务资源信息开发利用方面的企业与企业、个人与企业、高校与企业、研究机构与企业、企业与政府各部门间的“信息孤岛”现象。

（6）企业之间、企业与各种服务组织之间有机地整合，实现社会化分工，优势互补。

（7）形成有效的技术支撑平台，全面支持多种形式的资源组织、管理、交换和共享，以服务于全省企业。

（8）切实帮助企事业单位应对国际金融危机，推动工业化与信息化的融合。

（9）坚持以信息化带动和改造传统产业，推进生产设备数字化、生产过程智能化和企业管理信息化。

（10）提高研发、设计、生产制造、物流库存和市场营销的信息化水平，实现精准、高效生产。

（11）强化生产过程的在线监测、预警和控制，实现产业升级和产品换代，探寻新的经济增长点，促进企业技术进步，挖掘市场机会。

（12）进一步解决企业的急难问题，提高企业管理和创新水平，优化产业结构和组织结构，提高企业总体竞争实力。

9.6.2 经济效益

本项目的运行不产生直接的经济效益。但是：

项目建设完成后，将在整合全省各优质科研资源的基础上，利用先进的网络技术，进行平台的建设和运营。之后逐步进入政府指导，承办单位自负盈亏、自主经营、走向市场的营运模式。

在利用政企服务平台为各个单位和个人提供技术服务并获得一定收益的同时，平台还将组织应届毕业生利用平台开展实习并到相关企业、科研院所中从事科技创新实践工作。

在平台稳定运营的同时，通过服务提升企业科技创新能力和促进社会经济的发展。

9.7　案例评析

政企服务平台项目围绕中小企业共性信息化需求，围绕畅通信息渠道、改善经营管理、提高发展质量、增强市场竞争力、实现创新发展等方面来进行建设。通过政企平台提供统一的接口能够简化角色间连接的复杂程度。信息集中统一在政企服务平台上，通过对各个角色授权的方式来进行共享和交换。企业只需要通过各个服务机构提供的应用平台就能获得相应的服务，服务机构也无须再自己收集和整合信息，可以直接使用政企平台整合后的信息，服务机构可以更加专注于对企业服务的挖掘和优化，更好地帮助企业成长。

政企服务平台项目采用云计算整体架构，从 IaaS 到 SaaS 层为企业提供服务，对改善中小企业发展环境，促进社会资源优化配置和专业化分工协作，推动共性关键技术的转移与应用具有非常重要的作用。企业可以通过平台获得的信息资源不断挖掘出新的服务模式，从而服务于更多企业，达到最终提升企业竞争力的目的。因此，政企服务平台对逐步形成社会化、市场化、专业化的公共服务体系和长效机制具有重要的现实意义。但这类项目的建设主体应该是政府、企业还是混合制，这是一个非常值得深思的问题。

第10章　政府信息公开项目

10.1 概　述

政府信息公开项目建设的推进遵循电子政务工程统一规划，统一标准的原则，通过标准化的手段减少重复建设，提高建设效率，确保系统的正常运行和安全可靠；统一标准是确保系统互联互通，促进信息共享、业务协同的基础。通过本项目的建设实施，使政府部门的办事流程、相关政策和法规公开透明化，逐步改善传统的办事方式，方便群众的生活和工作，从一定程度上减少群众的办事时间、经费，提高政府的办事效能，促进社会的和谐稳定和稳步发展。

本项目工程以信息化手段来提升政府信息公开水平和力度；力助行政问责办法，实行服务承诺制、首问责任制、限时办结制等四项制度；推进依法行政，推进服务型政府的建设。本项目工程为各级行政机关贯彻落实四项制度提供技术手段，提高效能并逐步规范和优化服务；为公众参与提供有效渠道，实现社会监督；为各级监督检查主体提供实时监督和绩效评估工具，强化过程监督以实现及时纠错，强化责任追究以实现绩效评估量化考核，为政府和群众评价各部门工作提供客观依据，推进政府管理创新，提升四项制度实施成效。适应政府通过服务和监管过程的处理，满足政务资源整理、沉淀、优化的需求。

10.2 系统功能和性能需求分析

10.2.1 政府信息公开发布系统的需求分析

政府信息公开发布系统属于全省范围内各级政府各个部门统一的信息发布平台，因此，发布系统无论在功能上、操作性上、性能上都必须具备良好的品质。

（1）系统基于电子政务发展实际情况进行设计，充分利用现有的软硬件资源，并与已建的有关应用系统平台无缝连接、信息共享、协同处理。

（2）系统建设严格按照《政府信息公开条例》进行，采用多种途径提供信息公开服务，具备网站告知、电子邮件回复、短信告知，窗口提供、网上提供、函件提供等多种服务方式。

（3）提供的信息主要为各级政府部门主动公开的政府信息。

（4）系统可覆盖各省、州（市）、县政府，行政机关和主要公益企事业单位部门在本系统中开展政府信息公开的各项有关工作。

（5）根据各部门分工负责的原则，实现信息分级维护管理，提供从网上及时修改、增删公开信息的功能。

10.2.2　网页防篡改系统需求分析

随着政府信息公开工作的开展、实施，全省范围内将建立起上万个各级政府部门的政府信息公开网站群，政府信息公开网站通过互联网向公众提供服务。与此同时，也带来了这些网站信息的安全风险隐患。省网管中心还迫切需要网页防篡改系统来保障全省政府信息公开网站的信息安全。

10.2.3　政府信息公开综合库需求分析

政府信息公开数据库是政府信息公开资源沉淀的重要保障，同时也是政府部门扩展应用、提供公共服务的数据基础。政府信息公开数据库是全省信息资源汇集地，资源库的建设实现了各级政府、行政机关、主要企事业单位的公开信息资源的集中、统一、规范的存储。

通过政府信息公开信息发布系统的建设和应用，将在全省范围内建立规模庞大、政府信息丰富的政府信息公开网站群，除了向公众提供查询服务外，最终还将形成全省统一存储、共享使用的政府信息公开数据库。

10.3　平台建设目标、规模和内容

10.3.1　建设目标

项目以《政府信息公开条例》为依据，同时围绕政府工作透明度、依法行政和亲民利民便民的总体要求，以信息化技术为手段，努力提升政府信息公开水平和力度。通过项目的建设，将支撑各级政府、行政机关、授权组织、公共企事业单位的政府信息公开应用，充分发挥政府信息对人民群众生产、生活和经济社会活动的服务作用。

10.3.2　建设内容

政府信息公开系统将充分利用现有硬件设备、网络系统和安全系统，在已初步建立的全省政府信息公开网站公共平台的基础上，完成政府信息公开应用系统和数据库的开发建设。主要建设内容如下：

（1）建设政府信息公开综合库。

（2）建设政府信息公开信息发布系统。

（3）建设行政服务信息系统。

（4）建设信息资源管理及利用平台。

10.4 平台总体设计方案

10.4.1 系统总体设计的性能指标

本项目涉及所有的科级以上政府部门，平台的使用遍布全省的乡镇，导致各单位操作及信息维护人员业务素质差别巨大，但系统的使用与维护必须稳定可靠、简单实用。为满足系统的功能需求指标，系统设计的总体性能指标如下：

（1）全省所有信息公开网站全部集中。

（2）项目建设，系统各级政府部门建站容量不低于20 000个。

（3）全省各级政府部门可通过ADSL方便快捷地对本单位网站进行录入和维护。

（4）系统必须能够快速、方便地扩容。

10.4.2 系统总体结构

系统总体结构如图10－1所示。

图10－1 政府信息公开系统总体框架图

10.4.3　总体建设任务

总体建设任务是形成网上咨询、业务处理、网上投诉、电子监察功能为一体的政府信息公开服务平台。按照统筹规划、统一技术规范标准，试点先行、边建边用的建设模式，分阶段进行四项制度网上建设和推广运用工作。

10.5　项目建设方案

10.5.1　信息资源及应用系统建设方案

10.5.1.1　政府信息公开综合库

（1）配置管理数据库。

配置管理数据包含对数据库标准表的定义。

（2）政务公开信息中心库。

政务公开信息中心库负责对各部门的政务公开数据进行分类存储。

（3）统计基础数据库。

统计基础数据库负责存储定时形成的各类统计基础数据，为各级领导进行各种业务统计和数据分析提供统计基础数据。

（4）行政问责过程库。

行政问责过程库存储各行政机关在审批服务过程中产生的服务实例信息，包括服务所提交的表格、附件，服务办理的当前状态、处理过程等信息。

（5）行政问责历史库。

为便于对审批服务和行政问责等四项制度进行不断探索和应用，需要对审批服务的数据进行深度挖掘，将行政问责过程库定期倒入，形成行政问责历史库，满足深度分析和挖掘的需求。

（6）政策法规库。

按照服务承诺制的要求，要实现依法行政。

（7）组织结构库。

组织结构库存储管理系统中与组织结构相关的基础信息。

10.5.1.2　政府信息公开信息发布系统

（1）总体设计。

从用户角度看，本系统涉及网上目录公开服务、政府信息目录公开部门管理、政府信息目录公开监督举报和后台维护管理。整体架构设计如图10－2所示，包括：政务信息网上公开服务子系统；部门信息报送模块；依申请公共管理模块；信息公开维护模块；政府信息公开统计监督管理模块。

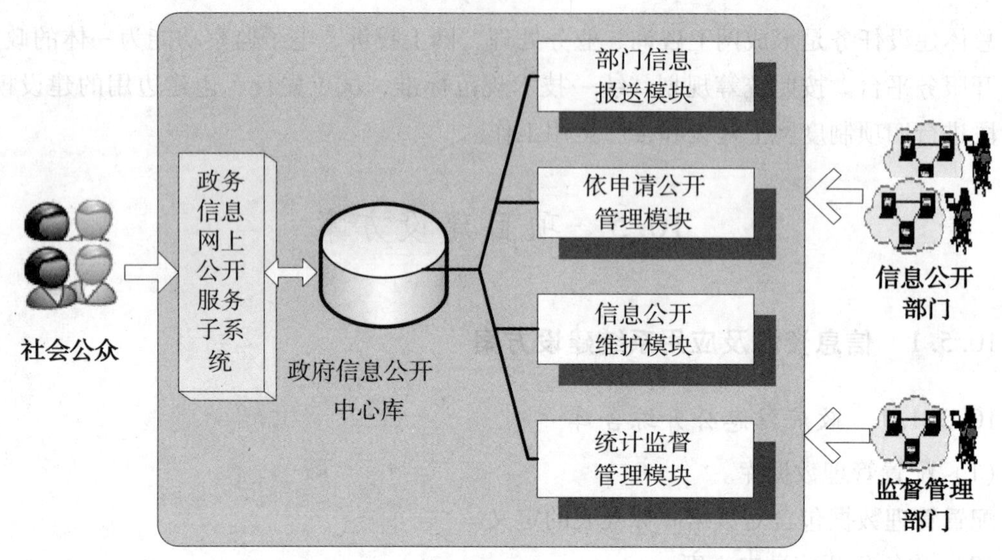

图 10－2　政府信息公开信息发布系统框架图

（2）建设内容。

①政务信息管理，包括填写部门信息、服务栏目设置、机构创建及修改、用户创建及修改、政务信息编辑及修改、政务信息审核。

②信息报送，包括报送信息编辑、报送信息审核、部门报送信息考核、考核情况查询。

③依申请公开管理，包括政务公开信息查询、填写政府信息公开申请、政务公开申请处理、政府信息公开公布、公开内容公众调查。

④公众网上服务，包括政务公开首页、部门首页、查询功能、信息分类列表、内容展示。

⑤统计监督管理，包括统计分类、动态处理、报表编制等功能。

10.5.1.3　行政服务信息系统

（1）服务承诺管理平台。

服务承诺管理平台用于各级政府部门主动和依照公众申请进行服务承诺的填报、审核和发布，实现申请事项相关表格的文件上传；为公众提供互联网、触摸屏等形式的服务承诺查询、服务承诺公开申请以及网上电子表格的查找、下载。

（2）业务办理平台。

建立业务办理平台，各级行政机关依照服务承诺相关标准，办理人员进行办理过程、办理结果情况填报；同时，对公众提出的网上咨询进行解答，对网上预审进行处理；此外，为公众提供评价功能。

（3）网上咨询。

网上咨询为公众提供网上咨询提交通道，公众可以通过访问网站进入咨询提交页面，对想要咨询的部门和想要咨询的问题进行提交。所提交的咨询将自动转到被咨询部门，由被咨询部门人员进行解答。咨询在回复了以后，自动在网站上发布咨询答复。系统将自动记录咨询提出时间以及处理时间，便于监督管理对咨询情况进行统计和监督。

（4）网上投诉。

网上投诉为公众提供网上投诉提交通道，公众可以通过访问网站进入投诉提交页面，对想要投诉的部门和想要投诉的问题进行提交。所提交的投诉将自动转到被投诉部门，由被投诉部门人员进行解答。

（5）电子监察平台。

电子监察平台包含：关联、汇总服务承诺、各级行政机关业务办理、公众评价等信息，综合督察办理情况，提供咨询、建议、投诉回复功能，加强同公众的沟通、交流；提供问责处罚结果登记和审核发布功能，执行问责处罚。

建立绩效评估平台，自动统计、汇总各类行政问责信息，充分展现绩效评估数据，形成各类分析报告，直观地反映各行政机关贯彻实施四项制度存在问题和成绩。

10.5.1.3　信息资源管理及利用平台

（1）系统概述。

系统由管理、配置、使用三个环节的子系统构成。

①管理部分的子系统是注册服务器，提供机构和 Web Services 的注册服务。

②配置部分的子系统是配置服务器（服务节点适配器），机构可以将自身的数据通过配置服务器定义成外部可以访问的 Web Services。

③使用部分的子系统是一种可以自动加载配置服务器发布服务的框架系统。

系统对可以建立资源连接（如数据库、XML、协议）的数据，建立起与外部的转换法则，并将外部可以访问的 Web Services 提交到注册服务器，当使用者需要访问数据的时候，可以从注册服务器了解并发起访问，系统按照使用者的访问要求，根据转换法则提供数据。

（2）建设内容。

①注册服务中心。

注册服务中心提供节点管理；服务注册管理、查询服务、服务提供和交换转接，提供控制管理功能、资源管理、数据元管理。

②服务节点适配器。

通过服务节点适配器创建、发布、注册和维护本区域内资源服务的 Web Services；接受注册服务中心的管理和控制。

③服务访问与数据交换流程包含：建立服务；注册服务；查询服务；服务提供。

10.5.2　数据处理和存储系统建设方案

10.5.2.1　软硬件资源

通过不断建设，现在拥有各大服务器厂商提供的包括塔式、机架式等的高性能服务器群，并有专业人员长期运维，随时处理可能出现的突发情况，及时处理故障，以保障服务器的稳定安全运行。软件方面，有 Windows Server 2000，Windows Server 2003，红旗 Linux 以及 REDHAT Linux，主流操作系统软件 Microsoft SQL Server 2000、2005，Oracle 9i 等大型商用数据库软件，以充分保证数据库建设的软件需求，不至于使软硬件资源成为后期建设的瓶颈。

10.5.2.2　数据备份

本项目的核心就是数据，所以数据备份是至关重要的。系统备份框架如图 10－3 所示。

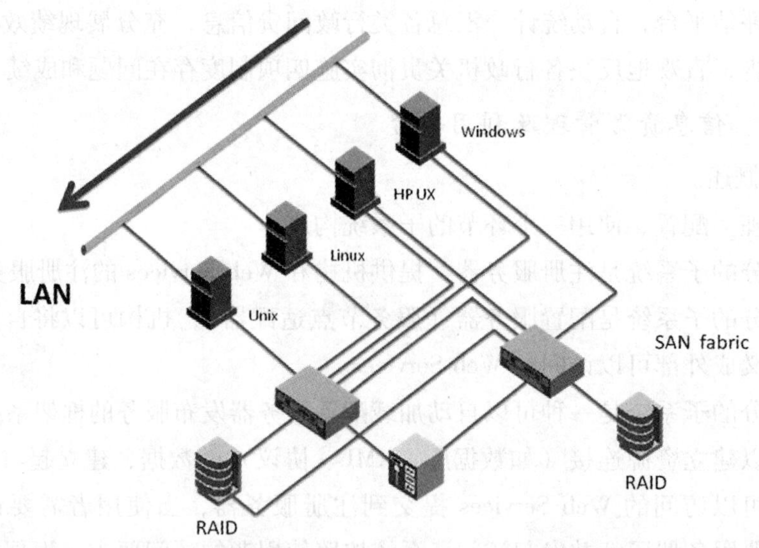

图 10－3　政府信息公开平台 SAN 环境框架图

一个完善的 SAN 环境需要的组件包括大容量的磁盘阵列系统、执行备份的磁带库系统及备份介质、互联 SAN 节点的光纤交换机以及控制备份的软件。在硬件升级或改造时，备份系统不受影响；不需要人工干预；保证了存储的安全（具有全面的数据及服务器裸机灾难恢复支持，在系统崩溃时可以迅速恢复），也便于管理（备份软件能对客户现所有带机和带库进行管理，并分别定义备份恢复并有操作记录，能监控整个备份的运行情况）。

制定了一系列的备份方案及策略，满足不同的备份需求，如：

策略化的备份与恢复机制，数据库备份、文件备份均可采用在线/离线备份机制。

定时定向机制，即什么时间备份到什么地方。

根据数据不同的安全等级选择不同的备份方式，如：差分备份，增量备份，完全备份等。

根据数据的重要程度来选择数据保存时间，即可恢复时间。

针对不同服务器的存储需求情况进行存储空间的划分。

支持多种数据库的数据备份及恢复功能，如Oracle，SQL。

支持多种操作系统，支持多级数据备份。

通过以上的安全备份机制，再根据本项目应用的需要对各项加以选择配置。这样在数据受到破坏的时候，就能及时地、有针对性地进行恢复，比如选择数据库恢复或是整机系统恢复等。最大限度地保证网络应用数据的安全。

10.5.3 运行维护系统建设方案

10.5.3.1 建设思路

本工程项目运行维护体系的建设将紧紧围绕政府信息公开网站和系统覆盖的规模和规划开展，逐步建立统一的运行维护、数据备份、客户服务管理模式和标准，制定统一有序的管理流程和方法，实现对全省政府信息公开数据库运行维护体系的科学管理。

10.5.3.2 运行维护体系与项目的关系

运行维护体系的建设是政府信息公开项目实施的重要组成部分，作为全省范围的业务应用网站系统，在项目规划阶段就应该充分考虑未来目标系统运行维护发展的需要，将运行维护体系的建设和组织机构设置、人员配备以及建设项目管理进行有机结合、统一规划。

10.5.3.3 运行维护方式

依靠现有的技术人员和技术力量进行本项目的运行维护和技术保障。

10.6 效益分析

10.6.1 经济效益

政府统一信息公开系统建设可以避免每一个单位都建设一套发布系统或平台，而是所有单位都在统一平台上实现信息公开，从而大大节约建设资金，这就相当于产生直接经济效益。

10.6.2 社会效益

通过开展政府信息公开，让公众快速了解政府信息和动态，让政府执政在阳光下运行。信息公开对化解社会矛盾，保证党的群众路线方针有效执行都有非常大的作用，项目建设具有明显的社会效益。

10.7 案例评析

政府信息公开项目从大局上来讲，符合当前转变政府职能、努力建设“服务政府、责任政府、法治政府”的主旋律。同时，在当下进行项目建设加快了电子政务建设步伐。政府信息公开数据库主要存储管理的信息包括政府部门主动公开的政府信息，该数据库可以对这些信息进行分类存储，方便快速统计、查询；包括各部门公开的政策法规，提供专门政策法规分类和查询视图，方便政府工作人员和公众直接了解国家和地方政策、法律、规章制度；还包括各部门的组织机构信息，主要为行政区域及关系信息、部门结构及关系信息、人员（公众和公务员）、角色及其相关权限信息等，方便维护，安全使用。

同时，通过政府信息公开应用系统和网站的广泛使用，将最终形成全省统一、规范、标准的信息集中存储并可共享使用的政府信息公开数据库，并在此数据库的基础上建立更多的公共服务应用，进一步为公众和各部门的工作人员提供便利、公开、透明的服务应用，充分体现民主型政府、服务型政府、效能型政府形象。

第11章　智慧园区项目

——以文山三七产业园为例

11.1　概　述

本项目是文山市智慧城市建设的重要组成部分。项目以“智融产业，慧冠七都”为主题，以“工业化与信息化深度融合”“互联网+与商业市场有机叠合”“政府和社会资本战略组合”为发展理念，以文山市“智慧城市”建设为指引，高效利用信息化手段破解园区发展瓶颈，深入推进“智慧园区”建设，同时以先进的信息化手段高效传播三七文化，打造“文山三七”知名品牌，促进三七产业快速发展，并勾画出一幅清晰、切合园区实际、科学可行的智慧园区发展“蓝图”。

本项目建设内容包括基础网络服务系统、云计算服务接入、信息资源共享系统、大数据分析系统、地下管网数字博物馆、三七产业园电子政务系统、三七产品生命周期管理系统、三七产业园电子商务平台、三七产业园智慧物流系统、智慧物业管理系统、园区生态环境监测系统、园区“社会事业智慧化”、园区网络与信息安全系统、智慧园区运行维护等子项目以及相关附属工程项目。

11.2　项目需求分析

11.2.1　智慧园区目标分析

11.2.1.1　三七产业园“智慧园区”建设是文山市经济社会发展的重要引擎

文山市牢牢把握新一轮西部大开发和全省建设“两强一堡”、全州建设“新高地”的战略机遇，大力实施“工业强市，农业稳市”战略，坚持走特色新型工业化和农业现代化道路，发挥区域经济比较优势，以园区建基地，以基地带产业，逐步实现工业向园区集中、产业集群式发展格局，着力打造“三七之都”和“铝业之都”，构建承接东部产业转移的基地，形成结构优化、竞争力较强的现代产业体系，实现文山市经济跨越式发展，推动全市综合经济实力、人民生活水平、生态环境保护和基础建设迈上一个新台阶，为全面建设小康社会打下决定性基础。因此，三七产业园“智慧园区”建设是文山市经济社会发展的重要引擎。

11.2.1.2 “智慧园区”建设是文山三七产业园区实现跨越式发展的重要抓手

文山三七产业园区成立于2000年。

因此，“智慧园区”建设是文山三七产业园区转型升级的重要抓手。

11.2.1.3 “智慧园区”建设是文山三七产业转型升级的重要支撑

认真实施“工业强市”战略，加快三七产业园区建设，促进经济增长方式转变和经济结构调整优化，把工业园区建设成为“布局合理、用地集约、产业集聚、彰显特色、优质高效、绿色发展”的平台，促进文山三七产业跨越式发展，构建承接东部产业转移基地等战略目标。

11.2.1.4 三七产业园“智慧园区”建设是文山市智慧城市建设的重要组成部分

文山州的信息惠民国家试点和文山市的国家“智慧城市”试点，都将“智慧园区”作为特色项目纳入申报方案，确定三七产业园区作为“智慧园区”示范，将为三七产业园智慧园区建设带来难得契机。

文山三七产业园区将以“智融产业，慧冠七都”为智慧园区建设的主题，以全面实现“智慧园区”为最终目标，围绕文山三七产业园区争先率先、聚焦转型、突出创新、调优结构、改善民生的发展要求，主动融入“一带一路”国家战略，牢牢抓住云计算、大数据、物联网、互联网+、移动4G等新一代信息技术革命的重大历史机遇，以文山市“智慧城市”国家试点建设为抓手，加强统筹协调和顶层设计，突破信息化基础设施瓶颈，与国家“宽带中国”发展战略接轨。

因此，三七产业园“智慧园区”建设是文山市智慧城市建设的重要组成部分。

11.2.2 总体业务需求分析

从总体上看，三七产业园区信息化建设整体水平仍然较低，难以发挥其文山市智慧城市建设桥头堡的作用，信息化建设在园区和入园企业两个层面仍然存在很多问题，信息化、数字化建设情况参差不齐，总体上“两化”缺乏深度融合，尚未形成新型工业化能力，造成了三七产业转型升级的瓶颈。

信息技术在企业生产、管理、流通等环节的应用还不普遍。企业对“两化”融合的认知度和参与度低。一些企业对信息化及数字化建设重视不够、需求不强，只注重设备和技术上的更新，忽视了管理模式的转变对提高企业综合竞争力所发挥的促进作用。多数企业仍处于产业链和价值链低端，尚未利用信息技术实现生产管理模式的转变。目前园区信息化基础设施建设相对滞后，园区只能在力所能及的范围内推进智慧园区建设工作，资金短缺成为制约智慧园区建设的主要因素。

目前，三七产业园希望通过“智慧园区”建设，变后发劣势为后发优势，实现跨越式发展，结合州、市两级对三七产业的发展要求，三七产业园需要满足以下的现实需求：

11.2.2.1　通过“智慧园区”建设，优化产业结构

通过智慧园区建设，基本完成信息化基础设施从薄弱到完善的过渡，并且随着新一代信息技术手段在智慧园区建设中的应用，园区中的所有产业在优胜劣汰的竞争过程中逐渐被筛选、沉淀、提升，最终使得园区产业结构达到最大限度的合理化和高级化，实现产业结构的优化。

11.2.2.2　通过“智慧园区”建设，实现园区管理的智慧化

利用新技术、新理念、新思路来提升园区政务服务、运营管理及企业生产经营的智能化水平。大量信息化、智慧化应用在园区的成功落地必将使三七产业园区的实现整体智能化，以此为基础建立的智慧化电子政务、物业管理将使园区管理实现智慧化。

11.2.2.3　通过“智慧园区”建设，实现三七产业和三七文化深度融合发展

三七产业与三七文化互相渗透、密不可分，三七产业是三七文化重要组成部分，同时，三七产业的发展又离不开三七文化的传播和在产业链的渗透，通过三七文化数字化博物馆、三七精准种植系统等信息化手段的应用，以有效实现三七产业和三七文化之间的互动传播、互动发展。

11.2.2.4　通过“智慧园区”建设，助力“文山三七”品牌战略

新一代信息技术手段在园区的应用使得“文山三七”的品牌塑造和传播能力如虎添翼，“文山三七”知名品牌创建工程将首先在园区实现。助力“云三七”到“国药三七”再到“中国参”的品牌战略目标的实现。

11.2.2.5　通过“智慧园区”建设，实现园区生态环境全面可控

物联网技术的应用使得生态环境的各方面，比如水质、空气质量、土地情况等都能够数据化显示，方便对环境的监控；大数据处理技术使得这些数据“开口说话”，使生态环境的发展趋势一目了然，根据数据“说的话”，实现生态环境一定限度内的可控。

11.2.2.6　通过“智慧园区”建设，实现园区居民生活幸福

通过各种智能化、信息化应用实现园区物业管理的“智慧化”，并为园区居民的日常生活等各个方面提供周到、方便、安全、贴心的“智慧化”服务。信息化、智慧化应用在园区的全面实施，将全方位完善社会保障，提升居民生活品质；智慧交通、智慧教育、智慧医疗、智慧社区等智慧应用将把整个生活的各个方面智能化，打造园区居民的幸福生活。

11.2.3 总体系统功能需求分析

11.2.3.1 园区综合通信基础设施建设需求

随着三七产业园区在带动全州经济社会快速、高效发展中处于越来越重的地位，文山市对三七产业园区的招商引资越来越重视，并针对入驻园区的企业出台了许多新的优惠政策，这将吸引更多的企业投资者入驻园区。在随后的几年内，三七产业园区的入驻企业数量将会快速增长，随之而来的便是整个园区人口规模——企业员工、园区居民等的剧增。

综合通信基础设施建设主要是指通讯运营商和应用技术商为园区提供通信管道铺设、局域网组网、宽带接入及各种物联网传感网络建设。它作为实现数据传输的基础设施，担负着对外连接互联网，支撑园区管理部门、园区企业、服务机构、园区居民的各类信息化应用。在总体功能上，要求做到：能够高效安全地运行，能够通畅地连接到整个企业内网和互联网。这就需要建立覆盖全园区的光纤主干网络、4G 无线网络和广播电视网络，形成全覆盖的园区高速通信网络；建立覆盖全园区的传感网络，高清摄像头、智能标签、信息采集终端等物联网公共智能感知基础设备形成规模效应，满足整个园区信息化发展的需要。

11.2.3.2 园区信息化公共基础设施建设需求

加强整个三七产业园区信息化公共基础设施统筹规划和顶层设计，统一建设三七产业园区以云计算服务中心、大数据分析系统、信息资源共享系统和物联网基础设施为核心的基础支撑平台，大幅降低园区管理部门和企业实施信息化的资金和技术门槛，为园区智慧化提供基础保障。

依托文山市云计算基础平台，构建基于云计算的信息化基础接入服务，包括：虚拟化的服务器资源池、大容量的存储以及云管理中心，通过将基础服务资源池化，供各个智慧应用项目动态调用。

依托文山市“智慧城市”公共基础数据库系统的建设，以智慧园区空间地理、经济运行、企业基础数据、招商引资四大基础数据库整合来自园区管理各委办局和各所辖地区的、经过审核转换处理的数据资源，可实现对园区经济社会信息的统一和集中存储，确保数据的唯一性和准确性，为各种智慧应用提供一致的基础数据支持。

大数据分析系统作为三七产业园区的智慧引擎，将为电子政务、电子商务、智慧交通、智慧安防、智慧医疗、环境监测、智慧物业、智慧社区、智慧物流、三七产品溯源、科技创新等各种智慧应用产生的大量非结构化和半结构化数据提供大数据处理和分析支撑，帮助用户从海量、复杂、多元化、异构的数据中获得决策依据。

11.2.3.3 园区电子政务体系建设需求

利用计算机网络技术，将各社团组织、政府职能部门从物理上分散的办公地点集中迁移到网络平台上，打破时间、空间的四维限制，再辅以工作制度、运转机制的配套改革，突破部门之间职能的分隔限制，通过电子政务平台向全园区的个体、组织和单位提供“优质、高效、规范、透明”的全方位政务服务，从而向建设规范化服务型政府转型。以政府监管（信息化部门牵头）、服务公众为基础，实现职能部门、群团组织和个体之间协同互动，各项业务互为支撑，紧密配合、充分共享信息，实现高效运转与业务协同服务，实现对园区运行管理的全面掌控，搭建三七产业园区管委会与客商、企业、社区居民之间相互沟通联络的便捷桥梁。

11.2.2.4　三七文化与三七产业深度融合发展需求

充分利用多媒体技术、3D虚拟现实、移动互联网等先进的信息化手段对三七种植、加工、流通、科研、历史、民族文化等进行数字化加工，与三七精准种植示范系统对接。通过构建三七文化数字化博物馆，实现三七文化的立体呈现和鲜活展现，实现三七文化的快速传播，配合“三七文化旅游小镇”建设，与文山旅游平台对接，形成三七文化与三七产业及文山旅游文化的深度融合、互动传播，提高三七产业园区的显示度与知名度，促进招商引资，带动三七产业发展。

11.2.2.5　三七产品全生命周期管理需求

实现三七从种植到产品到消费的全生命周期管理的网络化和智慧化。

在种植阶段，让三七种植企业或者农户可以根据精准种植系统优化三七种植过程。建立完善、标准、统一的三七种植基础数据库，重点完成包括三七种植基础地理信息数据、管网、沟渠、固定育苗点、有害生物和病虫害防治等信息的基础数据库，提供从宏观到微观的多层次资源分布信息，及时、准确掌握三七种植资源历史、现状和动态信息。旨在降低种植成本的同时，兼顾三七的产量和质量。

在三七生产加工阶段，让三七产品加工生产企业能够充分利用现有的智力资产，迅速进行产品的变型、引伸和改良。根据市场需求不断研发和创新，让企业迅速占领市场，不断赢利。

在三七产品运输和销售阶段，通过智慧物流和溯源系统，产家和销售商家可以根据实时营销数据和产品数据制定新的销售策略。

在三七产品消费阶段，消费者根据三七产品溯源提供的信息，可以迅速获得该产品的消费指导，做到放心消费。

11.2.3.6　利用互联网整合三七产业链并促进产业升级需求

充分利用互联网整合产业链资源，推动科技创新，促进产业升级，加快三七产业发展。建设以“三七原产地”概念为核心的三七产品电子交易中心与电子商务平台，为买卖双方提供与交易相关的交易、物流、金融、信息等服务，大力扶持园区内企业开展电子交易与电子商务，降低交易成本，提高企业盈利能力，并制定、执行管理制度，监督其他交易参与方行为，保证交易安全、可靠、公平。

文山三七电子商务基础十分薄弱，亟待建立一个先进的、有“原产地”“道地药材”

等概念支持的、权威的和专业化的电子商务交易平台，为广大三七企业和种植户服务，推动三七产业快速发展。

11.2.3.7 三七产业园东山片区“智慧物流”节点建设需求

以提高文山农特产品物流服务能力、效率和降低物流成本为核心，合理进行物流网络布局，加强物流基础设施建设，推动物流信息化进程，建设覆盖三七产业园区至整个文山市的以农特产品运输为主的物流体系。通过培育新兴的现代物流产业，发展壮大地方经济，增强三七及农特产品产业竞争力。最终把东山片区“智慧物流园区”建设成为文山州的高效率社会化、专业化的，以三七为主的特色农产品现代物流中心，并通过科学规划、整合资源、优化结构、合理布局，加快物流基础设施和智慧园区建设，形成以东山片区为中心、以文砚公路和文天公路为轴线、多种运输方式有效衔接和配套的物流基础设施网络。力争用3至5年的时间，将东山片区物流融入马塘物流主节点，成为“服务文山市和文山州，贯通昆明—文山—北部湾和珠三角经济走廊”的重要物流枢纽。

11.2.3.8 三七产业园“智慧园区”建设与文山市“智慧城市”建设有效衔接的需求

依托智慧城市统一建设的信息化公共基础设施，以三七产业园区内的电子政务、电子商务、智慧物流等信息化项目为基础，整合各类信息资源，大力配合文山市推进智慧交通、智慧医疗、智慧教育、综治维稳、智慧社区等智慧化项目在三七产业园区的建设，全面推进园区城市建设管理、功能提升，提高智慧管理和服务、空间实体可视化、立体化管控、智能应急处置等能力。

11.2.3.9 园区智慧化物业管理需求

针对三七产业园区的特点，利用新一代大数据、云计算、物联网等信息技术，集成物业管理相关的楼宇自动化系统、公共广播系统、视频会议系统、资产管理系统、停车场管理系统、灯光照明系统、园区安全信息管理系统、视频安防监控系统和一卡通等智能化管理，将园区中分散的、各自为政的楼宇自动化系统、园区资产管理、停车场管理、灯光管理等系统连接起来，成为新一代的智慧化基础设施，实现园区中各独立应用子系统的融合和集中运营管理，提高园区服务质量，形成网络化、信息化、智能化和现代化高端发展的智慧园区，争取国家“智慧园区”试点示范。

11.2.3.10 智慧园区建设管理及运行维护需求

建立智慧园区建设项目管理及运维保障机制，从组织管理、技术保障、政策环境、标准体系、人才培养等方面着手，形成有效的智慧项目建设及运行维护体系。

建立智慧园区建设项目管理及运维保障机制具体包括如何引入或扶持一批本地智慧园区建设及运维服务企业，为园区信息化提供优质建设及运维服务产品，有偿提供专业化、高质量建设及运维服务；积极引入信息化监理企业，保障信息化项目建设的规范性和合法性。加强园区信息化人才引进、培养和培训工作，提高人才队伍综合素质。

11.2.3.11　园区网络和信息安全保障需求

针对智慧园区建设、运行和应用过程中存在安全威胁与风险，来设计安全保障方案，切实保障各智慧系统的安全。

重点满足以下几方面的需求：

（1）解决信息的备份问题。

（2）解决系统全网范围内的统一身份鉴别问题。

（3）解决系统全网范围内的信息资源管理、信息分类访问控制和分组共享（即什么人可以访问什么信息和哪些人可以共享哪些信息）问题，实现全系统的有效访问控制。

（4）解决信息系统敏感数据的加密问题，特别是重要信息的多级安全保护；采用数字签名和各种安全审计手段，解决关键操作的抗抵赖问题。

（5）解决内部人员滥用权力、有意犯罪、越权访问机密信息或恶意篡改等问题。

11.2.4　项目建设的必要性

11.2.4.1　智慧园区建设有利于服务型园区的创建

随着公众对政府信息公开化、透明化意识的不断增强，信息化正在成为从政府工作的支撑工具转变为政府优化管理、创新服务、提高公众满意度的主要手段。以微博等为代表的新型网络传播具有即时、互动、广泛的特点，这使政府行政工作面临舆论信息快速、大规模传播的新形势，也创造了转变工作理念和工作方式的新机遇。通过多种信息化平台加强与公众之间的信息沟通，满足公众的政府行政监督要求并因势利导地引导舆论，将加速实现园区的服务型政府转型和社会幸福和谐。

11.2.4.2　文山“智慧城市”建设明确智慧园区建设重要使命

文山“智慧城市”建设将加快三七产业园区成为国际化、现代化、信息化的创新型、生态型、和谐幸福型新城区。同时，在文山市“智慧城市”的发展目标和发展定位中，将三七产业园区作为智慧园区进行建设。信息化是园区未来发展的重要命题，也是园区实现发展目标的关键手段。

11.3　建设目标和内容

11.3.1　智慧园区建设目标

11.3.1.1　总体目标

文山三七产业智慧园区建设总体目标如图 11－1 所示。

产业结构优化——随着新一代信息技术手段在智慧园区建设中的应用，园区中的所有产业在优胜劣汰的竞争过程中逐渐被筛选、沉淀、提升，最终使得园区产业结构达到最大限度的合理化和高级化，实现产业结构的优化。

园区管理睿智——大量信息化、智慧化应用在园区的成功落地必将使三七产业园区实现整体智能化，以此为基础建立的智慧化电子政务、物业管理将使园区管理实现智慧化。

图 11－1　文山三七产业智慧园区建设总体目标

产业文化互动——三七产业与三七文化互相渗透、密不可分，三七产业是三七文化重要组成部分，同时，三七产业的发展又离不开三七文化的传播和在产业链的渗透，通过三七文化数字化博物馆、三七精准种植系统等信息化手段的应用，以有效实现三七产业和三七文化之间的互动传播、互动发展。

文山三七知名——新一代信息技术手段在园区的应用使得“文山三七”的品牌塑造和传播能力如虎添翼，“文山三七”知名品牌创建工程将首先在园区实现。助力“云三七”到“国药三七”再到“中国参”的品牌战略目标的实现。

生态环境可控——物联网技术的应用使得生态环境的各方面，比如水质、空气质量、土地情况等都能够数据化显示，方便对环境的监控；大数据处理技术使得这些数据“开口说话”，使生态环境的发展趋势一目了然，根据数据“说的话”，实现生态环境可控。

居民生活幸福——园区信息化、智慧化应用与智慧城市信息资源对接，在园区内全面实施，将全方位完善社会保障，提升居民生活品质；智慧交通、智慧教育、智慧医疗、智慧社区等智慧应用将把整个生活的各个方面智能化，打造园区居民的幸福生活。

11.3.1.2　具体目标

文山三七产业园区智慧园区建设具体目标如图 11－2 所示。

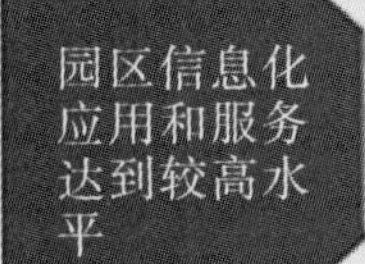

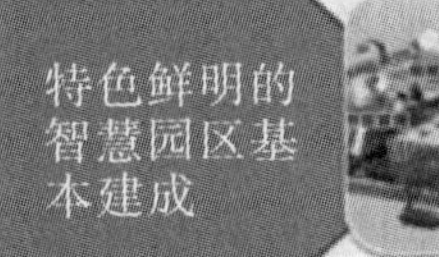

图 11－2　文山三七产业智慧园区建设具体目标

（1）园区信息化基础设施基本完善。基本完成信息化基础设施从薄弱到完善的过渡。项目建成后，有线光宽带、4G 无线网络、广电网络达到 100% 覆盖，通信管网、云计算服务、物联网、大数据分析系统、信息资源共享系统等新一代基础设施齐备，基本满足智慧园区建设需要。

（2）实现互联网＋在三七产业链中的全面渗透。按照园区各片区的特点，分别统筹部署互联网与三七种植、加工、制造、物流、销售等环节的深度融合。

（3）利用信息化手段提高园区显示度，工作取得实效，实现三七文化与产业的互动。“文山三七”知名品牌在园区的泛在宣传，并在招商引资中发挥重要作用。

（4）园区信息化水平全面提升。通过各种智能化、信息化应用实现园区物业管理的“智慧化”，并为园区居民的日常生活等各个方面提供周到、方便、安全、贴心的“智慧化”服务，使之成为文山市国家级智慧城市试点工程的重要组成部分，达到国家智慧园区发展指数要求。

11.3.2　智慧园区建设内容

11.3.2.1　加快构建园区综合通信基础设施

综合通信基础设施建设主要是指通信运营商和应用技术商为园区提供通信管道铺设、局域网组网、宽带接入及各种物联网传感网络建设。建立覆盖全园区的光纤主干网络、4G

无线网络和广播电视网络，形成全覆盖的园区高速“三网融合”通信网络；建立覆盖全园区的传感网络，高清摄像头、智能标签、信息采集终端等物联网公共智能感知基础设备形成规模效应，满足整个园区信息化发展的需要。

11.3.2.2 大力提升园区信息化公共基础支撑能力

加强整个三七产业园区信息化公共基础设施统筹规划和顶层设计，以“私有云”方式统一接入第三方云计算资源和大数据处理平台，统一建设三七产业园区以云计算服务、大数据分析系统、信息资源共享系统和物联网基础设施为核心的基础支撑平台，大幅降低园区管理部门和企业实施信息化的资金和技术门槛，为园区智慧化提供基础保障。

11.3.2.3 深入推进园区电子政务建设，提升政务服务水平

园区的电子政务建设将围绕园区管委会的职能进行，要能适应效能政府建设、行政管理体制改革、政府职能转变、社会经济不断发展的需要，着力改变电子政务建设条块分割、信息孤岛依然突出的状况，更加突出“整合、共享、协同、服务”。

11.3.2.4 信息化手段助力三七文化事业发展，有效提高显示度

三七文化是三七产业园区建设的重要组成部分，是智慧园区创建的重要环节，它对三七产业园区对外宣传、提高建设成果显示度、促进三七产业电子商务发展有非常重要的支撑作用。

11.3.2.5 全面提升三七产业全生命周期管理水平，有效提高产品质量

全面推进园区内智慧三七全生命周期管理信息化项目建设，实现三七从种植到产品到消费的全生命周期管理的网络化和智慧化。围绕三七产业的全生命周期设立三个子任务：“建设三七产品基础数据库”“建设三七精准种植示范系统”“构建三七溯源系统”。

11.3.2.6 大力促进互联网+在三七产业链中的全面渗透

充分利用互联网整合产业链资源，推动科技创新，促进产业升级，加快三七产业发展。建设以“三七原产地”概念为核心的三七产品电子交易中心与电子商务平台，为买卖双方提供与交易相关的交易、物流、金融、信息等服务，鼓励园区内企业大力开展电子交易与电子商务，降低交易成本。

11.3.2.7 强化园区生态环境保护信息化，促进生态园区建设

充分运用信息化、自动化等先进技术手段，加强园区生态环境保护工作，推动园区生态环境监测信息化工作，通过物联网实现对大气、水、噪声等生态环境要素的监测，通过大数据分析系统对监测数据进行分析、预警，提高环境监察的力度和水平。加强园区污染联防联控，建设企业排放预报预警系统，实现园区内污染综合监测数据实时共享，建立污染源排放量清单，做好园区空气质量预报预警工作。加强环境污染源管理，实现危险废物产生、运输、处置、监管等全过程信息化，推动工业污染防治从末端治理向源头和生产过程控制的转变，促进园区生态环境的监管、服务和执法，积极创建环保生态示范区。

11.3.2.8　全面提升东山片区智慧物流基础支撑能力

以三七产业园东山片区为中心，打造“智慧物流”节点，通过培育以信息化技术手段为依托的新兴现代物流产业，建设园区智慧物流系统并与文山市统一的物流平台对接，增强三七产业竞争力，最终把东山片区智慧物流建设成为文山州以三七为主的特色农产品物流中心，同时对马塘园区物流主节点形成有力的支撑。

11.3.2.9　大力推进园区社会事业信息化，促进产城融合

三七产业园区依托文山市统一建设的“智慧城市”公共基础设施，以园区内的电子政务、电子商务、智慧物流等信息化项目为基础，整合各类信息资源，大力配合文山市推进智慧交通、智慧医疗、智慧教育、综治维稳、智慧社区等智慧化项目在园区内的建设，从社会管理、生态环境、基础设施等多维度提升园区建设和管理水平。

11.3.2.10　创建特色鲜明的智慧园区，争取试点示范

将园区中分散的、各自为政的楼宇自动化系统、园区资产管理、停车场管理、灯光管理等系统连接起来，形成跨多平台的物业信息融合服务，提高园区服务质量，形成网络化、信息化、智能化和现代化高端发展的智慧园区，争取试点示范。

11.3.2.11　构建智慧园区建设及运行维护支撑体系

积极学习借鉴国内外智慧园区建设的先进经验，吸引更多州外有实力的企业和咨询机构参与智慧园区建设，更好地汇集智慧和资源。围绕信息化项目建设生命周期，建立信息化咨询决策机制，开拓“引智借脑”新思路，成立智慧园区建设专家咨询委员会，负责对智慧园区建设的重大问题进行咨询和指导；建设信息化项目管理及运维保障机制，引入或扶持一批本地智慧园区建设及运维服务企业，为园区信息化提供优质建设及运维服务产品，有偿提供专业化、高质量建设及运维服务；积极引入信息化监理企业，保障信息化项目建设的规范性和合法性。加强园区信息化人才引进、培养和培训工作，提高人才队伍综合素质。

11.4　项目总体设计

11.4.1　智慧园区总体设计思路

11.4.1.1　总体思路

坚持“理念创新”为先，“顶层设计”为根，“技术路线”为本，“建章立制”为基的智慧园区建设思路，围绕园区发展规划，从统筹规划、资源共享，避免重复建设的角度，从智慧园区建设宏观角度出发，系统、科学地对智慧园区进行设计，指导智慧园区项目建设、实施、管理、应用和融资。

文山三七产业园区智慧园区建设总体思路如图 11－3 所示。

三七产业园智慧园区建设按照“智慧，绿色，虚拟，互联网＋”的设计理念开展，即园区的管理和运营实现智慧化，建设绿色园区、虚拟园区，以“互联网＋三七”实现三七产业链资源整合。

基础网络：建设通信管网、互联网、物联网等网络基础设施。

图 11－3　文山三七产业园区智慧园区建设总体思路

数据中心：建设云计算服务、信息资源共享系统、大数据分析系统，提供新一代数据中心支撑服务。

虚拟展示：通过信息化技术实现三七文化、园区运营监测、信息发布、三七全生命周期过程管理等的虚拟展示。

电子政务：通过建设园区政务服务应用系统、园区招商引资系统和园区政企互动平台，建设规范化服务型政府。

电子商务：大力推进三七产品电子交易、电子商务发展。

智慧物业：实现园区物业管理的智慧化。

环境监测：以信息化手段实现园区全方位环境监测，确保园区经济可持续发展，人与环境和谐发展。

智慧物流：通过物联网、移动互联网、大数据等技术实现园区物流的智慧化。

产城融合：全面推进园区城市基础设施、生活设施、公共事业的智慧化，促进产城融合。

11.4.1.2　“智慧三七园区”设计理念

创建三七“智慧园区”，实现园区管理、运营及居民生活全面智慧化，包括智慧政务、智慧物管、智慧环保、智慧产业、智慧物流、智慧生活等。

文山三七产业园区“智慧三七园区”设计理念如图 11－4 所示。

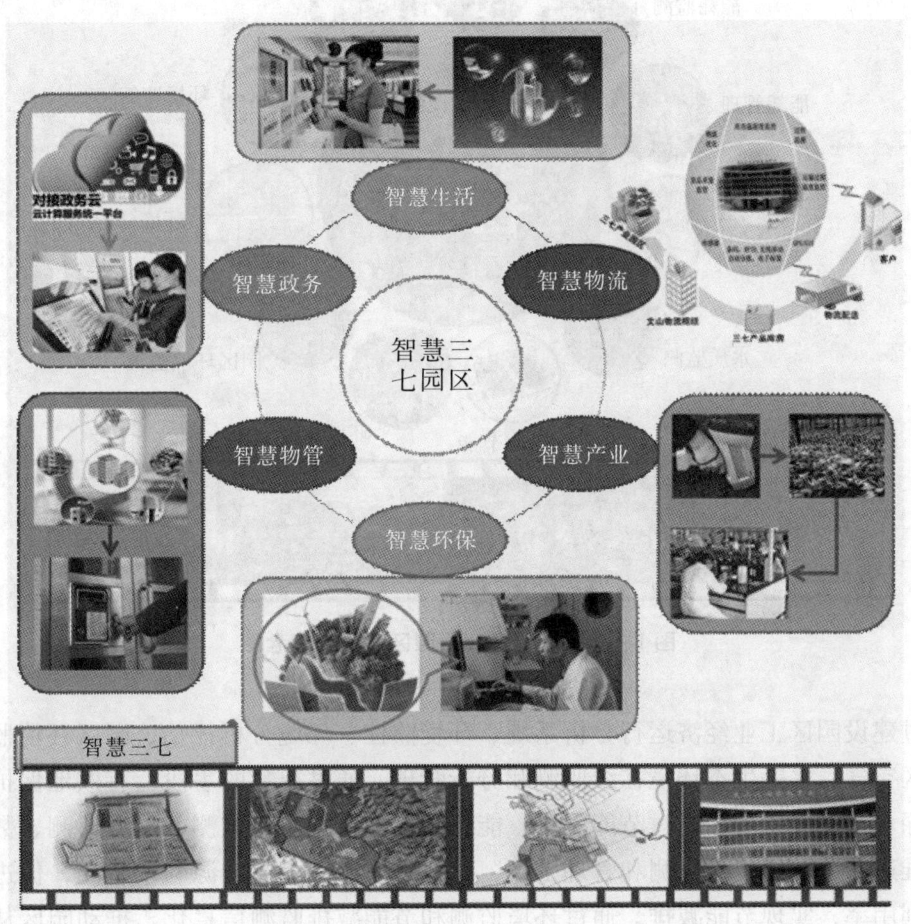

图 11－4　“智慧三七园区”设计理念图

园区智慧化的效果体现在以下方面：

（1）以智慧化提升园区吸引力。通过智慧园区的建设，可以显著提升园区对优质企业、高素质人才的吸引和凝聚力。

（2）以智慧化提高园区显示度。利用信息化手段和先进的建设理念，使园区建设效果和预估成果直观展示，提高显示度。

（3）以智慧化促进园区可持续发展。

（4）以智慧化助力园区发展新兴产业。实现“关键产业培育壮大”“创造现代智能园区环境”“提供高效便捷公共服务”的三大任务。

11.4.1.3 “绿色三七园区”设计理念

文山三七产业园区“绿色三七园区”设计理念如图 11－5 所示。

图 11－5 “绿色三七园区”设计理念图

通过建设园区工业经济运行分析系统、环境监控、环境分析评估、园区环境监测，实现对园区空气、水等生态环境在线监测和分析管理，通过智慧的手段，有效地保护园区的清山、绿水和空气质量；通过节能减排、能耗监测、空气质量监测、水质监测、数据中心节能，推进园区节能减排监测和管理工作，实时动态掌握企业能源利用状况，促进企业改进能源利用率，实现节能减排。通过环境监测和节能减排监测信息化，推动园区从工业生产源头上将能源消耗和污染物排放量减小，有效的保护园区生态环境，促进园区经济绿色、可持续发展。

11.4.1.4 “虚拟三七园区”设计理念

形成三七产业园区管委会、物业管理方、园区企业及企业员工的扁平化沟通与互动机制，提升园区整体形象，提高行政管理效率。

文山三七产业园区“虚拟三七园区”设计理念如图 11－6 所示。

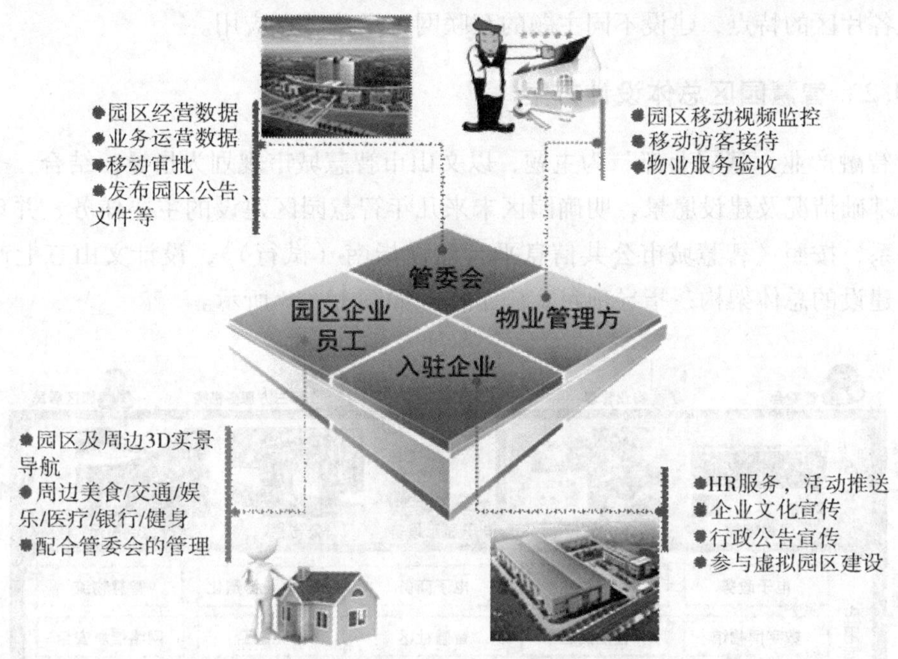

图 11－6　“虚拟三七园区”设计理念图

11.4.1.5　“互联网＋三七”设计理念

文山三七产业园区“互联网＋三七”设计理念如图 11－7 所示。

图 11－7　“互联网＋三七”设计理念图

通过推进互联网与三七产业链中的种植、加工、制造、运输、销售以及承接东部沿海地区产业转移融合，三七园区传统产业 O2O 融合创新，不断催生、发展壮大新兴业态。按照园区各片区的特点，建设不同主题的互联网+示范试点应用。

11.4.2 智慧园区总体设计方案

以“智融产业，慧冠七都”为主题，以文山市智慧城市规划为指导，结合三七产业园区目前的基础情况及建设愿景，明确园区未来几年智慧园区建设的主要任务，并理清任务的直接关系，按照《智慧城市公共信息平台建设指南（试行）》，设计文山三七产业园区智慧园区建设的总体架构，指导项目实施工作。如图 11-8 所示。

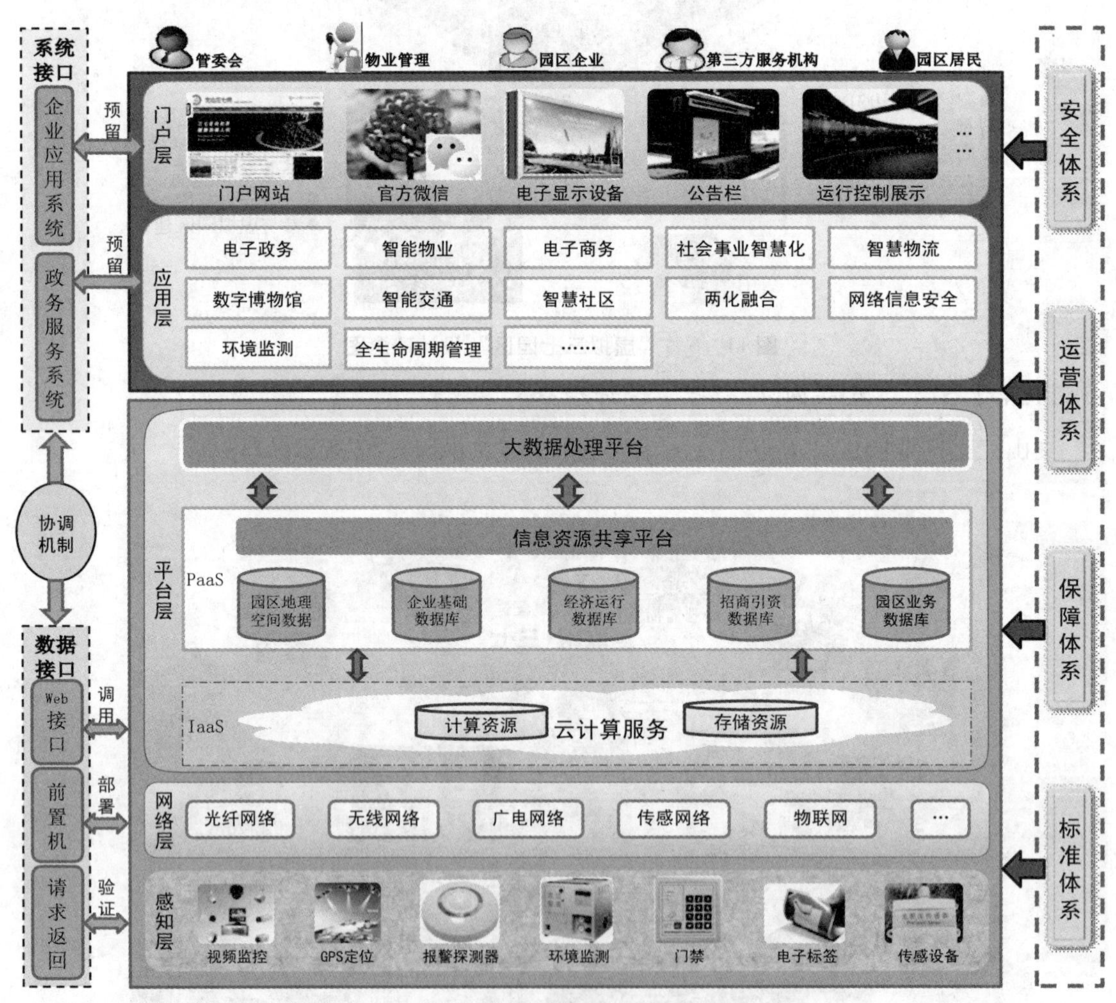

图 11-8 智慧园区总体设计架构图

文山三七产业园区智慧园区建设的总体架构由下至上包括：感知层、网络层、平台层、应用层、门户层、用户层六层，左右两边分别为各种外部数据接口和运行保障机制。

感知层：通过利用任何可以随时随地感知、测量、捕获和传递信息的设备、系统全方位快速获取园区信息，以便进行分析并立即采取应对措施。

网络层：包括光纤网络、无线网络、广电网络、传感网络等基础网络设施，用于实现园区内及园区与外界更广泛的互连互通，与感知层共同支撑园区智慧化的应用。

平台层：包括第三方云计算资源、信息资源共享系统（包括各种基础数据库和应用数据库，数据交换与共享机制等）、大数据分析系统，组成平台级的新一代信息化公共基础设施，为园区信息化应用系统提供基础支撑，达到节约投资、降低成本和整合资源的目的。

应用层：包括电子政务、物业管理、电子商务、智慧物流、环境监测、智慧交通、智慧社区等典型应用系统，用于实现园区管理、运营、服务的智慧化应用。

门户层：由园区门户网站、官方微信、各种管理和运行控制中心构成。

用户层：由园区管委会、园区物业管理机构、园区企业、第三方服务机构和园区居民构成。

为保障三七产业园智慧园区建设目标的实现，总体框架设计提出：安全体系、运营体系、保障体系和标准体系四大运营保障措施体系，从建立一个可持续发展、兼顾各方利益的运营管理模式，制定网络和信息安全保障制度，保障三七产业园智慧园区建设可持续发展。

此外，三七产业园智慧园区建设所有的建设内容都不是封闭的，纵向涉及到与州、省、国家的相关接口对接、信息对接以及技术对接，横向涉及与智慧城市各子系统，包括工商、税务等政府部门，银行、运营商等企业和实体的对接，形成共享、互联互通的公共基础数据库和智慧应用数据库。

11.5　智慧园区建设方案

11.5.1　大数据分析系统方案

智慧园区项目中，大数据分析系统接入文山市统一建设的大数据处理平台进行数据分析。大数据分析系统作为三七产业园区的智慧引擎，将为园区的电子政务、电子商务、智慧交通、智慧安防、智慧医疗、环境监测、智慧物业、智慧社区、智慧物流、三七产品溯源、科技创新等各种智慧应用产生的大量非结构化和半结构化数据提供大数据处理和分析支撑，帮助用户从海量、复杂、多元化、异构的数据中获得决策依据。

三七产业园区大数据分析系统整体概念如图11－9所示。

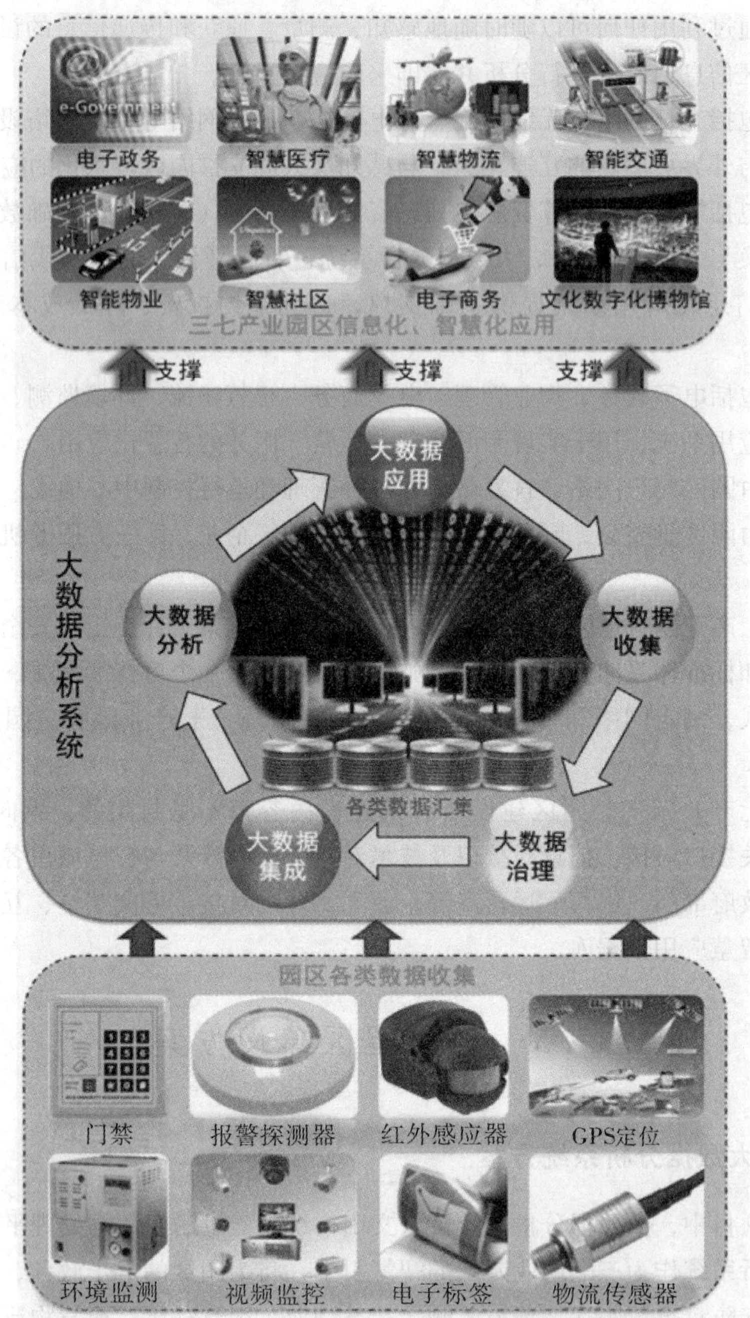

图 11－9　智慧园区大数据分析系统架构图

三七产业园的电子交易、电子商务平台和智慧物流子系统产生海量的三七交易数据和仓储数据，通过大数据分析系统的分析挖掘，可以了解到三七市场买家的采购偏好以及市场贸易格局的变化，有针对性地分析研究这些数据，可以预测贸易趋势，从而帮助供应商及时开发适应市场需求的产品，提高营销效率，实现精准营销，同时促进企业向科技型、创新型企业转型，提高产品附加值。

通过电子政务的经济运行监测子系统，利用大数据分析系统分析园区内企业运营过程中产生的海量数据，可以及时掌握园区内企业发展动态，监测重点用能单位能耗，监测企业经济运行，准确研判经济形式、预测产业趋势走向，制定经济政策，统筹全局进行产业结构调整。

环境监测系统通过遍布整个园区的环境监测装置采集海量的环境监测数据，通过大数据分析系统整合环境监测领域的各类数据资源。

智慧物业系统监测传感器、监视器等物业数据采集设备，集中运营和集约化管理园区的供电、供水、消防、电梯、空调等设备。通过大数据分析系统挖掘分析，通过对用户使用趋势、关注度、与用户年龄/偏好相关的样本、需求等进行数据分析，产生相关分析报告、图表，供物业参考与改进相关服务，最终实现物业的资源整合，为业主用户提供便捷智能的全方位生活服务，实行大数据分析帮助物业改善服务水平和减少人力成本，帮助物业实现自己的O2O营销渠道。

三七文化数字博物馆可以通过大数据分析系统获取三七精准种植系统相关数据，向客户直观展示精准种植过程。结合客户的种族、国籍、兴趣爱好、文化程度等个人信息，结合三七文化中与其相应的电子商务数据和三七文化历史数据，向客户展示为其量身定做的内容，提高三七文化的吸引力以及传播的高效率，加快三七文化的传播。

11.5.2　地下管网数字化管理系统方案

电力、通讯等地下管道是智慧园区基础设施建设的重要组成部分，与园区智慧化和经济发展活力息息相关，是发挥园区功能，确保经济和社会健康、协调发展的重要物质基础。为进一步加强管理力度，提高管理水平，建立三七产业园地下管道数字化管理系统，对信息管线申报、批复、施工、覆土等环节的全程空间化管理，由园区管委会实行统一规划、统一建设、统一管理。

在东山和新平坝片区，通过铺设传感网络和工程数据信息化获取已铺设管道的数字信息，逐步完善这两个片区的地下管道数字化数据库。登高片区则在园区建设初期即按照统一要求提供管线图表及电子档案，建立地下管道系统的数字化数据库，逐步建立覆盖全园区的完整的地下管线数据库，有效提高园区信息化管线管理和服务能力，更好地服务园区。

11.5.3　三七产业园电子政务系统方案

园区管委会的工作主要围绕园区综合管理、园区企业服务、园区节能环保、园区政务公开四个主要功能展开，其诉求如图11－10所示。

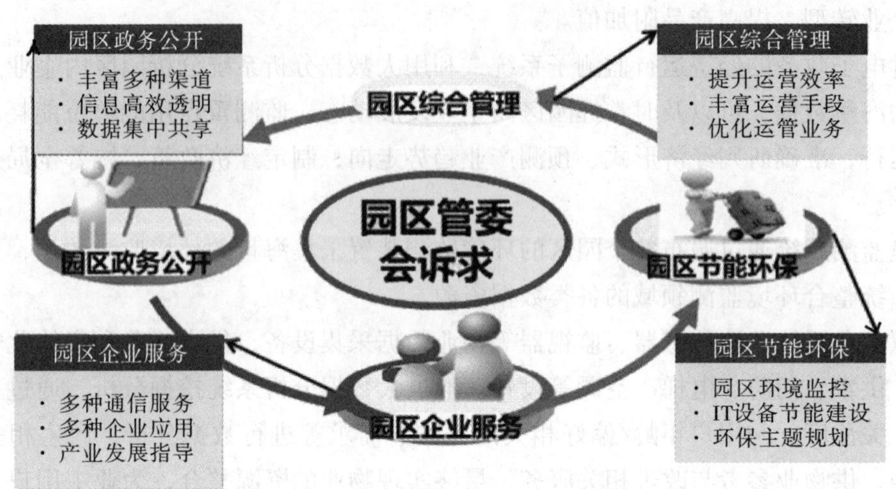

图 11－10　园区管委会工作诉求示意图

11.5.3.1　建设目标

三七产业园的电子政务工程主要围绕园区管委会的工作诉求展开，继续推进园区管委会及其部门业务系统建设，实施园区电子政务工程，构建：园区招商引资系统；工程项目管理系统；协同办公 OA 系统；园区经济运行监测平台；园区规划及产业用地地理信息系统；园区政企互动平台。

利用计算机网络技术，将各社团组织、政府职能部门从物理上分散的办公地点集中迁移到网络平台上，打破时间、空间的四维限制，再辅以工作制度、运转机制的配套改革，突破部门之间职能的分隔限制。通过电子政务平台向全园区的个体、组织和单位提供“优质、高效、规范、透明”的全方位政务服务，从而向建设规范化服务型政府转型。以政府监管（信息化部门牵头）、服务公众为基础，实现职能部门、群团组织和个体之间相互协同互动，各项业务互为支撑，紧密配合，充分共享信息，实现高效运转与业务协同服务，实现对园区运行管理的全面掌控，搭建三七产业园区管委会与客商、企业、社区居民之间相互沟通联络的便捷桥梁。

11.5.3.2　建设内容

继续完善电子政务网络，大力推进各部门业务系统建设，完善非涉密政务信息化系统。通过政府业务信息化建设，大力提升政务服务水平和服务能力，提高办事效率，打造效能政府，为建设服务型政府提供必要支撑。

（1）园区招商引资系统。

（2）工程项目管理系统。该系统实现园区内工程建设项目从立项、工期安排、进度跟踪到竣工验收的全生命周期管理；支持项目任务的二次分配，从而实现项目整体管理工作与业务环节的分离管理；通过协同确保项目的顺利开展。

（3）园区协同办公 OA 系统。该系统实现园区内电子公文交换、办公自动化及移动办公系统，实现园区政府协同办公及政务服务信息化，提升政务服务水平和服务能力。

（4）园区经济运行监测平台。该平台包括园区经济数据采集子系统、园区数据统计子系统、经济运行状态监测分析子系统、园区经济数据展示子系统、园区经济信息发布和管理子系统等子系统，实现对园区经济运行状态的全方位监测，提高园区经济运行状态显示度，促进园区经济快速平稳发展。

（5）园区规划及产业用地地理信息系统。该系统包括园区综合地理信息库、园区规划用地地形图层、基于地理信息索引的查询分析及统计和园区地理信息的管理及维护。

（6）园区政企互动平台。通过该平台实现政企互动，为企业转型升级提供快捷的电子政务服务，密切政企联系，打造高效政府。该平台主要包括：园区管委会官方网站、官方微信、多方视频会议系统、数据报送系统、企业网上办事大厅、园区信息发布平台等。通过园区管委会的官方网站、微信平台及时发布通知公告、工业经济相关政策及市场信息，为企业和公众提供信息服务。

11.5.3.3　技术架构

三七产业园电子政务系统在总体功能结构上包括感知层、网络层、平台层、应用层、门户层和保障体系。

感知层和网络层：共享园区综合通信基础设施。

平台层：由云计算中心提供计算资源、存储资源及基础软件用于构建政务云。在政务云上构建信息资源共享系统，支撑应用层的各种电子政务应用。

应用层：由具体政务应用系统组成，包括协同办公系统、招商引资系统、经济运行监测系统、项目管理系统等。

招商项目管理系统：主要应用于三七产业园区招商部门，进行招商项目进度更新、项目立项备案、在线审批、投资合同维护。

园区经济运行监测系统：主要应用于三七产业园区经济发展部门，提供企业经济数据的录入和导入，自动生成统计报表和统计图表，支持多维度检索、自定义报表导出等功能；

工程项目管理系统：主要应用于三七产业园区土地建设和规划等部门，为规划建设土地管理局提供企业工程项目的信息管理和进度管理，为园区建设开发公司提供园区自建及配套工程项目的管理，提供甘特图直观的展示项目进度，可检索工程建设情况。

协同办公 OA 系统：应用于三七产业园区所有部门，提供日常事务处理、公文流转、工作流审批和文件管理等。

门户层：为各种园区信息化应用提供统一的数据服务、应用接品和资源接口，统一接入、统一认证和集中管理，方便实现面向个人及企事业单位的信息服务体系。

保障体系：为电子政务工程的开发、实施、应用的顺利推进提供管理、支撑和安全措施，包括制定相关管理措施、业务规范、数据标准以及相应的信息化推进责任人。

园区电子政务平台建设项目总体结构设计示意图如图 11－11 所示。

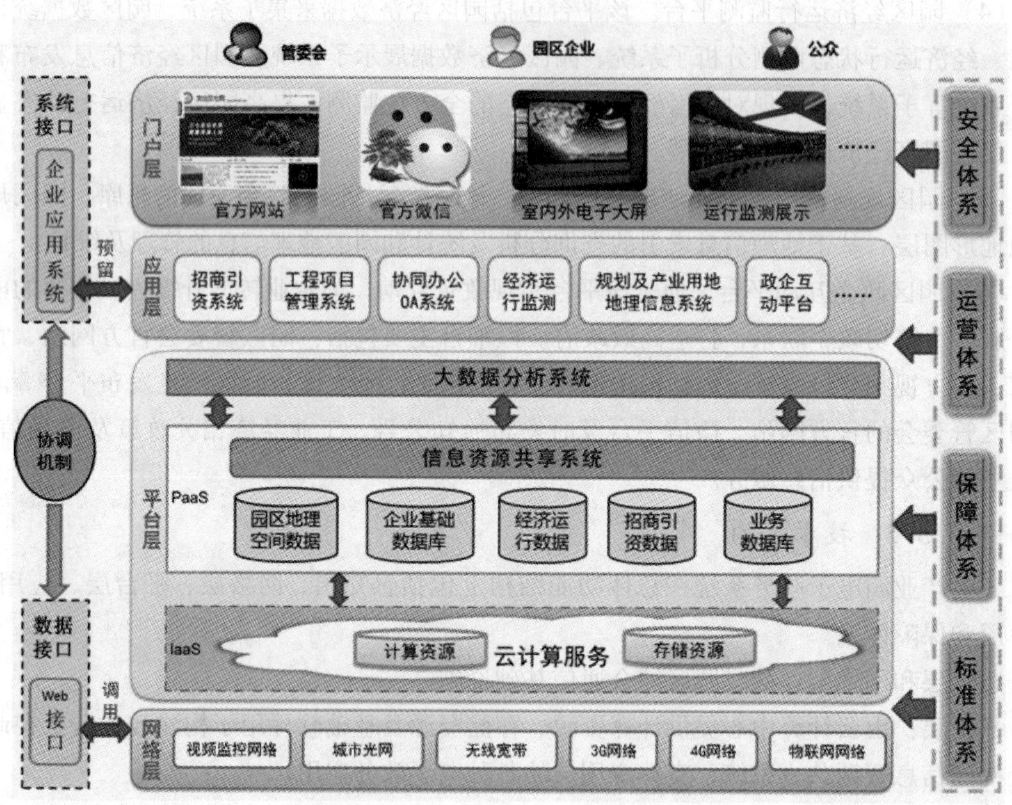

图 11－11　项目技术架构图

11.5.4　三七文化数字博物馆建设方案

11.5.4.1　建设目标

"产业发展，文化先行"，通过构建三七文化数字化博物馆，充分利用多媒体技术、3D 虚拟现实、移动互联网等先进的信息化手段对三七种植、加工、流通、科研、历史及文山州的民族文化等进行数字化加工，与三七精准种植示范系统对接，实现三七文化的立体呈现和鲜活展现，实现三七文化的快速传播，配合"三七文化旅游小镇"建设，与文山旅游平台对接，形成三七文化与三七产业及文山旅游文化的深度融合、互动传播，提高三七产业园区的显示度与知名度，促进招商引资，带动三七产业发展。

三七文化与三七产业及旅游业的互动关系如图 11－12 所示。

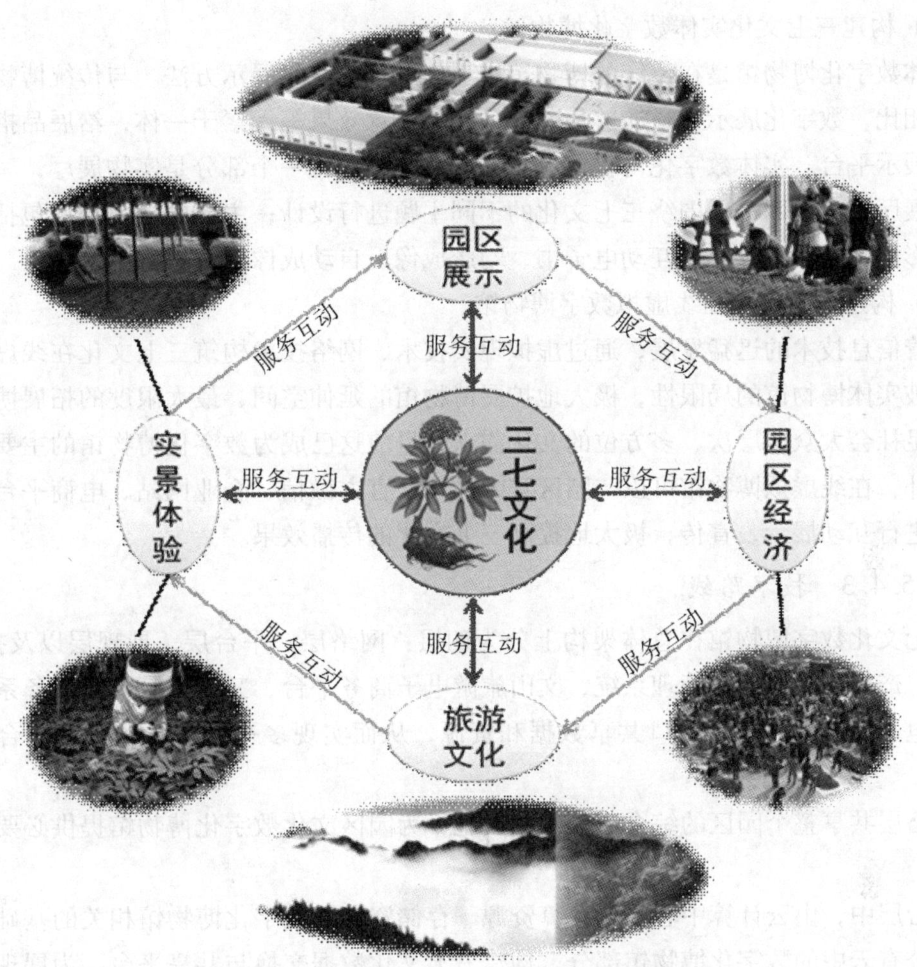

图11－12　三七文化产业及旅游业关系示意图

11.5.4.2　建设内容

(1) 构建三七文化基础数据库。

三七文化基础数据库的建设是三七文化数字化传播的基础。数字化博物馆中的资源类型将涵盖文字、图片、视频、音频、动画等多种数据类型，该数据库系统将支持各种异构数据在平台中的统一查询和展示。三七文化基础数据库包括三七种植数据库、三七历史文化数据库、三七加工贸易数据库、三七医药文化数据库、三七文学艺术数据库等主题数据库。

此外，通过专用接口可以与三七全生命周期管理系统、三七园区电子政务系统、三七电子商务平台、文山旅游电子商务平台等实现数据的共享和交换，从技术上整合现有信息资源，建立文山州以三七为主调，关于三七、人文、地理、历史、文化的丰富内容的数据库，为数字化博物馆提供强有力的资源支撑。

（2）构建三七文化实体数字化博物馆。

实体数字化博物馆是在传统的博物馆之上集成了数字化展示方法。与传统博物馆的展示方式相比，数字化展示方式能够集成声、光、视觉效果等元素于一体，给展品搭建一个立体的展示平台。实体数字化博物馆应当包含两个部分，一个部分是实物展厅，一个部分是数字展厅。各展厅可以围绕三七文化的不同主题进行设计；主要的展示技术包括弧幕影院、投影走廊、沙盘投影、互动电子书、幻影成像、自动成像系统等。

（3）构建三七文化在线虚拟数字博物馆。

随着信息技术的迅猛发展，通过虚拟现实技术、网络技术构筑三七文化在线虚拟博物馆，打破实体博物馆的局限性，极大地扩展博物馆的延伸空间，最大限度的拓展博物馆功能，满足社会大众多层次、多方位的文化需求，目前这已成为数字化博物馆的主要趋势之一。此外，在线虚拟博物馆可以与园区官方网站、官方微信、企业网站、电商平台、旅游平台等进行互动展示、宣传，极大地提高三七文化的传播效果。

11.5.4.3 技术路线

三七文化数字博物馆在总体架构上分为四层：网络层、平台层、展现层以及推广层，它与三七产品全生命周期管理系统、文山旅游电子商务平台、三七园区电子政务系统、三七园区电子商务平台通过接口共享数据和资源，从而实现多平台业务的深度融合和宣传互动。

网络层共享整个园区的综合通信基础设施，为园区文化数字化博物馆提供必要的网络支撑。

平台层中，由云计算中心提供计算资源、存储资源及数字化博物馆相关的基础软件用于构建公有云中的数字化博物馆部分。构建三七文化数据交换与共享平台，为展现层的各种三七文化展示提供资源素材支撑。

数据交换与共享平台中包含多个三七文化主题数据库：三七种植数据库、三七加工贸易数据库、三七历史文化数据库、三七文学艺术数据库、三七医药数据库、三七饮食文化数据库、三七影视文化数据库等等。

推广层为各种三七文化提供多种推广途径，使公众更加直观地了解三七文化，同时提供虚拟三七文化数字化博物馆的入口。推广途径包括：园区网站、园区官方微信、文山旅游、中医药网、园区企业等等。每种途径可以根据自身的特点选择对应的三七文化进行推广。

三七文化数字化博物馆体系架构如图 11－13 所示。

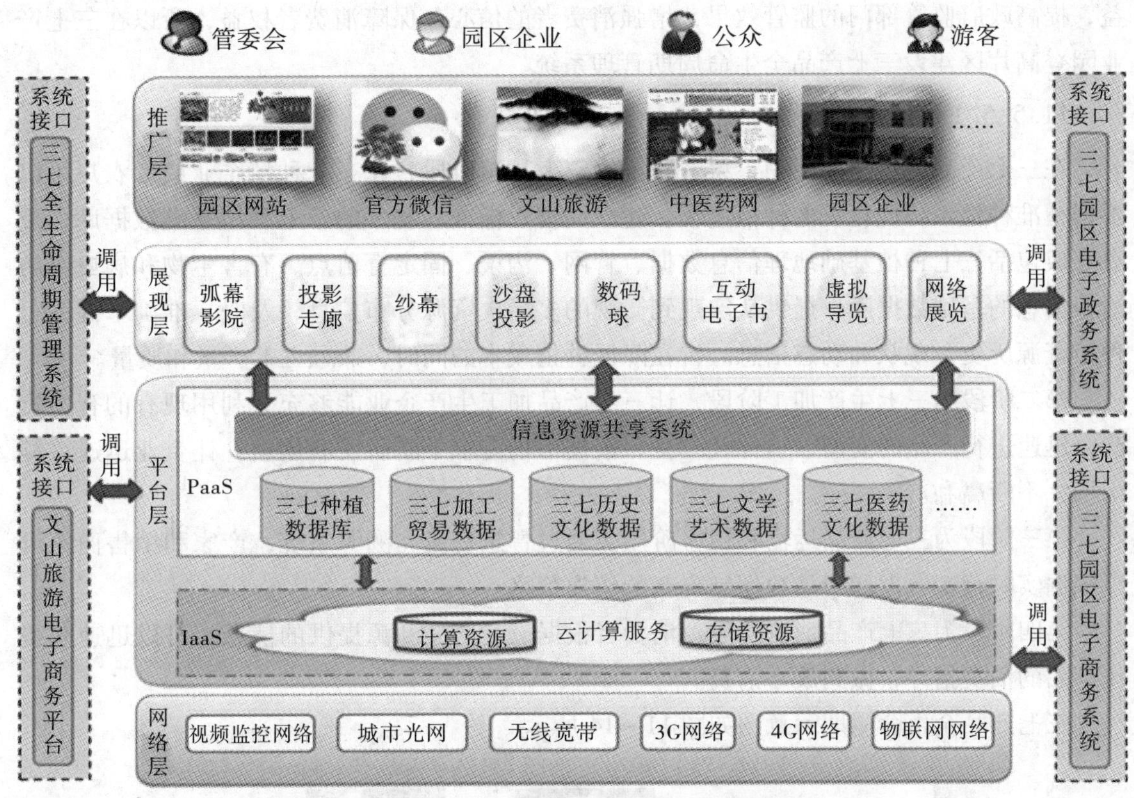

图 11－13　数字化博物馆体系架构图

三七文化数字博物馆可以将三七的全生命周期，从育苗开始一直到各种三七产品被人们食用之前的整个过程以视频动画或者动态图片的方式清晰地呈现出来，高质量的数字化手段足够捕捉三七全生命周期中的任何细节，从而提高三七产品在公众面前的透明度，使得公众更加放心地购买和食用三七产品。

三七文化数字博物馆囊括了三七产业园区中所有能够被展示的内容，而三七本身就是文山旅游的一个十分重要的方面。文山旅游电子商务平台和三七园区电子商务平台可以通过系统接口连接到博物馆，将代表性的三七文化展示给公众，既有利于文山和产业园区旅游事业的发展也能提高两个电子商务平台的经济效益，同时为博物馆带来更多的参观者。

三七园区电子政务系统可以选择代表性的三七文化数字化博物馆展示内容投放在平台上，提升三七文化在公众心目中的感知度。公众的感知度可以使三七以及三七文化为更多的人所知，能够提高三七产业园区的知名度，有利于园区的招商引资和经济发展。

与此同时，三七园区电子政务系统以及三七园区电子商务平台的整个运营过程可以在博物馆中展示给所有人，使得园区政务和商务更加透明化、公众化。

11.5.5　三七产品生命周期管理系统方案

为了提高三七及相关产品的质量，保证在三七相关产业链上从生产者到消费者的利益，提高政府监管部门的监管效果，增强消费者的信心，保障消费者权益，所以在三七产业园登高片区建设三七产品全生命周期管理系统。

11.5.5.1 建设目标

在三七产品全生命周期中，第一阶段为三七种植阶段，让三七种植企业或者农户可以根据精准种植系统优化三七种植过程。建立完善、标准、统一的三七种植基础数据库，重点完成包括三七种植基础地理信息数据、管网、沟渠、固定育苗点、有害生物和病虫害防治等信息的基础数据库，提供从宏观到微观的多层次资源分布信息，及时、准确掌握三七种植资源历史、现状和动态信息。旨在降低种植成本的同时，兼顾三七产量和质量。

第二阶段为三七生产加工阶段，让三七产品加工生产企业能够充分利用现有的智力资产，迅速进行产品的变型、引伸和改良，根据市场需求不断研发和创新，让企业迅速占领市场，不断赢利。

第三阶段为三七产品运输和销售阶段，通过智慧物流和溯源系统，产家和销售商家可以根据实时营销数据和产品数据制定新的销售策略。

第四阶段为三七产品消费阶段，消费者根据三七产品溯源提供的信息，可以迅速获得该产品的消费指导，做到放心消费。

三七产品全生命周期示意图如图 11－14 所示。

图 11－14　全生命周期示意图

11.5.5.2 建设内容

要达到全面提升三七产业全生命周期管理水平、有效提高三七产品质量的目标，建设三七产品基础数据库和三七精准种植示范系统以及构建三七产品溯源子系统是基础。

（1）建设三七产品基础数据库。

利用各类传感设备，通过对田间肥力、墒情、苗情、杂草及病虫害等的实时监测，采集三七种植过程中的相关数据，构建三七种植基础数据库，实现种植基础信息采集与基础数据库建设。

建立和制定三七信息化相关标准，参考国际惯例来制定三七的行业标准，根据三七的品名、头数、供应商、档次、颜色等一系列重要特征信息设计标准化代码，建立三七行业术语数据库、三七行业相关标准数据库和三七特征代码数据库。

开发数据导入接口，接入智慧物流的运输信息和电子商务平台的销售数据，方便产家和经销商掌握市场实时信息；提供电子政务系统数据访问接口，实现三七产品质量实时监管；接入溯源子系统获取溯源数据，提供消费者消费习惯和产品销售反馈等信息。

（2）建设三七精准种植示范子系统。

基于三七种植专家子系统、三七生长模拟子系统和三七种植知识子系统，结合农田地理信息子系统实现三七的精准种植。在三七的种植过程中，基于三七生长模型与土壤肥力监测状况，进行动态施肥，并根据土壤、生长状况动态模拟与最佳生长指标比较，及时提出调控管理建议。实现三七种植的“因天、因地、因苗”调控管理及提高产量，节约成本，保护环境。三七精准种植子系统采用 GPS 系统，用于信息获取和实施的准确定位，通过遥感技术采集三七生长环境、生长状况和空间变异信息，包括田间肥力、墒情、苗情、杂草、病虫害监测及相关信息的采集，然后通过地理信息子系统处理并调用三七种植管理专家知识库进行处理，实现三七生长过程模拟、投入产出分析与模拟和推理。在登高片区建设高度信息化的三七生态种植示范园，应用三七种植专家子系统、三七种植知识子系统等信息化手段实现三七精准种植过程展示。

（3）构建三七产品溯源子系统。

采用 RFID 自动识别目标对象并获取相关数据，对三七种植从生产到销售的各个环节进行跟踪研究，包括三七的种植管理、存储管理、配送管理、加工管理以及销售管理等环节，有效地建立起“准确、可靠、快速、一致”的三七种植“预警机制”，结合网格技术实现广域范围的农产品跟踪与信息共享，实现跨网络快速追溯。该系统追溯结果实时推送到电子交易和电子商务平台。

11.5.6　三七产业电子商务方案

11.5.6.1　建设目标

（1）建设三七产品电子交易中心，增强三七集散能力。以“三七原产地”概念为核心，构建三七国际交易中心的电子化交易体系。

（2）建设三七产品电子商务平台，降低营销成本。及时跟上市场竞争步伐，鼓励园区内企业搭建电子商务交易平台，降低交易成本，提高企业盈利能力。大力扶持三七种植户利用第三方电子商务平台，大力开展网络营销和 O2O 电子商务应用，扩大三七产品市场营销，缩短产业链，减少中间交易环节，提高利润率，促进三七产业发展，降低市场波动风险。推动中小型、微型企业、市场经营户及农民专业合作社普及电子商务应用，鼓励其上网开店，积极应用移动互联网、微信微店，移动 APP 等移动电子商务技术开展网络营销，促进产品销售。

（3）稳定市场、降低风险。通过电子交易及电子商务平台，沉淀交易数据，通过大数据分析平台对三七市场进行预测，有利于政府和企业制定相应的对策以应对市场波动，稳定市场，降低市场风险。

（4）打造“绿色三七”传播平台。借助“三七产品全生命周期管理系统”的质量管理体系，以及网络营销便捷、快速的特点，通过网络平台协助线下平台协同打造文山“绿色三七”品牌，带动文山三七产业走出一条绿色健康的发展道路。2013 年文山三七电子商务平台被设定为文山市《国家中药材流通追溯体系》建设项目的依托平台，为打造“绿色三七”奠定了较好的基础。

11.5.6.2　建设内容

（1）建设文山三七电子交易中心。

按国家有关规定设立文山三七电子交易中心，提供电子交易、结算、交货过程的资料，并确保资料的完整、安全、可控。充分利用卖方挂牌、买方挂牌、在线竞买、在线竞卖、在线洽谈、双向竞价、竞价专场、集合竞价、在线招标、在线专场等多种交易模式促成交易。通过三七产品电子交易中心，及时提供电子交易参与方的可公开信息。

（2）建设文山三七电子商务交易平台。

不断完善电子商务的市场环境、法制环境、网络技术环境、电子支付环境，推进政策法规、信息安全、信用保障、交易监管、现代物流配送等支撑体系建设，开展电子商务宣传培训，营造良好的电子商务发展环境。以三七产品数据库为基础，建设三七电子商务平台，扩大对三七的宣传和营销，打通生产商、农村经纪人、采购商的环节，实现收入最大化，促进三七产业电子商务发展。该系统和三七产品溯源系统、物流系统等紧密相连，及时为客户提供三七产品及其相关的信息，保证三七的质量。

（3）三七电子交易平台与电子商务平台互联互通。

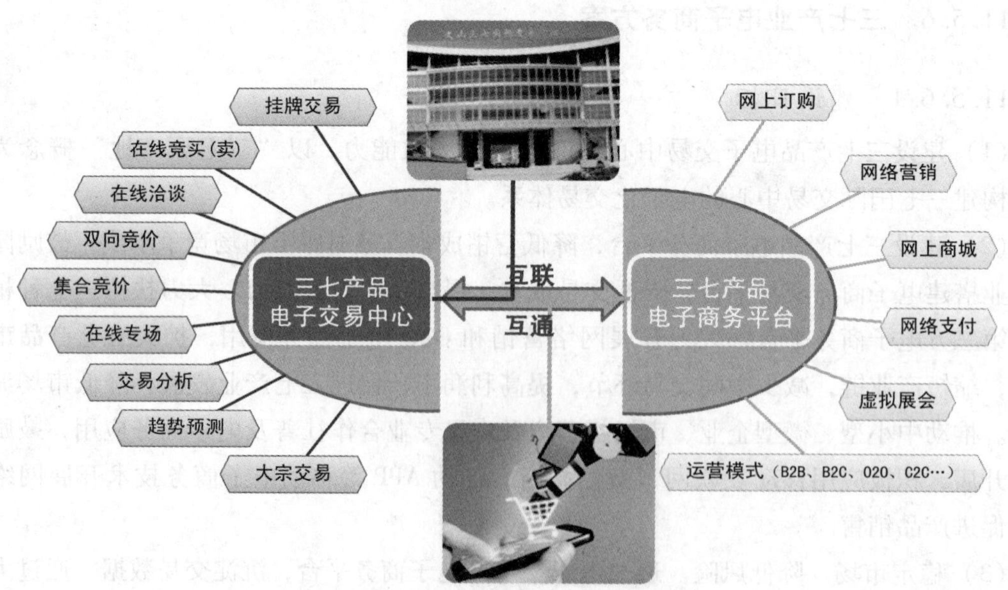

图 11－15　电子交易中心与电子商务平台的关系示意图

三七产品电子交易中心和三七产品电子商务平台之间功能互补、数据共享、互联互通、互相支撑。

三七产品电子交易中心主要实现三七产品的挂牌交易、在线竞买（卖）、在线洽谈、双向竞价、集合竞价、在线专场、交易分析、趋势预测和大宗交易等功能。

三七产品电子商务平台主要实现网上订购、网络营销、网上商城、网络支付、虚拟展会和运营模式等功能。

11.5.6.3　技术架构

文山三七产业园区电子商务从应用层上考虑需要对外提供两个服务平台——交易中心和电子商务平台，这些服务需要建立在云计算体系和 Web 信息安全体系上，以确保两个平台安全、稳定地运行。

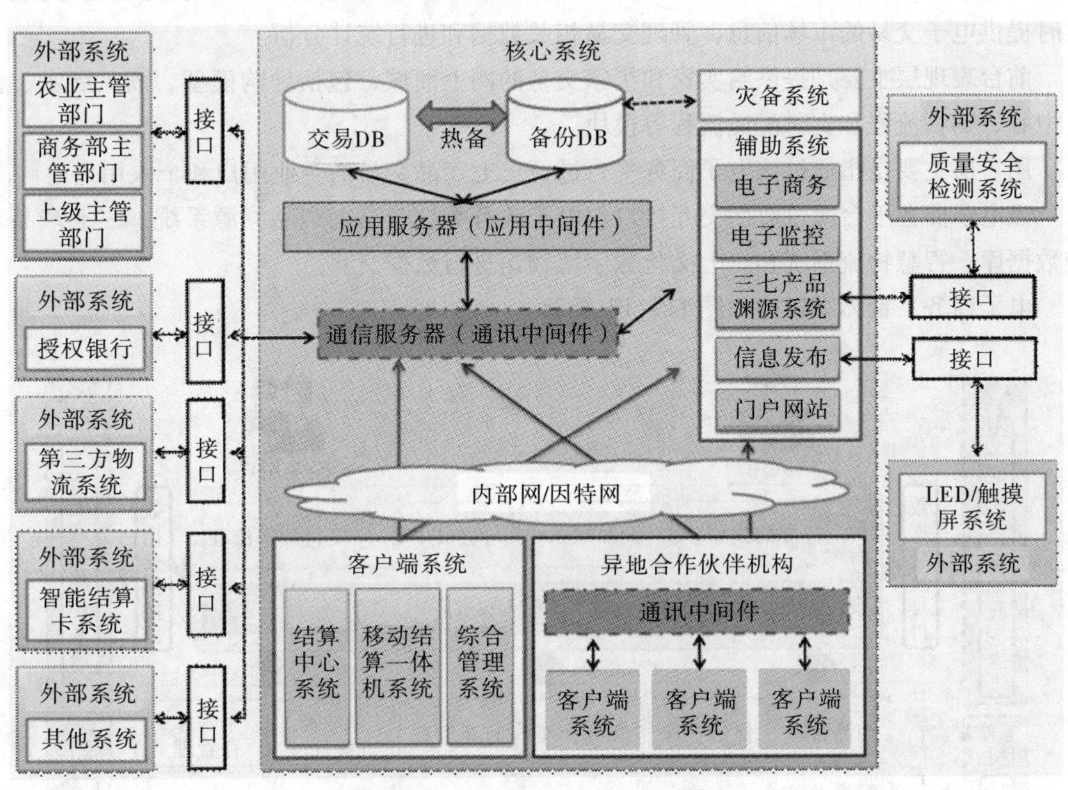

图 11－16　电子交易中心体系架构图

（1）三七产品电子交易中心体系架构实现。

三七电子交易中心主要由核心系统和外部系统两部分组成，其中核心系统主要由客户端系统、异地合作伙伴机构、应用平台、交易平台、辅助系统、交易数据库和灾备系统组成；外部系统由 LED/触摸屏系统、质量安全监测系统、农业主管部门、商业主管部门等上级主管部门的办公系统、银行系统、物流系统、智能结算系统和其他系统组成。

客户端系统主要负责交易结算和交易相关事务的综合管理，辅助系统包括电子商务、电子监控、三七产品溯源系统、信息发布和交易中心门户，这些系统之间通过因特网交换数据。外部系统主要提供三七交易相关数据和交易业务处理。三七电子交易中心通过系统所提供的接口与三七产品溯源系统、三七产品基础数据库、智慧物流系统和三七文化数字博物馆进行数据交互。

（2）三七产品电子商务平台体系架构实现。

电子商务平台体系架构分为系统层、后台管理层、前台表现层和用户层。

系统层主要是应用服务器、备份服务器、网络设备和机房环境，主要是电子商务平台的物理基础。

后台处理层主要包括商品管理、促销管理、会员管理、订单管理、供应商管理、采购库管理、配货发送管理、支付管理、客服管理、统计报表、运营分析和系统管理等模块，实时提供电子交易的市场信息，管理交易相关数据和进行统计分析。

前台表现层主要是提供给卖家和买家交易的网上商城，包括导购模型、商品展示、会员中心、购物流程和支付配送流程等模块。

用户层主要是指通过该电子商务平台进行三七产品交易的企业用户和个人用户。

该电子商务平台通过数字交互接口与电子政务系统、三七产品溯源系统、三七产品基础数据库、智慧物流系统和三七文化数字博物馆进行数据交互。

电子商务平台体系架构如图 11－17 所示。

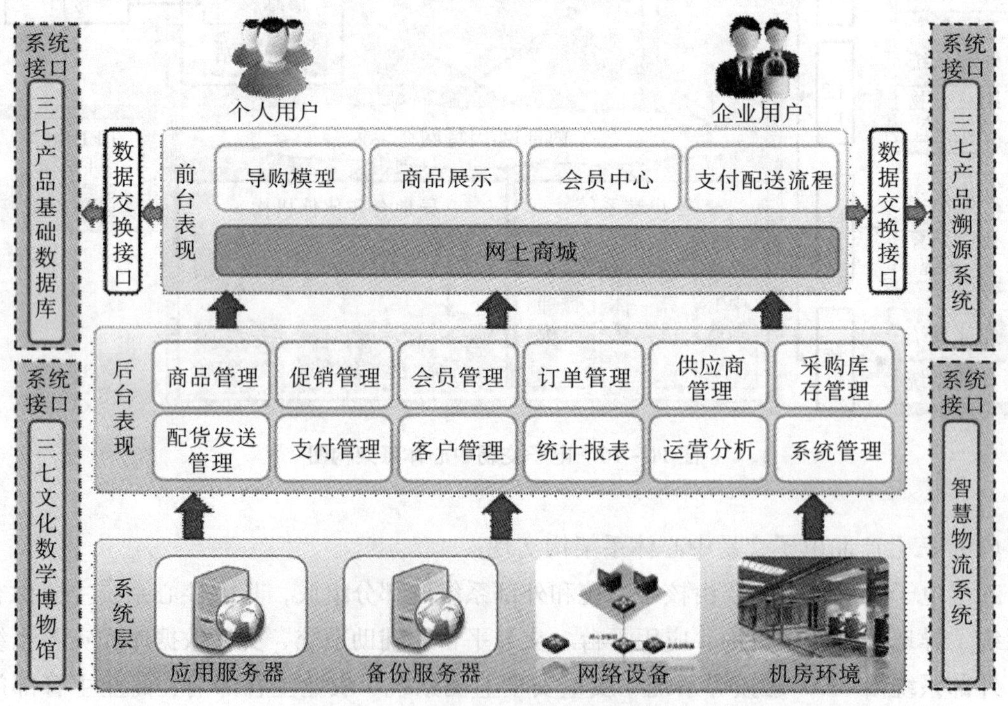

图 11－17　电子商务平台体系结构图

11.5.7　三七产业园智慧物流建设方案

11.5.7.1　项目建设目标

以三七产业园东山片区物流规划区域为中心，打造园区“智慧物流”，依托和服务于文山三七产业化发展以及滇南地区的经济发展；以提高园区农特产品物流服务能力、效率和降低物流成本为核心，合理进行园区物流网络布局，加强物流基础设施建设，推动物流信息化进程，建设覆盖三七产业园区的以农特产品运输为主的物流体系；作为文山市“智慧物流”建设的强有力支撑，通过培育新兴的现代物流产业，发展壮大地方经济，增强三七及农特产品产业竞争力。最终把东山片区“智慧物流园区”建设成为文山州的高效率社会化、专业化的以三七为主的特色农产品现代物流中心，并通过科学规划、整合资源、优化结构、合理布局来加快物流基础设施和智慧园区建设，形成以东山片区为中心、以文砚公路和文天公路为轴线、多种运输方式有效衔接和配套的物流基础设施网络。力争用三至五年的时间，将东山片区物流融入马塘物流主节点，成为“服务文山市和文山州，贯通昆明—文山—北部湾和珠三角经济走廊”的重要物流枢纽。

11.5.7.2　建设内容

东山片区“智慧物流”建设所涉及的IT基础设施和物联网基础设施包括服务器、存储、网络、安全、摄像头、传感器、数据交换平台等，建设内容统一使用公共信息平台中的资源。因此，此处主要考虑应用层的建设内容，主要包括：

（1）加强物流基础设施建设。

加强物流基础设施建设，完善物流产业政策体系，构建智慧仓储系统，充分利用东山片区智慧物流园区和规划中的马塘物流主节点，构建快递物流，巩固和利用交通枢纽和区位优势，将东山片区建设成为物流主节点的有力支撑，使文山物流能力辐射滇南北乃至滇南地区，通达中国—东盟自由贸易区，服务于地区经济和产业发展，实现城乡物流一体化。

此外，除利用现有的物联网公共基础设施外，还需要有针对性地建设智慧物流的感知层，集成信息分类编码技术、二维码、RFID、GPS、GIS等底层关键技术以及WSN（无线传感网）等技术构建智慧物流实现的基础；并建立智慧物流基础设施数据库，主要包括公路、码头等公共交通基础设施的数据。

（2）构建智慧物流管理系统。

智慧物流管理系统充分利用现代物联网技术和信息技术对物流环节进行全面的管理，主要包括车辆监控子系统、快运快递子系统、交易与支付子系统，货物追溯与管理子系统，仓储与配送管理子系统等。

（3）构建东山智慧物流数据分析子系统。

东山智慧物流大数据分析子系统采用基础设施共享的方式，使用公共服务平台中的大数据分析系统基础设施，获得其他行业数据和公共基础数据，结合物流行业专有数据，通过建立项目个性化分析模型可以进行数据挖掘、统计分析、预测模拟，实现智能决策。

（4）构建智慧物流公共信息服务平台。

通过构建智慧物流公共信息服务平台，以实现货物信息、物流供求信息、公共物流设施信息、物流企业信息、物流行业信息和其他相关信息的发布和查询，并提供物流政务和电商的接口。

11.5.8 智慧物业管理系统方案

智慧园区物业管理系统将园区中分散的、各自为政的楼宇自动化系统、园区资产管理、停车场管理、灯光管理等管理系统连接起来，形成跨平台的物业信息融合服务，提高园区服务质量，形成技术集成、综合应用，实现高端发展的网络化、信息化、智能化和现代化。

11.5.8.1 建设目标

以智慧园区信息化系统为基础，坚持以人为本，以保“园区平安”为宗旨，以视频监控系统为切入点，以提高园区环境为核心，努力打造“平安园区、和谐园区”。通过建设平安园区实现门禁系统、视频监控系统等管理。通过园区一卡通系统整合园区信息，方便员工的工作和生活，同时提高管理效率和提升企业形象。针对三七产业园区的特点，集成物业管理相关的楼宇自动化子系统、公共广播子系统、视频会议子系统、资产管理子系统、停车场管理子系统、灯光照明子系统、园区安全信息管理子系统、视频安防监控子系统和一卡通等智能化管理，实现园区中各独立应用子系统的融合和集中运营管理。

11.5.8.2 建设内容

建设资产管理子系统，对公司固定资产、低值易耗等的台账进行登记管理，对使用变更情况、折旧情况进行记录。

建设园区灯光管理子系统，集中控制管理园区灯光，制定灯光系统自动工作策略。系统按预先设置切换若干预定工作状态，根据预先设定的时间或光照情况自动在各个工作状态之间转换，在需要的时候通过控制面板进行手动控制。同时，系统对园区照明系统的运行状态进行监测，在发现异常时及时报警，并能及时调取相关维护信息协助排除故障。

以视频监控子系统为核心，建设平安园区综合监控管理子系统。依托园区综合监控平台，整合园区其他安防、消防子系统，利用图像化的显示界面，直观准确地将各项业务功能呈现在用户面前。整个系统由视频监控、电子运维、智能分析、门禁系统、出入口管理、消防管理等子系统构成，同时系统可以整合园区的设施与进行能源监测，提供治安管理和信息管理等管理系统，实现统一接入、统一管理、统一呈现的安全防范目标。

建立智慧园区一卡通子系统，将分散在各地的工厂、科研机构、服务部门等进行统一的管理和服务，更好地为园区内的企业和居民服务，实现物业管理费、水费、电费、排污费、垃圾处理费等费用的便捷缴纳，实现小区门禁、楼宇门禁的身份认证。方便员工的工作和生活，同时提高管理效率和提升企业形象。

智慧园区物业管理系统主要服务如图 11－18 所示。

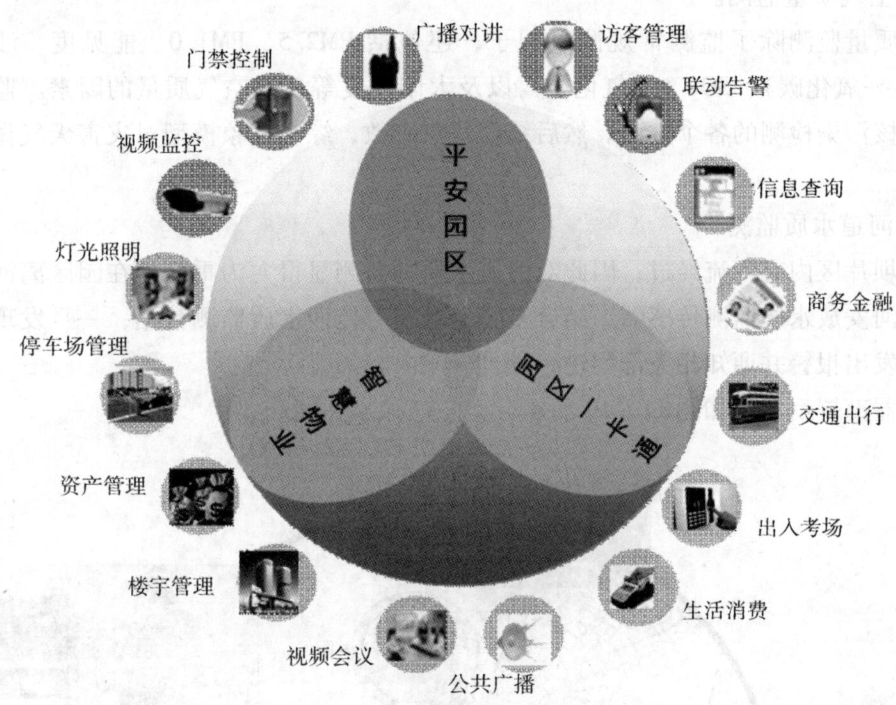

图 11－18　智慧园区物业管理系统

11.5.9　园区生态环境监测系统方案

11.5.9.1　建设目标

建设三七产业园生态环境监测系统，实现“绿色园区”目标。

11.5.9.2　建设内容

结合物联网、传感器以及 GIS 等各种高科技手段，对园区环境进行实时监测，监测范围包括如下内容：

（1）废水排污口监测。

以环保部门的要求为基础，以 GIS 数据为基础，重点对工业污染排放口进行实时监控。将监控数据在地图上实时显示并实时传送到监控应用平台，以便及时掌控污染源分布及污染物排放情况、报警情况以及基于 GIS 系统的统计分析情况等。环保部门应及时、准确、全面地了解辖区内环境污染情况，为环境监管、环境评价、执法与决策提供有力支持。同时污染源基本信息也可以为其他业务系统提供基础数据。

（2）饮用水源地水质监测。

饮用水源地水质监测是保证城市饮用水安全的主要一步，主要监测饮用水源的气味、浑浊度、重金属含量和 COD 等水质指标，当指标异常或者超标时，及时预警。

（3）空气质量监测。

空气质量监测除了监测常规测量因子，还包括 PM2.5、PM1.0、能见度、浊度、黑炭、CO（一氧化碳）、SO_2（二氧化硫）以及太阳光度等反映空气质量的因素。监控应覆盖大气复核污染检测的各个方面。然后结合气象参数，综合气象模型对灾害天气做综合预测和防范。

（4）河道水质监测。

新平坝片区内有河流经过，因此对河道水质的监测显得尤为重要。在园区离河道较近的区域沿河安放水质监测传感器，结合 GIS 信息实时传回水质监测数据，一旦发现水质超标，及时发出报警并通知相关部门进行处理。

传感器部署示意图如图 11－19 所示。

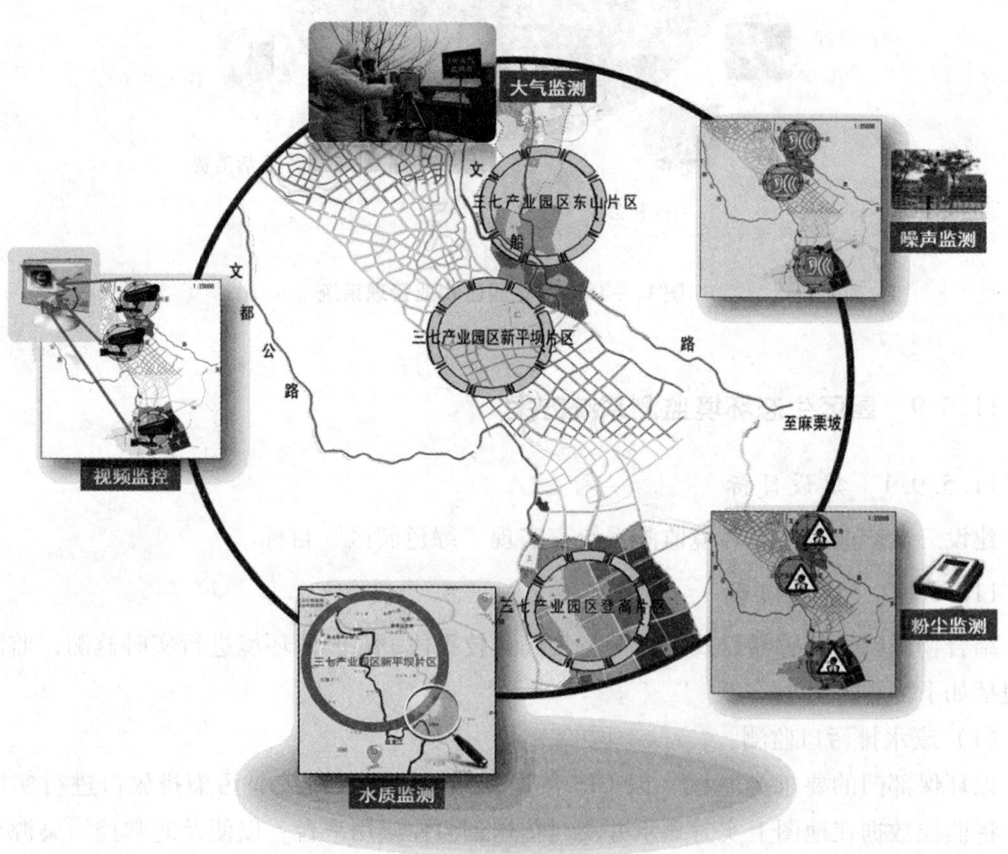

图 11－19　智慧环境监测系统

11.5.9.3　技术路线

（1）生态环境监测系统架构。

生态环境监测系统架构设计如图 11－20 所示。

图 11－20　智慧环境监测系统架构图

（2）系统应用设计。

从总体上把握基础空间数据、各类环境数据的内容和特点，从细节上紧密结合园区的实际情况和对信息技术的需求，站在最终实现“绿色园区”的战略高度进行建设，利用先进的物联网技术、信息技术手段，形成园区生态环境信息化总体框架，在架构基础上建设应用系统。

11.5.10　园区“社会事业智慧化”建设方案

三七产业园区“社会事业智慧化”项目的主要建设内容是与文山市智慧城市建设有关项目的衔接，以及根据园区需求和特点进行的延伸，是文山市智慧城市建设的重要组成部分，是智慧城市在园区内的实现，与文山市智慧城市的其他区域紧密对接，实现真正的“产城融合”。

文山三七产业园区的三个片区中，新平坝区建成最早，离城最近，随着文山市城市规模的不断扩大，目前已完全成为“产城融合”的典型园区。在东山片区，有加工工厂、物流设施和村庄混杂交错。在登高片区，随着文山市城镇化进程的推进，将来也将成为文山市的一部分，而且登高片区内部有完整的市政设施、生活小区、医院、学校、娱乐设施、商业机构等，对“产城融合”的需求同样强烈。

11.5.10.1 建设目标

本项目作为文山市“智慧城市”建设的重要组成部分，需要配合文山市完成“智慧城市”相关项目的实施，并根据三七产业智慧园区建设的需要，从社会管理、生态环境、基础设施入手，多维度提升园区建设和管理水平，带动文山市智慧城市其他部分建设，顺利对接产业集聚效应，实现三七产业与城市功能融合、空间整合，“以产促城，以城兴产，产城融合”。达到城乡一体化，融合生产与人居，大力配合文山市推进“智慧城市”国家试点建设。

依托统一建设的信息化公共基础设施，以三七产业园区内的电子政务、电子商务、智慧物流等信息化项目为基础，整合各类信息资源，大力配合文山市推进智慧交通、智慧医疗、智慧教育、综治维稳、智慧社区等智慧化项目在三七产业园区的建设，全面推进园区城市建设管理、功能提升，提高智慧管理和服务、空间实体可视化、立体化管控、智能应急处置等能力。

11.5.10.2 建设内容

配合文山市建设国家“智慧城市”试点，在园区范围内，建设具有园区特色的智慧交通、智慧教育、智慧医疗、智慧社区、综治维稳和生活应用，提高园区居民的生活品质，提升园区整体形象，拉动信息消费，促进园区经济增长。

智慧交通可以缓解城市交通供求矛盾，减少拥堵，改善出行体验，保障出行安全。智慧交通工程主要包括交通综合监测系统、交通综合调控系统、可视化交通应急指挥中心、智能公交管理系统。

智慧教育是通过教育信息化的全面应用，以信息技术整合优质教育资源，促进园区内各类学校的教师发展、学生发展、学校发展和教育发展。

智慧医疗项目通过信息化手段实现居民从出生到去世的全程健康档案，记录居民各个时期所有的关于医疗健康的信息资料，并且为各个医疗卫生机构提供共享查询医疗卫生服务，从而提高居民的健康指数和生活质量。

通过综治维稳平台加强基层综治维稳工作信息化机制建设，及时采集、管理、监控社会矛盾冲突信息，有效提高社会矛盾化解效率，利用信息化手段实现综治维稳工作“掌握在前、风险评估在前和采取措施在前”的目标，为及时有效处置萌芽状态下的不稳定情况提供基础支撑。

11.5.10.3 技术路线

项目结构如图 11－21 所示。

图 11－21 园区“社会事业智慧化”建设系统架构图

基础设施层：包括园区生活基础设施、网络层、感知层。网络层和感知层共享园区基础设施。

支撑平台层：由云计算中心、三七园区公共信息平台、园区公共数据库构成基础平台，由政务服务平台、公共服务平台和商务服务平台构成具体支撑。

智慧应用层：包括智慧交通、智慧社区、公共服务、智慧医疗、智慧教育等行业智慧应用。

用户层：由园区居民、园区企业、物业公司、企业员工等构成。

11.6 效益分析

11.6.1 经济效益分析

智慧园区项目建设提升园区管理工作效率，科学合理地管控三七产品的种植、加工和销售等全生命周期，提高园区品牌价值，扩大招商引资力度，吸引先进企业进驻，促进产业园区整体产值提升，助推文山市政府实现到 2020 年以三七为主的生物医药产业力争达千亿元的目标。

11.6.1.1 促进园区各项经济收益大幅增长

（1）园区土地出让资金收益增长。智慧园区建设从多元多角度提升了文山三七产业全区的整体知名度，将吸引越来越多的企业入驻，驻园企业为建设厂房而购买土地使用权，必将增加园区土地出让金收益。

（2）园区配套用房租金收益增长。随着入驻企业的增加，必将增加驻园企业员工住宅的租金收益。另外，小型驻园企业将直接租用园区已有产业用房，也会增加园区租金收益。

（3）园区生活配套性服务收益增长。智慧园区建设为驻园企业的各类工作人员提供更加睿智和便捷的生活服务，促进园区餐饮、娱乐、购物和医疗等生活服务的收益增长。

（4）园区的运营性服务收益增长。通过智慧园区的智慧物业管理系统建设，大幅度提升园区内的物业服务水平，提高服务质量，增强管理效率，将有效增加园区运营性收费收益。

（5）园区有偿转让无形资源收益增长。随着智慧园区功能不断完善，园区知名度显著提升，驻园企业不断增多，园区内相关的路标、显著位置广告权、道路冠名权、园区内餐馆超市等的特许经营权都将随着获得价值提升，通过排名、拍卖等方式获取该资源的转让收益提升。

11.6.1.2 智慧园区云数据信息服务效益增加

（1）降本增效。智慧园区统一接入第三方云计算资源，相比较驻园企业各自分散式部署计算设备和独立运营信息化系统，根据国内信息化管理经验统计，采用统一云服务，设备资源利用率将提升0.5~1.5倍，驻园企业整体信息设备投入将降低50%左右；运维设备和运维人员的整体效率提升，运维成本和灾备成本将大幅度降低10~30倍。

（2）服务收益。智慧园区项目通过产品的生命周期管理、智慧物流和电子商务平台等建设，为驻园企业获得三七产品从生产种植、产品加工、检测仓储、商品交易、溯源管理和物流运输等全程智慧化服务，经智慧园区大数据处理系统循环优化，不断提升园区智慧化信息服务品质，成为驻园企业较为依赖的智慧化信息服务。可根据企业需求程度和应用规模，每年向驻园企业收取智慧化云数据信息服务费。

（3）数据价值。通过智慧园区各物联网设备、各智慧化应用系统不断采集处理三七产品全程多维度的信息数据，经时间积累和不断优化，基于大数据分析技术的数据价值不断提升，可广泛与国内外知名电商平台、互联网企业、线下交易站点和政府各级管理部门等机构充分互动并进行商业开发，针对不同维度的数据价值，形成数据的共享、交换和交易等的商品行为。

11.6.2　社会效益分析

11.6.2.1　整合信息资源，提升园区决策管控能力

智慧园区的公共数据系统对接文山市智慧城市公共信息平台，制定资源整合与信息共享的统一规范和标准，构建园区企业基础数据库，逐步融合到文山市智慧城市数据库中，建立企业经济运行分析系统，管理部门能够及时查看并分析企业经济情况，为当地政府部门科学合理地制定经济管控政策，提供智慧化决策支撑。

11.6.2.2　提升园区信息服务能力，创建阳光政务效能政府

通过完善园区电子政务网络系统，对接智慧园区各业务系统，完善非涉密政务信息化系统，大力提升政务服务水平和服务能力，提高办事效率，打造效能政府。通过强大的可视化技术，使政府公开信息更加透明和易于理解，为建设服务型政府提供必要支撑。

11.6.2.3　引领园区社会生活智慧化，促进公共服务供给侧改革

配合文山市推进智慧城市项目在三七产业园区的落地和建设，全面推进园区城市建设的智慧管理和服务，推动智能社区和智能家庭建设，推广普及智能建筑和智能家居，促进政府社会公共服务供给侧改革。

11.6.2.4　促进地方特色经济振兴，大力发展文山三七文化

智慧园区挖掘三七历史种植医药基础信息，构建三七文化展示和宣传体系，对接智慧城市基础设施和应用系统，促进以三七文化为主题的旅游项目，扩大三七文化的影响力，提高三七产业园区的显示度与知名度，促进园区招商引资，吸引更多企业入驻，带动文山三七产业发展，振兴地方特色经济。

11.6.2.5　促进三七产业健康发展，维护良好的口碑和信誉

项目建成后，将全面推进园区内智慧三七全生命周期管理信息化，实现三七从种植到产品加工到消费的全生命周期管理的网络化和智慧化。通过三七溯源系统，进一步规范统一三七种植、存储、配送、加工与销售管理，为政府统筹监管提供支撑，为进一步细化各职能部门的执法提供依据，以此确保三七产品质量，构筑三七产品信誉体系，促进三七产业规范、健康发展。

11.6.2.6　争取试点示范，成为中国智慧园区名片

通过三七产业智慧园区建设，从社会管理、生态环境、基础设施入手，多维度提升园区建设和管理水平，带动文山市智慧城市建设，顺利对接产业集聚效应，实现三七产业与城市功能融合、空间整合，实现“以产促城，以城兴产，产城融合”。达到城乡一体化，融合生产与人居，必将大力配合文山市推进“智慧城市”国家试点建设，进一步积极争取将文山三七产业园区建设成为试点示范。

11.7 案例分析

文山三七产业园区是以三七为主的生物资源加工和承接东部产业转移的主体，集科研、加工、开发、贸易为一体的特色工业园区。目前，园区面临基础滞后、节能减排、环境保护、园区安全、招商引资等多重压力，急需在社会新常态下形成新的支撑点和着力点。云计算、大数据、物联网、互联网+、移动4G网络等新一代信息技术的快速发展，给文山三七产业园区带来了前所未有的发展机遇。园区将以“智融产业，慧冠七乡”为信息化发展主题，以“工业化与信息化深度融合”“互联网+与商业市场有机叠合”“政府和社会资本战略组合”为发展理念，高效利用信息化手段破解园区发展瓶颈，并勾画出一幅清晰、切合园区实际、科学可行的信息化发展“蓝图”。

回顾园区信息化发展历程，缺乏顶层设计会导致信息孤岛不断产生、低水平重复建设难以避免、信息化建设成效大打折扣。因此，园区信息化建设需以“理念创新”为先，“顶层设计”为根，“技术路线”为本，“建章立制”为基，按照信息化基础设施、公共服务平台、园区智慧化的科学发展道路有序推进。

该项目是典型的智慧园区案例，对智慧城市建设也具有一定的指导意义。

第三部分　行业部门应用项目案例篇

第12章　工业经济综合管理信息系统案例（工信部门）

12.1　概　述

工业经济综合管理信息系统（项目）是工业和信息化部门的核心业务系统，项目通过建设省、州市、行业协会以及企业“四位一体”工业经济管理信息网络，实现工信系统与相关政府部门之间的互联互通、信息共享、业务协同，提高工业经济管理信息化和科学决策的水平，提高部门工作效率，提升公共服务能力，为各级党委、政府及工业经济管理部门及时、准确、全面地掌握工业经济运行态势提供信息，为制定工业经济政策、宏观决策提供支持服务和参考依据。推动以行政绩效管理、行政成本控制、行政行为监督、行政能力提升为主要内容的效能政府四项制度建设服务。

项目的主要建设内容：

（1）建设工业经济综合管理系统应用中心。

（2）建设工信部门广域网，支撑各级工信部门信息化应用。

（3）建设企业接入平台，支撑面向企业的各项服务和应用。

（4）建设行业综合管理系统，实现园区、盐务、电力、技术创新、原材料、资源综合利用等行业业务的信息化管理和综合应用。

（5）建设煤炭综合管理信息系统，实现煤炭生产、经营、安全的信息化管理。

（6）建设工业节能管理系统，对重点用能企业的能耗和节能状况监测，进行对标管理。

（7）建设工信委资金项目管理系统，实现项目资金的网上申报、审批受理，对项目资金进行跟踪监管、验收备案、统计分析。

（8）建设工信委内部行政审批系统，实现工信委企业服务中心业务的网上办理，开发与电子监察等系统的接口。

通过项目建设，将产生非常好的社会效益：

（1）为各级党委、政府及时、准确获取工业经济运行与决策信息提供重要渠道和辅助决策支持，有利于提高决策的科学性。

（2）为工信委和其他工业经济管理部门间的沟通、协调、信息共享创造条件，有利于各经济管理部门间的业务互动和协调。

（3）有利于提高工信委和其他工业经济管理部门的办事效率、工作质量和服务能力，改进工作作风，增强工作透明度，促进工业经济管理部门的职能转变，提高对全地方工业经济管理和决策的水平。

（4）为企业提供各类行政服务、政策咨询、信息服务，帮助企业应对挑战、抓住机遇，促进企业发展。

通过项目建设，将产生非常好的经济效益：

（1）提高工业经济管理部门的工作效率和服务能力，及时准确地为各级党委、政府和社会公众提供有关工业经济社会发展的政策法规、发展规划、经济预测、项目建设、价格和收费等信息，有利于营造良好的经济社会发展环境，对促进国民经济和社会发展产生间接经济效益。

（2）通过向企业提供各类政策信息、市场信息，促进企业销售增长、利润增长，指导企业经营管理，减少企业盲目投资，帮助企业及时把握市场走向，洞察工业经济发展趋势，为企业的战略发展提供参考。

综上所述，项目建设有利于各级党委、政府把握工业经济整体运行态势；有利于工业经济管理部门更好地履行职责；有利于提高行政效率、工作质量和决策水平，实现效能政府；有利于推进两化融合的步伐；有利于促进政务信息公开与政府职能转变；有利于为企业和公众提供服务。在地方工业和信息委员会统一领导下，建设工业经济综合管理信息系统，将充分利用现有信息、技术、人员和设备等资源，采取分期实施、逐步推进的策略，实现工信系统内部互联互通和信息共享，提高业务管理信息化和科学决策水平。

12.2 项目需求分析

12.2.1 政务目标分析

工信委承担了推进地方信息化和工业化融合的工作；负责提出新型工业化发展战略和政策，监测分析工业运行态势，统计并发布相关信息，进行预测预警和信息引导；负责提出工业、通信业和信息化固定资产投资规模和方向，审批、核准国家规划内和年度计划规模内固定资产投资项目。

政府着重在县级以上行政机关推行行政绩效管理制度、行政成本控制制度、行政行为监督制度、行政能力提升制度等效能政府四项制度，开展效能政府建设。工业经济综合管理系统也正是以网上协同办公、行业综合管理、网上直报和公共服务为重点，其应用目标是为工信委提供高效的基础办公及业务应用服务，实现各级工信部门间协作沟通。

12.2.2　用户角色分析

在工业经济综合管理系统中，主要涉及六大类用户角色，分别为：

（1）广大企业和公众用户，主要是获取相关服务和信息，如行政审批服务、信息查询检索。

（2）系统接入企业用户，除普通企业的应用外，还包括报表报送和文件通知查询及其他特定的政府服务。

（3）各级工信部门业务应用人员，进行业务和办公处理。

（4）各级工信部门系统管理人员，对系统和用户进行管理维护。

（5）各级工信部门领导，对本辖区工业经济信息进行查询、统计，以及对本部门业务工作开展情况进行监督检查。

（6）其他企业管理相关政府部门，参与数据交换、共享工业经济相关信息。

12.2.3　业务需求分析

11.2.3.1　网上行政审批

行政审批是政府职能部门一项重要职责，工信委通过机构调整、流程优化，目前有 35 类行政审批事项，行政审批处理系统应满足以下需求：

（1）行政审批类型：工信委行政审批主要包括 24 项行政许可审批，食盐定点生产许可、食盐准运许可、盐资源开发、制盐企业扩大生产规模的审批、供电营业许可、全省性工商领域行业协会成立审批、高耗能的特种设备节能审查、年综合能耗 2000 吨标准煤以上固定资产投资项目评估审查、落后的耗能过高的用能产品、设备和生产工艺审查、无线电频率许可等。11 项非行政许可审批包括耗能设备操作岗位证的颁发、工艺美术大师评审认定、省级企业技术中心认定、企业投资项目（省级）核准、国家鼓励发展的内外资项目确认书、资源综合利用企业（含电厂）认定等。

（2）行政审批业务的网上办理：对工信委 35 类行政审批事项在办理过程中的咨询、申请、受理、审查、审批、决定等过程全部实现网上受理。

（3）配合工信委企业服务中心建设，对行政审批实行“一站式”“一窗式”审理。

（4）对报送材料较多的行政审批提供网上预审与纸质材料报送相结合的审批服务。

（5）实现审批信息的备案制度，对每一项审批事项都进行备案、存档，以供日后查阅和审核。

（6）对保密性要求严格的行政审批可采取系统接件，然后以进入业务专网进行审批的方式进行。

11.2.3.2　项目资金管理

项目资金管理是工信委作为政府工业和信息化项目主管部门的一个重要职责，多个业务处室都有项目资金的审批、监管的职能，通过对建设项目资金信息化管理，利于规范项目管理、资金管理，系统应满足以下需求：

（1）项目资金管理类型：技术创新处针对企业的技术创新改造项目立项与资金管理；中小企业处针对中小企业扶持项目资金申报；节约能源处对企业节能改造项目资金审批；工业园区处对园区项目的申报管理等。

（2）项目资金的信息化管理：对项目申报、立项、审批、审批依据进行备案，实现项目审批流程化、申报资料的电子化，便于资料的查询备案；对项目中期及后期的跟踪问效、投资情况、资金使用情况进行实时监控。

（3）及时发布项目申报相关的办事指南及项目建设中的相关规定，对项目资金办理结果及时地告知申报单位。

11.2.3.3 在线培训、学习及知识库建设

在线培训、学习是针对工信委各种培训和学习而设立的系统，其中针对人才的培训、专题的讲座以及各种行业的学习培训都具有很好的作用，应满足以下需求：

（1）学习通知和各种学习资料的下发。

（2）学习进度的跟踪考核以及学习质量的跟踪。

（3）学习成果的考核。

通过知识库建设，发布和共享我省工信部门规划、政策、标准及工作中积累的各种报告文献资料，实现信息资源的有效管理和共享，应满足以下需求：

（1）知识管理咨询设计，包含知识管理的价值分析、知识管理组织设计、知识管理制度建立、知识管理流程规划、知识管理内容规划等。

（2）知识管理功能建设，包含知识门户、知识库、知识地图、搜索引擎、知识流程管理、知识订阅、知识安全管理、情报搜索、电子刊物、实践社区、个人博客以及小组协作平台等。

11.2.3.4 行业综合管理

除以上通用的应用需求外，工信委各业务处室还针对本处室的业务有比较专一的业务需求，此类需求专业性强，与处室职能密切相关，主要有以下几方面：

（1）煤炭安全生产综合监管，运用先进的数据库技术、监控技术等构建的覆盖区域范围内的、多级的综合监管平台，提供全面的煤炭企业基础信息，对煤矿安全进行实时监测，在事故发生后能及时联系事故所在地工信部门，召开应急视频会议进行远程指导协调，辅助完成应急调度相关工作。

（2）工业节能监测管理，以工业能耗数据采集为基础，对全省重点耗能企业的主要能耗指标进行集中监测和统一管理，实现全省重点耗能企业的节能在线监管，支撑相关部门更好的监督和指导各个重点耗能企业持续推进节能减排工作。

（3）园区管理，园区实行考核评价制度，对省级重点工业园区进行考核评价，施行末位淘汰制，同时掌握备选园区的情况，以便完成重点园区的申报和甄选工作，建立考核的

指标体系，建立重点工业园区及备选工业园区库，发布园区招商引资信息发布。

（4）盐务管理，建立全省食盐代转批企业档案库，实行盐务执法人员信息化管理，建立一个全省执法人员信息库，对人员的发证、换证、培训等进行信息化管理。对在盐政执法过程中各类违规事件的统计，用信息化的手段对各类盐政违规事件的处理、反馈、存档信息进行管理，并进行分类统计查询，按要求生成各类盐政执法报表。

（5）电力保障，利用采集到的数据实现电力运行统计分析，监测电力调度。建立电力行政执法库，对偷电、破坏电力设施等违法行为的行政执法管理。

（6）原材料管理，通过对直报数据的统计分析，实现对重点企业生产经营情况的监测管理；建立原材料产品库，规范重点产品的定义管理；实现网上产业政策认定的管理，以及对重点项目的跟踪监督。

12.2.4　业务流程分析

11.2.4.1　数据采集上报流程

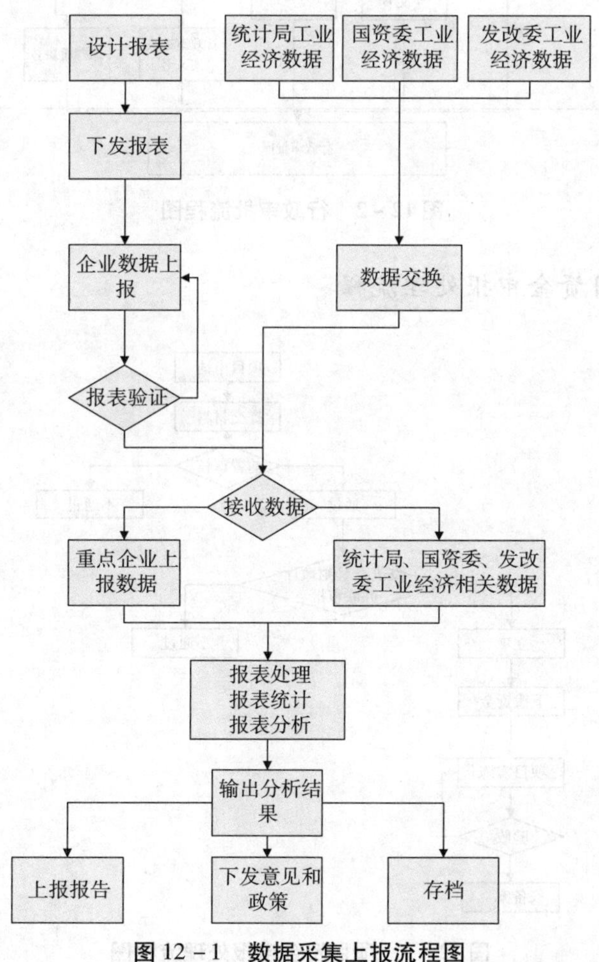

图 12－1　数据采集上报流程图

11.2.4.2　行政审批处理

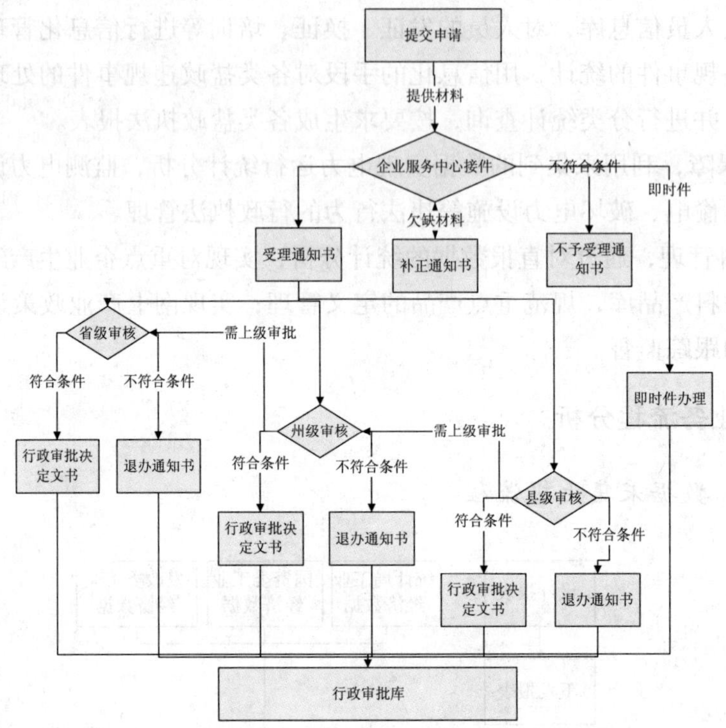

图 12－2　行政审批流程图

11.2.4.3　项目资金申报处理流程

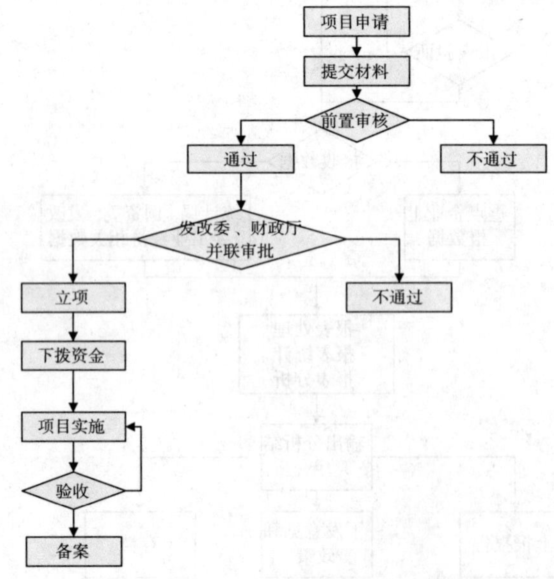

图 12－3　项目资金申报处理流程图

12.3　项目目标和任务

12.3.1　项目目标

项目总体目标是加强地区工业经济宏观调控，确保工业经济稳定高速运行，提高工业经济管理信息化和科学决策的水平，加快“两化”融合的步伐，为各级党委、政府及工业经济管理部门及时、准确、全面地掌握工业经济运行态势提供信息和辅助决策支持服务。

根据应用推广的实际，项目可分为三期进行建设。

一期实现企业数据直报、经济运行动态监测、统计分析系统和部分办公信息化功能。

二期实现省、州市、县工信部门联网，以行政审批、项目资金管理、各行业业务管理为重点，实现工信委业务处理的信息化、流程化、规范化，提升服务能力。

三期将以综合性应用为重点，在继续推广完善各项业务应用的基础上，建设工业经济应急管理系统、工业经济决策支持系统、工业经济数据仓库系统等。

12.3.2　项目任务

根据总体目标，工业经济综合管理信息系统通过对工业经济运行数据及各类工业经济信息的采集及整理，建立工业经济综合资源库；以综合资源库为基础，以协同办公系统为基础工作平台，以业务应用为主线，以安全和管理为保障，按照统一标准，模块化分步建设工业经济业务管理、工业经济统计与分析、工业经济指挥调控、网上行政审批、项目资金管理等业务系统，以及煤炭生产安全管理、能耗监测管理等专业系统，实现业务处理、决策支持、公共服务的信息化。

12.4　总体框架

12.4.1　总体逻辑架构

系统总体上可分为互联网服务门户、企业服务中心、企业接入平台、内网应用平台、外部整合平台五大部分。

互联网服务门户：为公众社会提供优质的多元化服务。充分发挥互联网的优势，更好的为民服务，扩展其对外宣传、政府动态、政务公开、咨询服务、网上办事等主要功能。

企业服务中心：为满足各行政审批及非行政审批业务的流程化、标准化所提供的行政审批管理基础组件功能，如：接件管理、审批流程管理、待办与在办事宜管理、归档管理、监督管理、统计分析等。通过此平台可实现各审批业务的快速搭建，并便于统一管理和功能扩展。

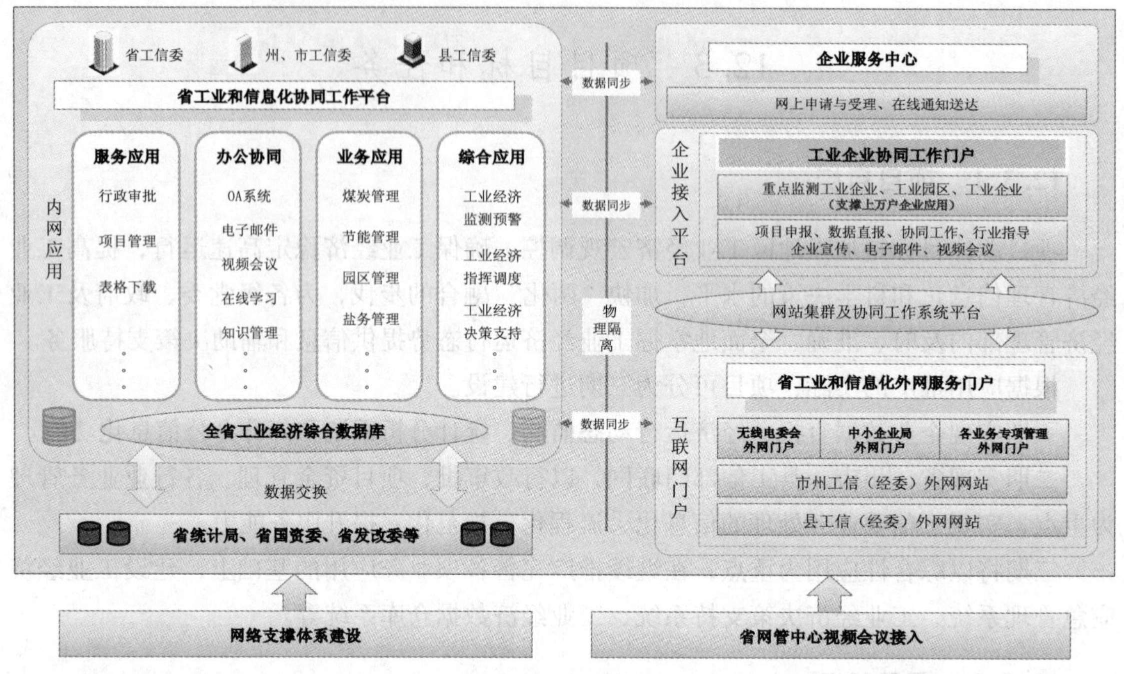

图 12－4　总体逻辑架构图

企业接入平台：提供企业方便地接入互联网及电子政务网的方式，打通政企业沟通交流的渠道。向企业及时提供各类政策法规解读，行业发展情况通报，引导企业快速健康发展。同时向企业采集各类工业经济指标，了解企业生产经营状况，为我省工业经济宏观决策提供参考。

业务工作平台：一个用于实现电子政务网内各级工信部门间的业务协同、办公协同平台，主要包括三类应用：一是业务应用，主要是针对各个工业行业的业务管理应用、综合性的统计分析以及决策支撑等；二是服务系统，主要是面向企业的各类政府服务的业务处理系统，如申报项目管理、资金管理等，以及与企业服务中心衔接的行政审批处理系统等；三是协同应用，用于支撑各部门（单位）和个人的实际业务，包括办公自动化、公文交换、知识库等应用。

外部平台：支撑与其他政府部门之间的信息共享和业务协同。

12.4.2　系统技术架构

系统技术方案总体设计采用先进、成熟的商用软件支撑平台（操作系统平台、数据库管理平台、数据交换平台、协同办公平台、业务基础支撑平台、中间件服务平台等），高效、灵活的开发架构，融合统一授权管理技术、单点登录技术、统一认证技术、内容管理技术、业务搭建技术、协同工作技术、网站集群技术、中间件技术、数据集成与交换技术、商务智能技术等，实现省工信委综合业务管理系统建立安全、可扩展、健壮、高性能、一体化管理、多层体系结构的应用基础体系，系统的总体技术架构如下图所示。

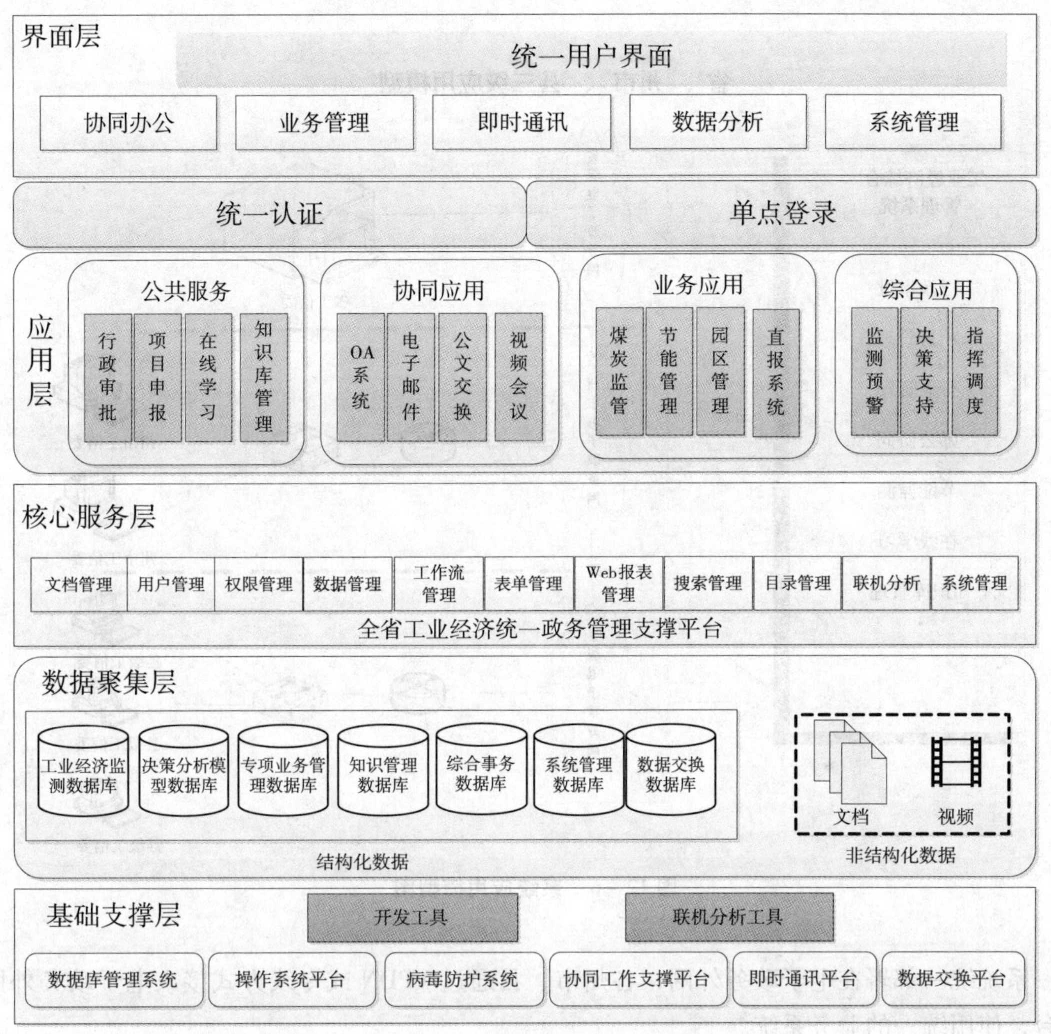

图 12－5　系统总体技术架构图

12.4.3 系统应用模型

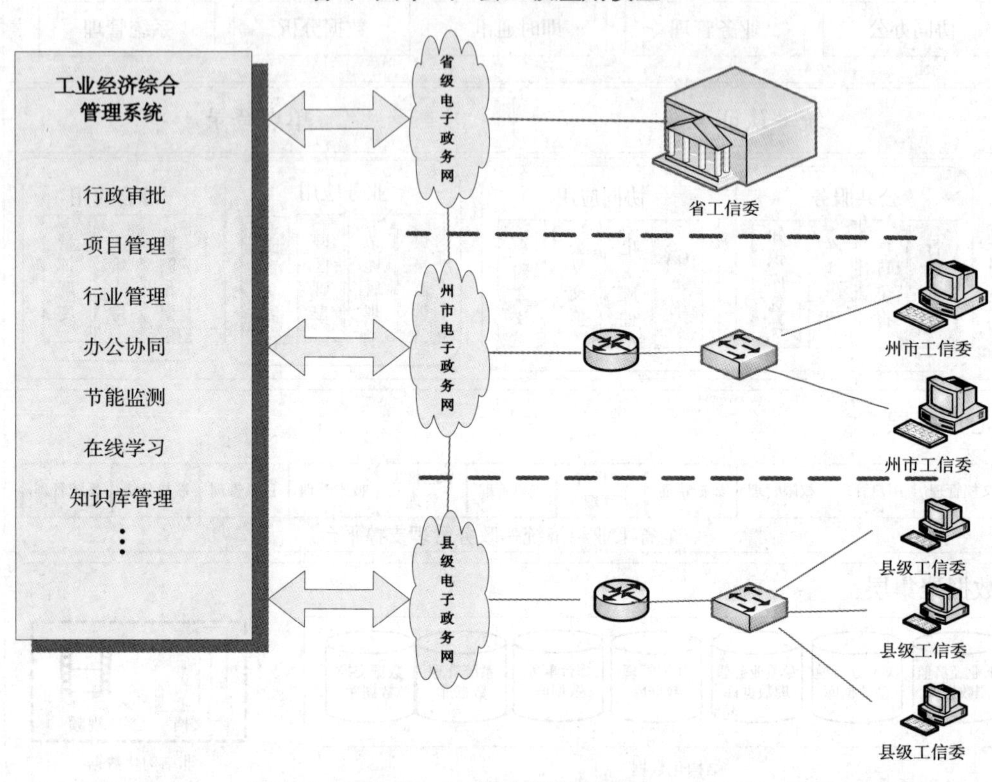

图 12－6　系统应用模型图

系统统一部署在电子政务外网，各州市、县通过 VPDN 或专线方式接入电子政务外网平台，使用统一的业务系统。

12.5 建设方案设计

12.5.1 应用系统建设方案

12.5.1.1 工信委内部行政审批处理系统

（1）概述。

整合完善工信委对外服务门户，接入统一的政务服务中心门户系统，实现各类行政许可事项前端的网上接件、网上受理以及办理完结后的通知送达，开发工信委行政审批内部处理系统，对受理的行政事项完成内部流程审批处理，以及并联审批等，向社会公众提供一窗式、一站式服务。规范审批流程，公开审批程序，方便人民群众咨询办理各类行政服务项目，同时也可以为工信委领导和各处室查阅和督促审批备案提供便利，提高工信委行政服务质量和办事效率，真正做到效能政府、阳光政府。

为了配合电子监察系统的建设，在系统中开发相关接口，为电子监察提供基础数据。

（2）系统处理流程。

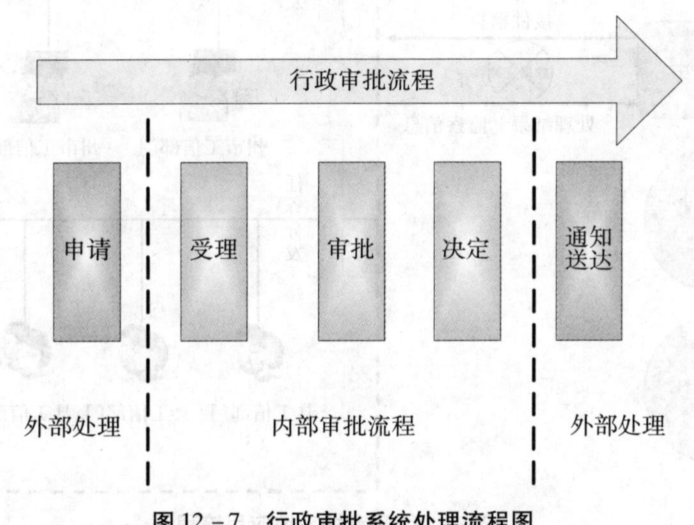

图 12－7　行政审批系统处理流程图

本项目中建设的行政审批处理将不再对已有功能做重复建设，而将建设重点放在内部审批流程的处理和管理上。外部利用现有的政务服务中心门户向社会公众提供统一、一致的行政服务门户窗口。

（3）系统应用流程。

系统需要支持省、州市、县三级业务部门进行串联审批的处理，系统将由全省统一的行政审批门户进行接件处理，之后通过数据交换平台将接件信息传递到本项目的行政审批系统。系统可根据不同的审批事项进行不同工作流定义，传递到本项目的行政审批接件信息根据预定义的工作流进行自动的任务分发，并将处理通知信息送达到相关的业务人员，业务人员在完成本步处理后系统又将处理结果反馈到上级部门，由上级部门完成接下来的步骤。同时，每项行政审批事项的处理流程、处理结果都将通过数据交换平台传递到外部的统一行政审批门户及电子监察系统。

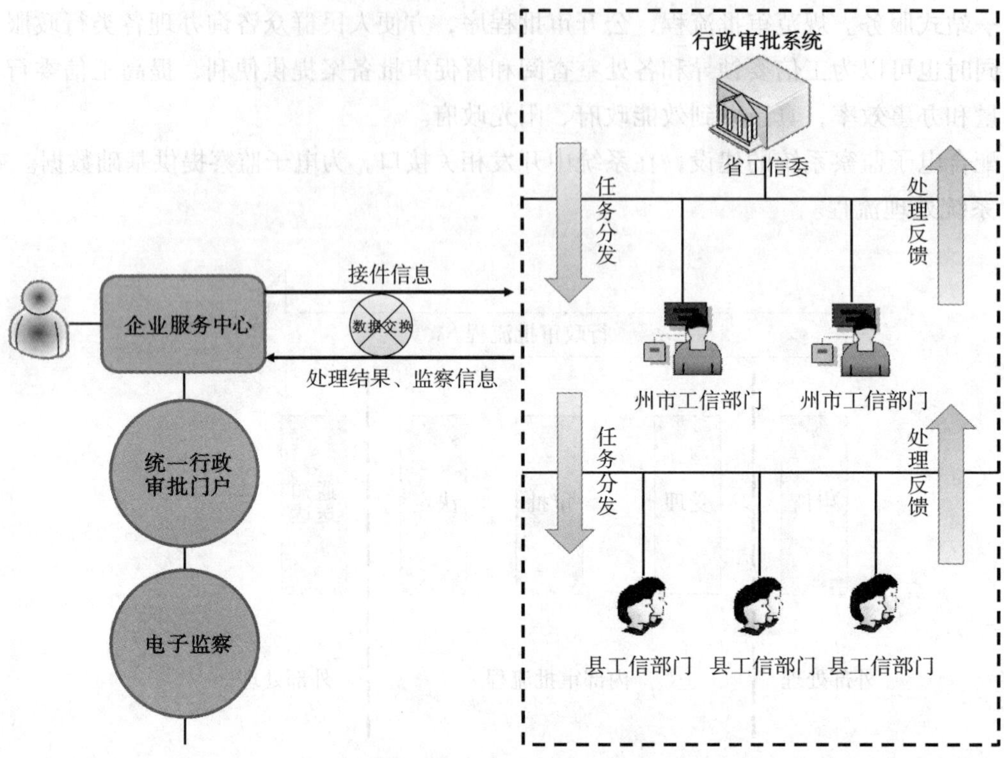

图 12－8　行政审批系统应用流程图

（4）系统逻辑架构。

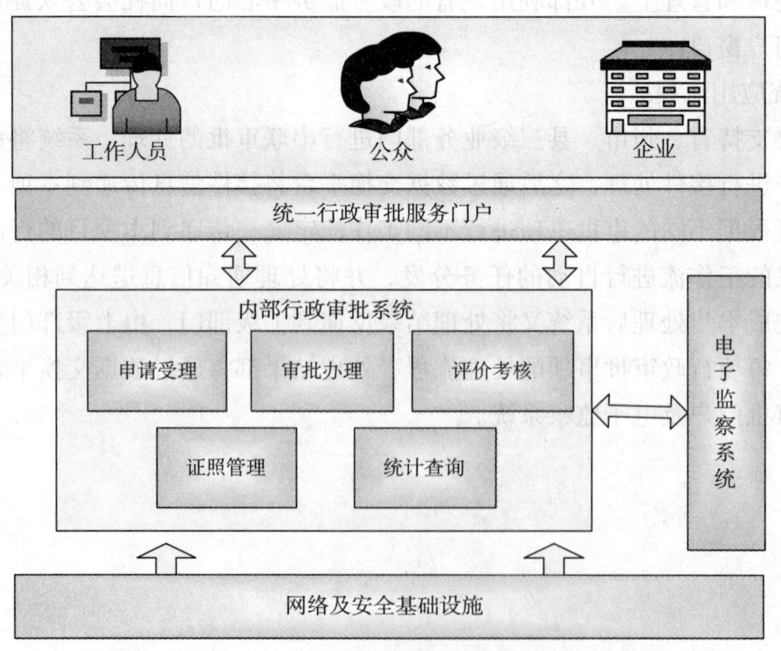

图 12－9　行政审批系统逻辑架构图

行政审批系统功能主要包括行政审批申请受理、行政审批办理及评价考核三个方面内容。公众通过统一的行政审批服务门户进行审批事项的申请，工作人员进行接件和初审，然后通过数据接口将审批事项交由具体业务人员进行审查，业务人员将在系统中按程序进行审核处理，行政审批结果最终将在统一的行政审批服务门户中发布，通过互联网将行政审批办理状态、办结情况等信息向公众反馈，有关部门也可通过电子监察系统对行政审批事项实现全程监控。

（5）主要功能描述。

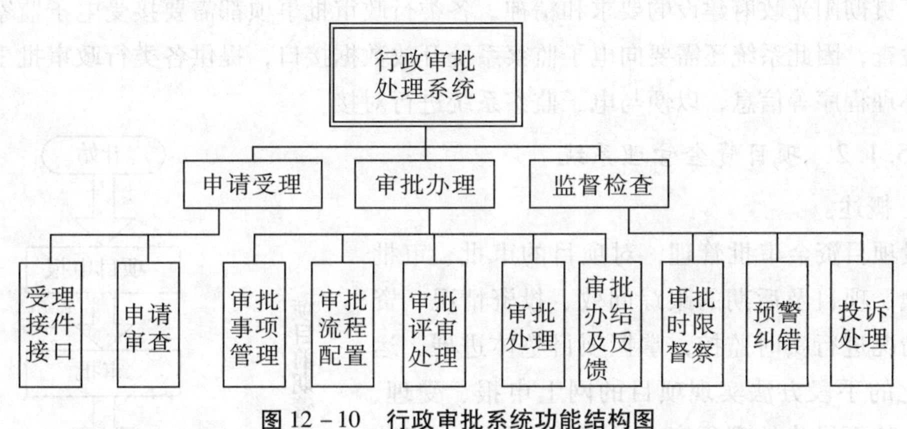

图 12－10　行政审批系统功能结构图

①申请受理。

申请受理主要对工作人员从行政审批门户接收到的办理申请进行接收和处理，以做出对申请人提出的行政审批申请是否受理的判断。主要包括以下两部分功能：

受理接件接口。由于具体的事项的接件是由外部系统行政审批门户进行，而本系统主要负责行政审批的内部处理，因此需要一个受理接件接口，将外部系统的数据通过接口传递到本系统中。

申请审查。对传递到后台的申请材料及提出的行政审批申请，根据具体情况可能需要专业业务处室进行审查，以便向申请人做出受理、补正、不予受理的回执。

②审批办理。

审批办理是窗口工作人员受理来自政务大厅的申请并通过预审进行审核办理，由内部工作人员和相关领导审批的工作功能。可分为以下功能：

审批流程管理。不同的审批事项需要定义不同的审批流程来进行处理，系统需要支持各种审批流程场景的设置，包括：并联审批流程、内部审批流程、上下协同审批流程等。

审批评审处理。部分行政审批事项可能会需要委托行业专家或外部其他单位进行评审，系统需要对类似的处理提供管理支撑。

审批办结及反馈（接口）。事项审批完成后还需要将处理决定通过处理接口反馈到外部的行政审批门户，以方便公众及时了解事项办理状态和办理结果。

③监督检查。

监督检查是对行政审批事项的办理过程、办理程序是否合规合法的有力监督，通过监督检查可以有效提高办事效率和服务质量，从而真正体现效能政府的承诺。

④证照管理。

证照管理提供证照的各类管理，方便证照的日常处理，包括：证照的打印制证、证照台账的查询、证照的查询统计、相关资料的备案存档。

⑤电子监察接口。

为了贯彻阳光政府建设的要求和精神，各类行政审批事项都需要接受电子监察系统的监督和检查，因此系统还需要向电子监察系统开放数据接口，提供各类行政审批事项办理时限、办理程序等信息，以便与电子监察系统进行对接。

12.5.1.2 项目资金管理系统

（1）概述。

建设项目资金审批管理，对项目的审批、审批依据立项、项目及后期的跟踪问效、投资情况、资金使用情况进行实时监控，掌握项目整体进展，运用信息化的手段方法实现项目的网上申报、受理、管理等，从而优化处理程序，提高工作效率，规范项目管理、资金管理。

（2）系统处理流程。

项目资金管理主要分为三个阶段的管理，分别是：项目前期，主要是进行项目的申报立项工作，中期主要是进行项目的跟踪管理及绩效考核工作，后期主要进行项目验收及归档处理。系统力求对项目从申报到最后验收全过程进行信息化处理、流程化处理，记录整个项目生命周期的全过程文档资料，以便项目管理更加高效、科学、合理。

（3）主要功能设计。

①项目申报。

项目申报功能主要是对各类申报事项、申报表格进行归类管理，提供用户进行项目申报的一个窗口界面。项目申报主要包括以下功能：

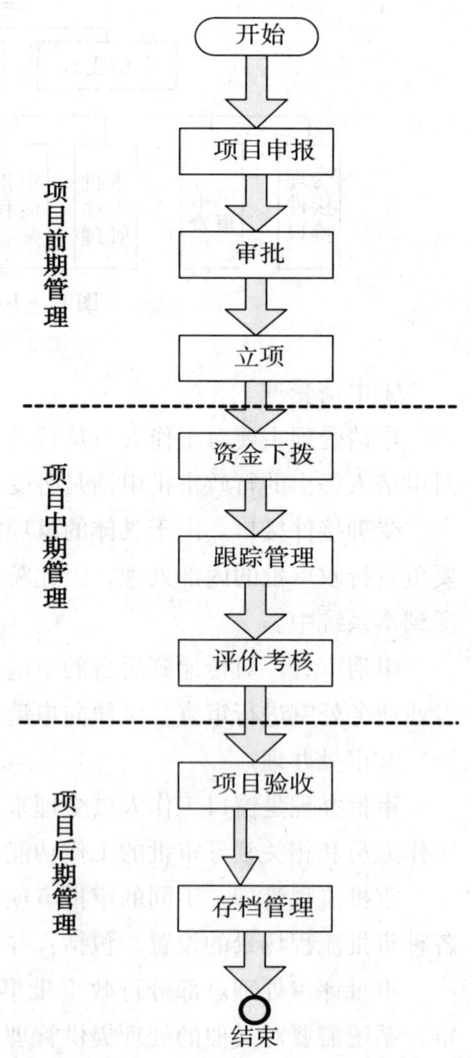

图 12－11 项目资金管理系统处理流程图

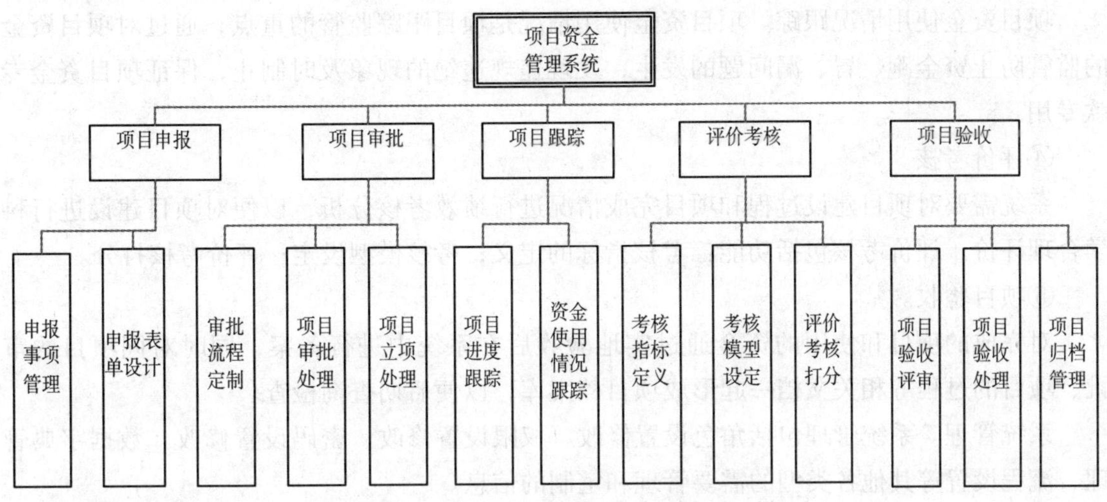

图 12－12　项目资金管理系统功能设计图

申报事项的管理。工信委各业务处室都有自己不同的项目资金审批事项，不同的审批事项通常有不同的审批条件、程序，这些信息都需要向申报人告知。通过申报事项管理，登记申报项目相关信息，包括名称、审批依据、审批程序、申报材料、具备资格等。

申报表单设计。各业务处室可根据自己管理审批项目的情况，自行定义项目申报表样式，提供所见即所得的设计方式，同时可将申报表样式在网上开放，由需要申报的企业进行表格下载或在线进行项目申报。

申报表填报。申报表填报是向申报对象开放的一个项目申报窗口，当定义完成后的申报表样式后，项目申报人即可上网选择对应申报事项进行项目申报。

②项目审批管理。

项目审批管理是对完成申报的项目进行必要的审批管理，主要包括以下功能：

审批流程定制。不同的审批事项需要定义不同的审批流程来进行处理，系统需要支持各种审批流程场景的设置，包括并联审批流程、内部审批流程、上下协同审批流程等。

项目审批处理。项目审批在完成申报后就按照预先设定的审批流程在系统中进行审批项目自动流转，由工作流引擎自动分配和调度工作任务，无须人为控制，体现一门受理、自动流转的方便性。

项目立项。项目在完成审批处理后，对审批通过的就可以进行项目立项，同时报相关的发改部门或财政部门进行资金的下拨。

③项目跟踪。

项目跟踪管理主要是对项目的进度和资金使用情况进行一个跟踪管理，及时了解项目进程，杜绝资金使用中的不合法、不合规问题，主要包括以下功能：

项目进度跟踪。由项目建设单位定期或不定期根据项目管理要求上报项目建设进度的各类统计分析报表，以便项目管理的各业务部门及时了解、把握项目发展情况。

项目资金使用情况跟踪。项目资金使用情况是项目跟踪监管的重点，通过对项目资金的监管防止资金跑、冒、漏问题的发生，发现违规违纪的现象及时制止，保证项目资金专款专用。

④评价考核。

系统需要对项目建设过程和项目完成情况进行绩效考核分析，以便对项目建设进行科学合理评价。评价考核包括功能：考核指标的定义；考核模型设定；评价考核打分。

⑤项目验收。

对完成的项目和使用的资金通过实地验收后在系统中进行备案，同时对同项目的审批、项目的过程等相关文档一起形成项目档案库，以便后期查询检查。

系统管理。系统管理包括角色设置修改、权限设置修改、密码设置修改、数据字典管理、流程设置等其他各类型的需要管理和定制的信息。

12.5.1.3　行业综合管理系统

根据工信委各业务处室的职能，结合实际工作需要，建设工信委行业综合管理平台，融合工信委各行业处室的要求，满足各行业的管理需要，为工业经济的行业管理提供便利。

(1) 园区管理。

园区管理是工业园区管理处对工业园区的综合管理平台，除针对园区的数据统计分析、项目管理外，还有园区自身的考核评价和招商引资。园区管理的具体功能为：

①工业园区数据统计分析，主要对园区季度经济指标和月度经济指标汇总、月度园区建设情况汇总等数据进行采集，采集范围包括重点工业园区以及非重点的工业园区，同时要求对工业园区的发展状况、各项经济指标能够进行系统的监测分析。数据直报和统计分析与整个平台的系统同时进行，对园区和企业的统计分析做专门的窗口，方便园区管理。

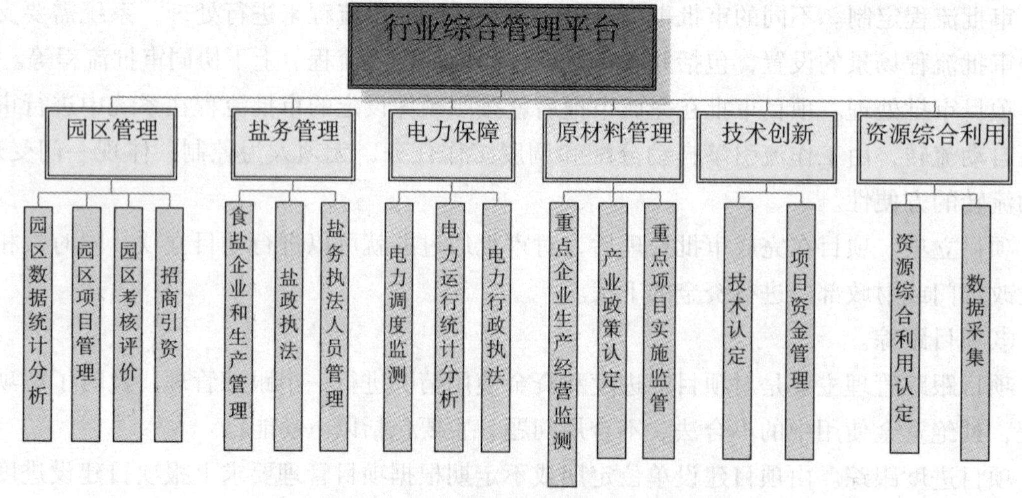

图 12-13　行业综合管理系统功能结构图

②项目管理，实现新型工业化资金项目的网上申报、对安排资金的项目跟踪问效、检查资金使用情况以及掌握园区重点项目建设情况。在项目资金管理系统中统一建设，通过权限控制和窗口显示对园区的项目管理进行单独显示。

③园区考核评价，对重点工业园区进行考核评价，施行末位淘汰制，同时掌握备选工业园区的情况，以便完成重点园区的申报和甄选工作，建立考核的指标体系，建立重点工业园区及备选工业园区库。

④招商引资，建立版块对园区招商引资信息进行发布。

（2）盐务管理。

①食盐代转批企业和食盐数据库。

对省内盐矿、批发企业、州市、县碘盐配送中心等食盐企业的产销存数据进行采集，建立全省食盐代转批企业档案库，掌握准确的食盐产、销、存数据，提供各种类型盐包括食品用盐、畜牧用盐、工业用盐等的分析统计数据，为盐务管理政策制定、行业指导提供依据。

②盐务执法人员管理。

对盐务执法人员进行信息化管理，建立一个全省执法人员信息库，对人员的发证、换证、培训等进行信息化管理。

③盐政执法报表的统计。

对在盐政执法过程中各类违规事件的统计，用信息化的手段对各类盐政违规事件的处理、反馈、存档信息进行管理，并进行分类统计查询，按要求生成各类盐政执法报表。

（3）电力保障。

①电力调度监测。

电力保障，利用采集到的数据实现电力运行统计分析，监测电力调度，主要对电厂开机运行方式监测，对送广东、送越南电力调度进行监测，对用电情况进行监测。监测上报的数据包括日报、旬报、月报。

②电力行政执法。

建立电力行政执法库，对偷电、破坏电力设施等违法行为的行政执法管理，包括对案件的立案、侦察、处理等信息进行记录，便于查询管理。

③电力运行统计、分析。

电力运行统计、分析系统对全省发电、用电、电煤数据的分析、统计、综合研究。通过数据上报对电厂、电网公司、统计局进行管理。对电厂的存耗煤、发电、来水情况、水位情况、基础开机情况等数据进行采集，在系统内进行统计、分析，为电力保障部门提供决策依据。

④原材料管理。

原材料管理，通过对直报数据的统计分析，实现对重点企业生产经营情况的监测管理；建立原材料产品库，规范重点产品的定义管理，实现网上产业政策认定的管理，以及对重点项目的跟踪监督。

A. 重点企业生产经营情况监测。

实现对重点企业的整个生产经营状况的督察、指导，主要关注产品、产量，经济指标为辅助。数据内容需包括企业多方位信息：重点产品的生产经营情况、重点项目技术改造、企业人员状况、技术队伍的状况等。

B. 重点项目实施的监管。

系统实现对改造项目的监督管理。每年多个项目通过系统中的项目管理系统对原材料管理涉及的项目建设进行信息化管理。

C. 产业政策认定。

对非行政许可类的产业政策认定，在行政许可前出具产业认定证明作为建设、生产的政策依据，这需要在网上行政审批系统中统一考虑；作为某些特定行政审批事项的前置条件也进行网上申报，进行信息化管理，同样实现省、州、县三级上报制度。

⑤技术创新。

A. 技术认定及行政审批。

对涉及技术创新的技术认定、核准、备案进行网上申报，技术创新相关管理部门实现网上预审，在审核认定后，进行备案，以便日后对备案信息进行查阅和汇总。实行省、地州市、县三级申报，按权限可以相应查阅相关备案情况。

对进口设备减免税和贴息资金的申报也通过网上申报，技术创新管理部门审核通过后，进口设备减免税与海关对接进行减免，贴息资金的申报与财政对接进行补贴。

B. 项目资金管理。

项目资金管理主要针对技改项目的立项、审批、审批依据及项目后期的跟踪问效、投资情况、资金使用情况进行实时监控，掌握项目整体进展情况，同时发布项目相关的办事指南。

⑥资源综合利用管理。

A. 资源综合利用审批认定。

实现“资源综合利用审批认定”的网上申报和办理，由县、州、省三级逐级上报审批，最后由工信委资源处汇同财政、税务等部门终审，它涉及多个政府部门的并联审批，可以考虑在网上行政审批系统中统一建设。此外，对即将开始的“企业清洁生产合格证颁发”的行政许可审批也实现网上审批。

B. 数据采集。

它主要对通过认证的企业进行数据采集，通过采集的数据进行统计分析，考虑统一建设。

12.5.1.4　节能监测管理系统

(1) 系统概述。

节能监测管理系统是支撑政府相关部门更好的监督和指导各个重点耗能企业持续推进

节能减排工作的信息平台。

（2）系统架构。

系统总体设计如下：

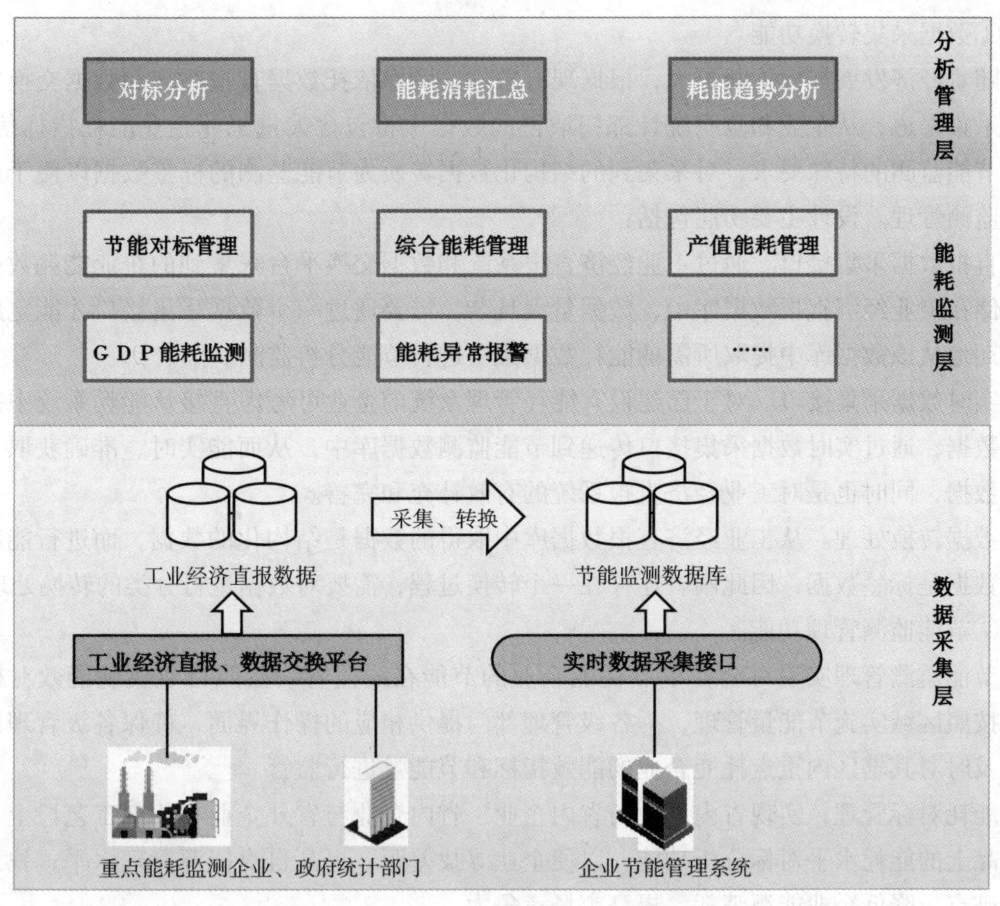

图 12－14　节能监测管理系统架构图

节能监测管理系统主要分为三个部门，从下到上分别是数据采集层、能耗监测层、分析管理层。

数据采集层，是系统的主要数据来源，重点考虑依托项目前期建设中已有的数据直报系统和数据交换平台作为节能监测主要数据采集渠道，通过工业经济直报系统和数据交换平台取得的大量数据中已包含了大量工业企业能耗指标信息，根据节能监测的特殊要求，只需对采集到的结构化数据转换为节能监测的标签数据即可。

能耗监测层，主要是根据采集到的数据按照分企业、行业、地域进行各种监测报警，包括节能对标管理、综合能耗管理、产值能耗管理、GDP 能耗监测等。

分析管理层，提供全省各能耗企业不同时期和时段的能耗统计查询和报表功能；提供各行业能耗单位产品能耗分析和核算功能；提供按行业、按区域的能耗考核体系，确保各职能机构及时、准确、全面地掌握我省能耗数据，并针对能耗数据分析结果和企业能源管理情况做出科学的决策。

（3）主要功能描述。

①数据采集转换功能。

随着经济发展规模不断扩大，根据现有条件，考虑依托数据直报系统和数据交换平台作为采集渠道，从企业和政府统计部门取得的数据中将包含大量工业企业能耗指标信息，根据节能监测的特殊要求，对采集到的结构化数据转换为节能监测的标签数据以便于进行对标监测管理。设计主要功能包括：

直报数据采集接口。通过工业经济直报系统和数据交换平台采集到的企业能耗数据主要存储在工业经济直报数据库中，数据量大且杂，需要通过一个数据采集接口才能定期或不定期地从该数据库中提取所需的能耗数据集中进行节能分析监测。

实时数据采集接口。对于已建设有能耗管理系统的企业可考虑直接从能耗系统中提取能耗数据，通过实时数据采集接口传递到节能监测数据库中，从而能实时、准确获取企业能耗数据，同时也是对工业经济直报系统的有效补充和完善。

数据转换处理。从工业经济直报数据库中取得的数据是结构化的数据，而进行能耗监测的数据是标签数据，因此两者还存在一个转换过程，需要对数据进行分类的转换处理。

②节能监测管理功能。

节能监测管理实现对全省重点耗能企业的节能在线监管。按照行业实施能效对标管理，按照区域实施节能量管理，为各级管理部门提供相应的操作界面，确保各级管理部门能够及时对其辖区内重点耗能企业的能效指标和节能量进行监管。

能耗对标管理，实现省内企业与省内企业、省内企业与省外企业在相似工艺段上、同类产品上的能耗水平对标分析功能，以便企业寻找差距，提高自身能源管理水平；找到节能突破点，降低企业能源消耗，提高市场竞争力。

综合能耗监测，实现全省当年、月、周各个工业用能企业的综合能耗监测。

产值能耗监测，实现全省当年、月、周各个工业用能企业的产值能耗监测。

GDP 能耗监测，实现全省当年、月、周各个工业用能企业的 GDP 能耗监测。

能耗异常追踪，实现全省各个工业用能企业能耗数据异常追踪。

③能耗分析管理。

通过对能耗数据进行统计分析，以图形化或表格化的方式向用户展示，确保各职能机构及时、准确、全面地掌握我省能耗数据，并针对能耗数据分析结果和企业能源管理情况做出科学的决策。

实现全省各能耗企业不同时期和时段的能耗统计查询和报表生成功能。

实现各行业能耗单位产品能耗分析和核算功能。

实现按行业、按区域的能耗考核体系。

实现能耗发展趋势的预测分析。

12.5.1.5　煤炭综合管理信息系统

（1）概述。

煤炭综合管理信息系统建设将结合煤炭行业管理相关处室的工作职能，重点针对各业务处较为关心的煤矿瓦斯监测、生产安全视频查询、行业综合管理方面的问题提出解决措施，通过新建、接入、整合的方式，以最小投资来最大化满足应用要求。项目建设主要实现以下几个目标：

①逐步实现对全省范围内的矿区、矿点重点监控区域的实时和历史视频信息的浏览查询。

②逐步实现全省范围内的矿井瓦斯数字化监测查询。

③通过信息系统协助相关职能处室进行行业管理，对政策制定、发展规划提供支持。

④实现煤炭工业相关处室及工信委其他处室之间信息资源的共享。

（2）主要功能描述。

①煤矿瓦斯安全监测子系统。

远程瓦斯监测是煤矿安全监测管理的重要内容，通过对煤矿矿井中一氧化碳、沼气等指标浓度、通风状况的监测，可有效实现对煤矿重大安全隐患的风险预防和控制，减少或遏制煤矿重大灾难的发生。系统需要及时监测、辨识煤矿重大危险源预临界值，超过临界值时系统进行快速反响，采用报警、邮件等多种有效手段向相关人员做出通知提示。

系统主要功能包括：

安全监测。对全省所有矿井中的传感器信息进行实时采集记录，并根据设置的临界值进行报警提醒。监测记录详情显示的是信息矿井编号、矿井名称、传感器编号、传感器安装地点、传感器类别、开始时间、结束时间、时长、峰值等。

安全报警。实时显示报警数据详细情况，并以不同的方式来显示，如报警状况表格显示、报警时常分布饼图、报警峰值分布饼图、报警次数柱状图；可以根据不同条件进行查询。

统计报表。根据用户业务需要系统自动生成各类统计报表，便于日常维护管理，包括模拟量预临界值报警日报表、模拟量报警日报表、模拟量馈电异常日报表、开关量报警及断电日报表、开关量馈电异常日报表、监控设备故障日报表、模拟量统计值历史记录查询报表。

通过统计报表进行趋势分析、历史监测数据分析和预测。通过对实时数据、历史数据的统筹分析，实现对传感器数据的走势预测。

②煤炭生产安全视频子系统。

对产煤区煤矿的重点区域进行全天候的视频监查，通过视频监查规范煤矿采矿人员、管理人员的日常行为操作，督促检查各项安全保障措施被正确执行贯彻。

煤炭生产安全视频子系统包括：省级中心、州市级中心和煤矿监查前端三级系统。省级中心主要进行视频图像的浏览查看，州市中心主要实现视频数据的存储和备份，煤矿监查前端主要进行视频数据的采集，并通过 ADSL 拨号联入互联网接入就近的州市中心。

煤矿前端监查点接入设计。对于原来已有前端监查设备的，已有采集设备包括摄像机、拾音器等，只需将原前端摄像机的视频线接入新增的视频分配器，通过视频分配器将视频信号分为两组，一组接入原本地监查硬盘录像机，进行本地监查与历史存储，不影响原系统的应用；另外一组接入新增的视频服务器，通过视频服务器的联网功能实现视频编码压缩并上传到就近的州市监查中心。对于原未建前端监查设备的，只需在监控位置安装多台摄像机，通过视频线缆将视频信号传输至视频服务器上，视频服务器压缩编码后通过网络上传到就近的州市监查中心。

州市监查中心设计。州市监查中心主要实现视频信息的存储转发，需配置流媒体、存储服务器来实现对各煤矿监查点的接入、视频转发、中心图像存储功能。

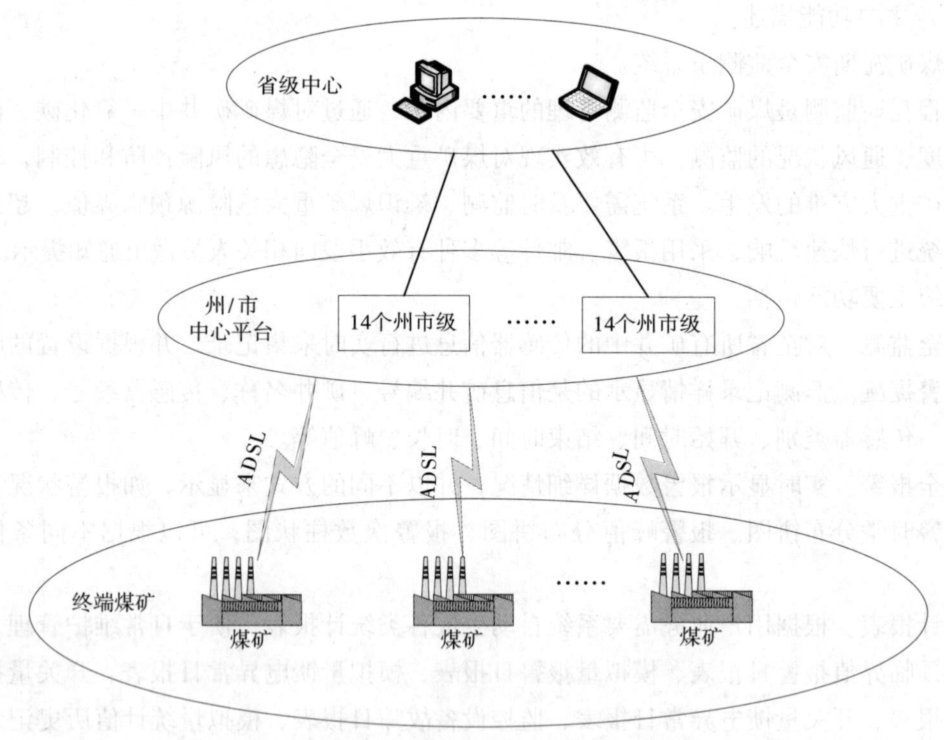

图 12－15　煤炭综合管理信息系统架构图

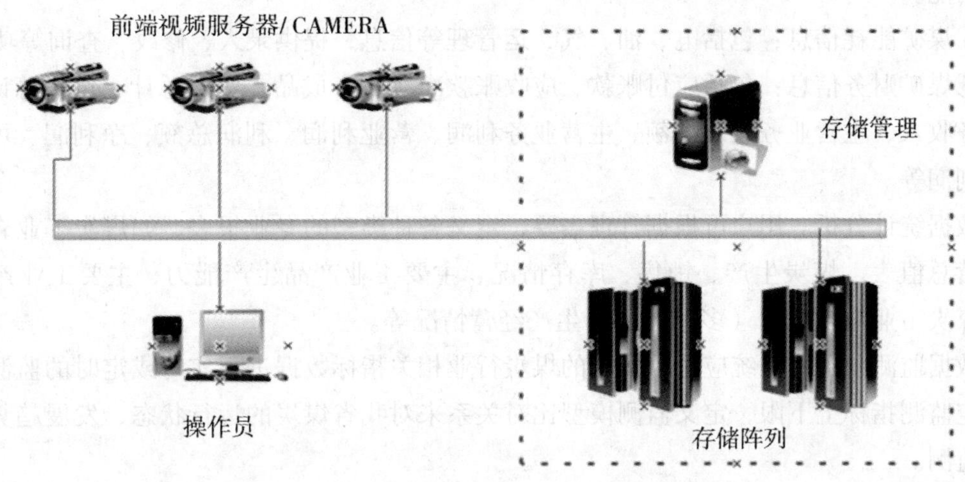

图12－16 煤炭综合管理信息系统监控中心图

省级监查中心设计。省级监查中心主要进行视频浏览、系统管理、设备工作状态监视、用户管理、权限管理、日志管理等工作。它具有以下功能及要求：

视频浏览。视频浏览提供方便实用的视频浏览功能，包括实时视频浏览、历史视频浏览、云镜控制。实现视频截图、声音控制、全屏显示、多画面监视、画面放大、在预定存储期限内指定浏览历史视频，历史视频可逐帧、高速率快慢回放，图像和声音同步回放以及完成对云镜的各项操作。

设备管理。设备管理可对前端的现场进行初始化设置，设置内容包括设备标签、设备编号、逻辑名等。设备参数的调整，包括传输速率、视频质量、帧结构等。

权限管理。权限管理对用户账号进行分类、分级管理，不同用户可根据不同权限得到不同的查询浏览功能，同时可进行多重网络身份识别，防止非法使用和操作。对用户进行分级授权，满足各级领导和部门的管理要求。

③煤炭行业管理子系统。

煤炭行业管理系统通过从煤监、安监等煤炭管理部门以及省统计局统计部门获取煤炭行业发展的各类数据为基础，对煤炭行业的发展状况、发展趋势进行统计分析，从而为行业管理、行业指导、相关政策的制定、行业安全监查等提供依据和参考。

数据采集功能。可通过工业经济综合管理系统前期项目建设中的数据直报平台构建煤矿安全运行、煤矿经营状况数据采集网络。采集信息主要分为五大类信息，包括：

①煤矿基础信息：包括煤矿名称、地址、煤矿储量、法人信息、联系人信息等，提供录入、修改、查询等功能。

②煤矿生产信息：包括产量、销售、存量等，提供录入、修改、查询等功能。

③煤矿安全信息：包括报警信息、执法信息、违规查处等信息，提供录入、修改、查

询等功能。

④煤矿能耗信息：包括电、油、气、运管理等信息，提供录入、修改、查询等功能。

⑤煤矿财务信息：包括应付账款、应收账款净额、产成品、资产总计、负债总计，主营业务收入、主营业务收入净额、主营业务利润、营业利润、利润总额、净利润、可供分配的利润等。

数据统计分析。用户可根据管理需要，定义各种类型的专业报表，如煤炭工业企业生产经营总值表、煤炭生产、销售、库存情况、主要工业产品生产能力、主要工业产品产量、煤炭工业综合利用（多种经营）生产经营情况等。

数据监测预警。系统应对采集到的煤炭行业相关指标数据进行实时或定时的监测，通过设定监测指标上下限，定义监测模型比对关系来对我省煤炭的运行状态、发展趋势进行分析监测。

系统可对监测到非正常状态的数据进行迅速预警提醒，保证预警信息能及时、准确、高效地送达相关人员。系统可采用多种推送方式的提醒，包括短信、邮件等。

数据交换。为了全面、准确地获取煤炭行业管理的相关信息，系统可实现与外部其他政府相关部门的数据交换，可以从统计部门、发改委等获取更加权威的行业发展数据，并通过数据比对汇总，将完整、一致的交换信息存储到数据库中，从而最大程度地保证数据的真实、有效。

12.5.1.6 *在线学习系统*

（1）概述。

随着政府提出阳光政府、效能政府的理念，对各级政府部门人员素质、工作质量、工作效率也提出了更高的要求。在线学习利用网络优势，不受地域、时间和计算机本身约束，方便进行信息交流、共享和协作，可以有效地提高政府工作人员的学习效率，缩短培训时间，节省大量的培训费用，帮助政府机关、事业单位发现和培养高素质的员工，提高政府机关、企事业单位在人才方面的竞争力。

在线学习系统将是一个集学习平台、教学教务管理、教学通讯、互动学习、社区资源共享管理、教育人员管理、培训信息化管理、学习行为统计管理等功能于一体的网络学习平台。它将充分利用现代远程教育手段，有效整合优质教育资源，为大规模培训提供学习支持服务的远程教育模式。

（2）系统架构。

系统主要分为5大部分，从下到上分别是信息资源层、应用支撑层、应用层、门户入口以及用户。

信息资源层，是系统的基础，是各类信息资源的汇聚点，主要实现对教育资源、教育对象的管理，包括学员注册授权管理、教师注册授权管理、学员学习情况库、学员考核、课件资源信息库等。

应用支撑层，是对各类应用提供通用的支撑服务，包括课件管理、查询服务、流媒体技术、多媒体技术、统计分析、数据报表、数据交换服务等。

应用层，是系统的核心，用于完成系统提供的主要功能，主要由四部分构成，分别是：①教学管理，实现对学员选课、授课、学习辅导、作业等学习过程的管理。②考核管理，是对学员学习情况的考核评价。③系统管理，提供系统级的管理维护功能，实现对组织机构、人员、权限的综合管理。④其他功能，指提供的其他辅助功能，包括基础操作、教学内容、电子资料、离线学习等。

门户层，提供系统统一入口，实现用户的单点登录，门户系统将会与目前建设中的工业经济综合管理门户进行集中，以方便用户一次登录即可在所有业务系统中操作。

系统面向的用户群体是学员，主要是省、州市、县各级工信部门人员；培训教师是省、州市、县各级工信部门工作人员，也可以是外聘的专家顾问、课件维护员、系统管理员。系统应用架构如图 12－17 所示。

（3）主要功能描述。

①远程教育学习。

制订教学计划：指定培训或学习的课程、开始结束时间、指导老师、班级人数。

设置课程：设置课程及绑定课程对应的学习资源；管理员或指导老师进行报名审核；学员学习浏览资源并计时；指导老师布置作业，学员完成作业。

②培训管理。

培训管理包括分级权限管理、培训活动过程管理、培训活动的定义及培训内容的设置、培训结果使用，包括培训结果的统计、分析、查询等。

③考试系统。

考试题型：除通常的单选题、判断题、多选题、填空题、综合案例题之外，应该具有针对计算机技能的考试：如汉字录入题、Word、PowerPoint、Excel、实时结果填空题、文件操作等。

系统提供在线监控功能，掌握考生的状态、IP 地址等，并可向考生发送必要的提示信息，特殊情况下，可以随时中止考生的考试、延长考试时间或设置重考。

考试系统应具有练习功能，考生可随时进行模拟考试练习并查看正确答案。

④系统管理。

系统课件管理，包括对各种多媒体课件、流媒体课件的制作和发布进行管理。

人员角色、权限管理，包括对人员进行分级管理，通过不同的人员角色设置不同的人员权限。

学员、教师管理，包括对学员和教师的相关信息进行管理，如授权操作、人员信息等。

查询检索功能，包括提供丰富的查询功能，对学员操作、教师行为可进行记录查询，对各种学习课件的学习情况进行统计分析排名。

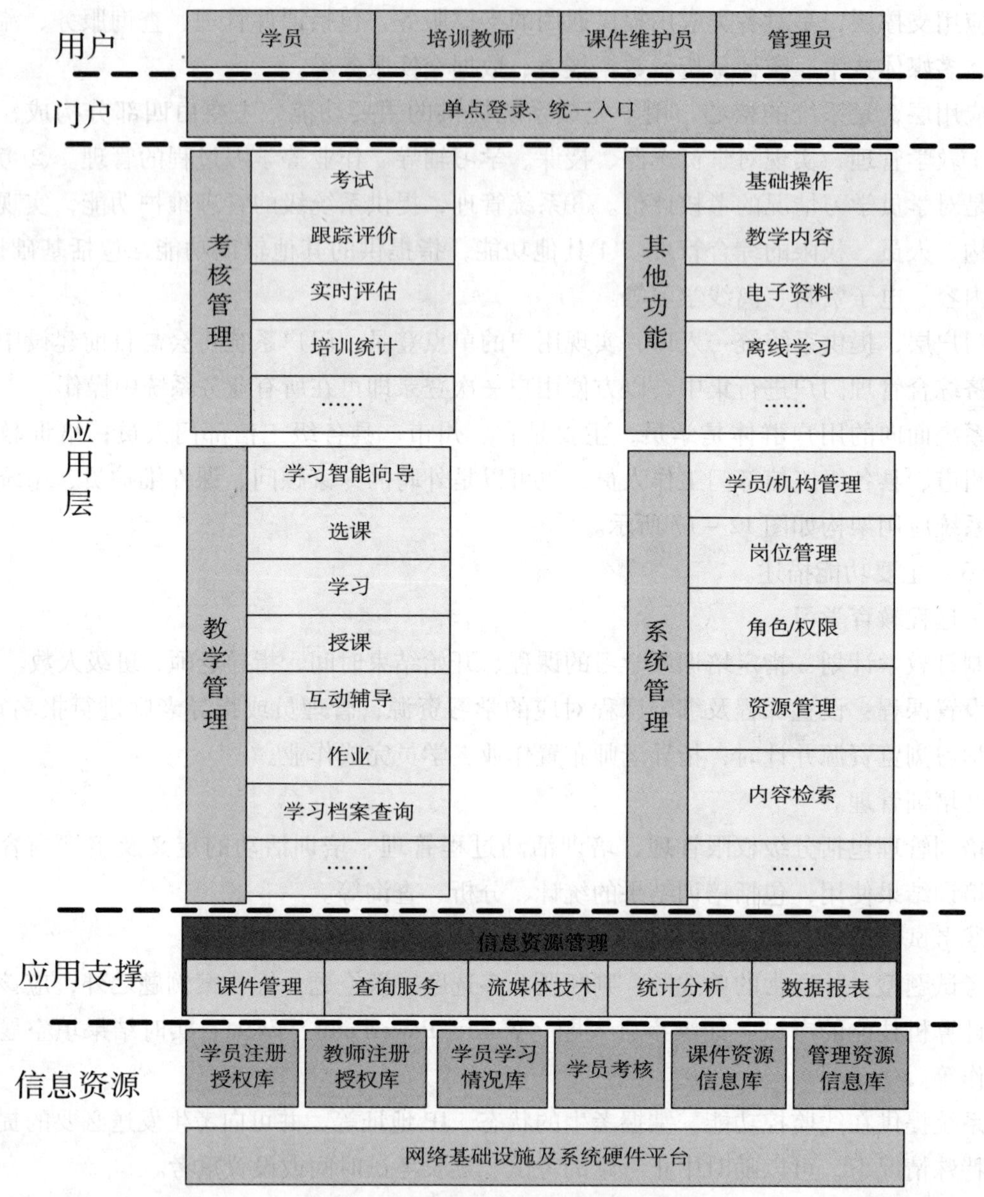

图 12－17　在线学习系统架构图

12.5.1.7　应用系统部署结构

本项目建设的各类应用系统部署横跨电子政务外网以及互联网二类网络，各类业务具体结构如图 12－18 所示。

12. 5. 2　数据处理和存储系统建设方案

12. 5. 2. 1　数据总体部署结构

系统设计时考虑采用数据集中、管理分散的原则，将数据库集中存放到工信委信息部门，便于数据安全管理维护以及数据统计分析。

12. 5. 2. 2　存储系统

集中模式下的核心应用系统，对磁盘存储子系统，尤其是对数据读操作性能的要求较高，既要求磁盘 I/O 的读写速度要高，又要求磁盘阵列扩展性要好。磁盘子系统性能对系统整体性能有着至关重要的作用，因此，应满足如下要求：

（1）性能。存储系统必须满足核心应用系统对磁盘系统的性能的要求——具备足够的存储容量和读写速度。

（2）可靠性。存储系统必须提供可用的部件冗余设计使磁盘系统的可靠性达到最高级别。

（3）可扩展性。存储系统必须有强大的扩展性来满足存储规模高速发展的要求。

（4）开放性。存储系统应具有多平台/多主机的联接能力，能满足服务器集中方式及应用集中对数据存储和整合的要求；同时，可以集中管理和分配存储容量，提高生产效率。

（5）实施及维护。存储系统的集中化给系统实施、管理以及日常维护带来了很大的方便，但同时要求供应商拥有经验丰富的咨询专家和工程师队伍，可以提供从规划到实施再到维护的整体服务。

（6）投资保护。存储系统应能充分体现对客户的投资保护，可利用现有的存储设备及存储介质来保护原有磁盘阵列或设备的投资。

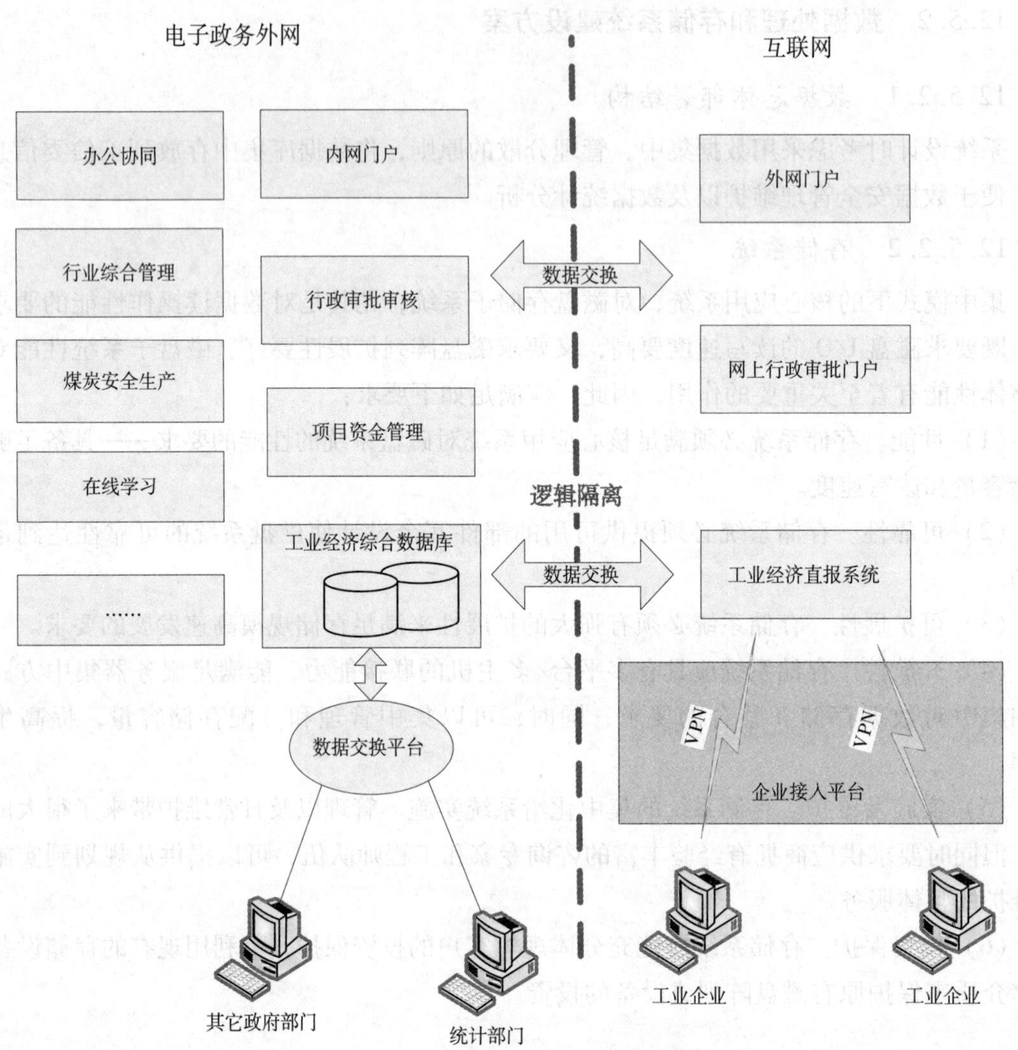

图 12－18　应用系统部署架构图

12.5.2.3　数据处理和存储系统方案

数据处理与存储系统是工业经济综合管理系统的核心，因此要保证该系统的高性能、高可靠性。这里不但数据处理量大，而且对安全性要求较高。该系统采用双机热备份、热切换的高性能、高可靠的群集系统，可保证系统的高可靠性。数据存储系统采用 SAN 存储结构，实现数据可靠的高速交互。

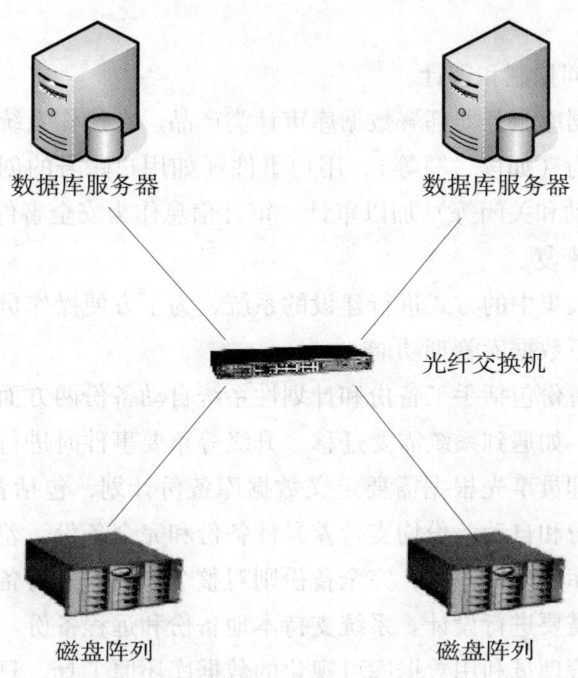

图 12－19　数据处理和存储系统架构图

12.5.3　安全系统建设方案

12.5.3.1　网络安全设计

网络系统的安全主要从网络层、用户层、业务层三个方面进行网络安全措施的部署，针对三个层次的网络安全管理要求构建：

（1）建设企业级病毒威胁发现设备，应对激增的网络威胁以及庞大的企业网络管理，可以实时、有效地掌握企业网络安全状态。针对大量客户对于即时发觉网络安全，快速定位感染源等需求，构建实施网络威胁发现系统，以确保网络安全管理的清晰可控——及时发现恶意程序威胁、准确定位并及时进行威胁处理。

（2）构建企业级防毒墙，抵御病毒、间谍软件、网络钓鱼和其他灰色软件。提供集中的管理、监控、更新和部署等能力以及可集中管理的客户端防火墙、入侵检测、病毒爆发预防服务等功能模块。

（3）建立网络防火墙，网络防火墙是设置在不同网络（如可信任的内部网和不可信的公共网）或网络安全域之间的一系列部件的组合，可考虑利用现有基础设备来建设。

12.5.3.2　数据库安全设计

数据库是信息系统的核心部分，其中存储了大量的业务信息、历史数据，起着提供各类管理和支撑各项服务的关键作用，其安全也显得尤为重要。为了保障数据库安全，通常采用如下措施：

（1）数据库的访问控制和审计。

省级局的关键数据库服务器部署数据库审计类产品。在操作系统和数据库系统层面对网络中的用户操作行为（如读、写等）、用户事件（如用户账号的创建、删除等）和系统状态（如数据库的启动和关闭等）加以审计，审计信息作为安全事件分析和追踪的基础。

（2）数据备份与恢复。

本项目是以数据大集中的方式进行建设的系统，为了方便操作员对全省数据进行有效的管理，系统提供以下数据库管理功能：

数据备份。数据备份包括手工备份和计划性系统自动备份两方面。手工备份适合于临时性的数据备份需要，如遇到系统需要迁移、升级等重要事件时进行手工备份。系统计划性自动备份由系统管理员事先根据需要定义数据库备份计划，包括备份时间、备份方式、备份路径等。手工备份和自动备份均支持差异性备份和完全备份。差异性备份只备份上次与本次备份之间数据库产生的差异；完全备份则对整个数据库进行备份，系统管理员可以根据不同业务系统的需要进行设计。系统支持本地备份和远程备份。

数据恢复。系统管理员利用数据库可视化的数据库还原工具，只需简单的操作就可以对数据库进行恢复。

12.6 项目效果评价指标

工业经济综合管理系统是工信委的大型信息化建设项目。系统建设对经济运行动态提供科学的监测、预测、预警，通过对各类工业指标分类、核算、统计，全面实现各级工信委间的信息资源共享、协同办公、规模工业企业运行情况的动态监测，为各级政府提供决策依据，保证我省工业经济平稳运行。项目建设完成后主要有以下评价指标：

（1）推广工业经济数据直报系统，工业经济数据采集范围二期覆盖规模以上企业、规模以下重点企业及特色工业园区，其中包括重点能耗企业。

（2）系统建成后将为省工信委处室以及全工信系统州市、县各级工信部门提供办公协同、行业管理等各类服务。

（3）数据交换，将实现与国资委、发改委及统计局等单位的数据交换和共享。

（4）建立工业经济行业综合管理系统，应用范围覆盖工信部门工业管理的主要业务。

（5）建立工信委行政审批系统，工信委行政许可和非行政许可审批事项全部进入系统进行审批。

（6）建立省、州、县三级的工信系统网络。

（7）信息资源库建设，完成工业经济数据库、工业能耗数据库、工业园区库等及各类业务库的建设，每年完成学习课件的采录、制作。

（8）业务处理平均响应时间不超过 10 秒，复杂查询平均响应时间不超过 30 秒。

（9）设备平均无故障时间（MTBF）≥10 000 小时。

（10）基础支撑环境建设，完成电子政务专网、电子政务外网及互联网接入，完成机房装修改造、消防安全、空调电气、综合布线系统建设。

12.7　案例评析

“工业经济综合管理系统”是工信部门的核心业务系统，项目通过建设工信部门、下级部门、行业协会以及企业的“四位一体”工业经济管理信息网络，实现工信系统与相关政府部门之间的互联互通、信息共享、业务协同，提高工业经济管理信息化和科学决策的水平，提高部门工作效率，提升公共服务能力，为各级党委、政府及工业经济管理部门及时、准确、全面地掌握工业经济运行态势提供信息，为制定工业经济政策、宏观决策提供支持服务和参考依据。推动以行政绩效管理、行政成本控制、行政行为监督、行政能力提升为主要内容的效能政府四项制度建设服务。

政府部门内部业务系统建设同样面临“信息孤岛”问题，同样需要信息资源共享，通常通过系统集成、信息基础甚至业务集成来解决。在政府部门内部利用信息化改造业务流程，涉及部门职责职能优化问题，需要先有计划地化解行政阻力，才能顺利推进项目建设。该项目是政府业务部门内部业务整合、信息共享的典型案例。

第13章　综合交通信息数据中心项目案例（交通部门）

13.1　概　述

目前，某省综合交通相关管理部门各自的业务数据都仅局限于部门内部，导致部门间的数据共享程度很低，业务系统之间无法互联互通，难以给其他部门以及上级主管部门提供信息和数据支持，由此制约了行业管理水平的提高。此外，随着某省经济的持续发展，人民生活水平不断提高，人们对高质量的交通出行服务的需求越来越迫切。但是某省综合交通信息服务现在仅面向相关单位和公众提供了一些简单平台，例如网站门户、咨询电话等，根本无法满足社会公众对大量出行信息共享和服务的需求。公众往往因为无法及时准确的获得交通出行信息，从而导致出行时间成本和经济成本增加，出行效率降低。

为了实现某省综合交通数据整合共享和业务协同，同时为广大社会公众提供高效的综合交通信息服务，交通运输厅作为牵头部门，与公安厅、基础地理信息中心、气象局、旅游局、铁路局等多家单位联合开展“综合交通信息共享和服务平台”项目。

13.2　项目需求分析

13.2.1　政务目标分析

该项目的建设以服务“决策者、管理者、社会公众”，以实现“对内管理、对外服务、应急决策”为目标，整合综合交通信息，以便为决策者、行业管理者和社会公众提供数据支撑，为现代综合交通信息化管理与服务体系建设奠定基础，提高行业管理水平和综合服务水平。其具体政务目标包含以下内容。

13.2.1.1　提高行业管理水平与决策支持能力

项目对综合交通信息进行了深入分析，并使用图、表等多种方式对综合交通的数据进行了多方式、多层次的展现，为行业管理者和决策者提供综合交通信息支持，提高行业管理水平和决策支持能力。

13.2.1.2　加强综合交通信息跨行业支持能力

项目通过整合交通行业、公安、旅游、铁路等各单位信息，实现综合交通信息的共享和交换，为各单位提供综合管理、协同执法、应急救援等方面的数据支撑。

13.2.1.3　提升公众综合交通信息服务能力和水平

该项目把服务公众、改善民生放在突出位置，提升旅游、气象、交通等信息服务能力，改善公众获取综合交通信息服务的途径，提高公众对综合交通服务的满意度。

13.2.2　业务需求分析

虽然某省综合交通信息化建设经过了多年的发展，但是综合交通信息资源共享以及服务应用水平仍比较低。某省综合交通信息数据中心是综合交通所有数据的管理、加工与服务的中心，承担着为决策者、管理者和社会公众提供数据支撑的职责，面临着多项业务需求。

13.2.2.1　交通运输行业数据共享的需求

某省交通运输行业由该省交通运输厅以及各厅属单位等组成，各单位之间的数据急需共享，要建立统一的交换共享渠道来满足行业内部的数据共享需求。各单位的信息需求如下：

（1）省公路局：需要省路政总队的路产信息、公路案件以及治超信息等。

（2）省路政总队：需要省公路局的完整路产基础信息，省公投公司的高速公路实时路况监控信息、路面监控信息、公路拥堵情况信息、突发事件处置信息等。

（3）省公投公司：需要省公路局的地方道路基本信息、交通流量信息、交通拥堵状况信息等。

（4）省运管局：需要省公路局的路产基础信息、公路案件信息，省公投司的高速公路监控信息等。

13.2.2.2　横向管理部门的数据交换需求

交通、公安、气象、旅游、铁路、基础地理信息中心之间也急需建立一个统一的平台来实现行业之间的数据的交换共享。各行业之间的信息需求如下：

（1）省交通运输厅：需要省公安厅的实时交通事故信息、客货车辆数据信息、海事执法车信息、城市交通监控信息、交通管制信息等；省旅游局的景区道路信息、景区设施信息、景点信息等；市铁路局的线路信息、站点信息、票务信息、时刻信息等；省基础地理信息中心的基础地理数据信息、航（拍）图片、卫（星）影像图片、数字通航河流图信息等；省气象局的区域气象信息和天气预报信息等。

（2）省公安厅：需要交通运输行业高速公路、一级公路的交通流量，公路监控实时视频图像，收费站过站通关车辆号牌、车辆类型、车辆过站视频和图片以及路段监控视频图像信息，危险品车辆 GPS 定位信息，全省 GIS 电子地图详细信息，各类交通运输基础信息，公路建设基础数据，运输管理数据，交通运营数据，驾驶员管理数据，公共交通数据，交通执法信息等。

（3）省基础地理信息中心：需要交通运输行业实时的公路、水路、铁路交通以及交通附属设施更新的地理信息数据。

（4）省气象局：需要交通运输行业公路水路交通 GIS 信息及等级划分情况、交通事故信息等。

（5）省旅游局：需要交通地图信息、公路基础信息、动态路况、气象信息、应急救援信息、城市交通信息、交通规费信息、收费信息、行车示意图、路径规划信息、水路客货运信息以及铁路、航空客运线路、班次、票务，货运线路、班次、价格信息等。

（6）铁路局：需要公路和水路的客、货运时刻、班次、票务、价格等信息，相关营运线路气象信息等。

此外，对于其他相关横向管理部门，也对各种数据有不一样的需求。

（7）发展和改革委员会：需要车辆、船舶数量，客、货运量等为国民经济宏观决策提供支持的数据。

（8）商务厅：需要电子口岸、物流信息，公路水路营运车辆、船舶、企业，客货运站场、港口等信息。

（9）农业厅：需要公路收费站绿色通道相关信息。

（10）安全生产监督管理局：需要公路水路 GIS 信息。

13.2.2.3　公众出行服务的数据整合需求

公众对综合交通信息服务的需求如下：

（1）出行信息的基本需求，包括出发时间选择、使用何种交通工具、出行的路径选择，包括会影响到的天气、沙尘、道路拥堵、交通管制等信息。

（2）乘用不同交通方式的信息需求，包括城市公交、地铁、出租、长途大巴、飞机、汽车、轮船、自驾、骑行等所需的公交站、票价等的信息。

（3）节假日交通信息需求分析，包括节假日交通临时的交通组织措施、旅游区交通信息、停车信息（停车场开放/关闭信息，车位信息）、进出城市高速公路流量预测信息等信息。

（4）货运信息服务需求分析，即公众对货运信息的需求，主要包括物流企业信息运输价格、新闻、公告、职业培训和政策法规等。

13.2.3　业务功能分析

本项目是综合交通共享和服务项目的支撑项目，服务的对象包括行业管理者、决策者和社会公众，本数据中心要实现业务数据的采集、管理、分析和应用，为综合交通提供数据支持，因此，本项目要实现的业务功能有：

（1）标准制定功能。对综合交通信息资源进行分析整理，对数据资源分类、信息源、数据元标准定义以及数据样式定义等给出规范，形成统一的、层次化的、符合业务结构的综合交通信息资源整合数据组织规范，为全省交通信息资源的整合奠定基础。

（2）数据支撑功能。以业务应用为导向，利用数据交换中间件等手段，建设全省综合交通信息资源的共享交换平台。平台包括对全省综合交通信息资源的统一采集，实现交通运输行业与公安、气象、旅游、铁路、民航、测绘等部门间信息的交换，满足各行业和社会公众的数据需求。

（3）数据管理功能。对于不同来源的数据，按照数据的不同类别进行分类存储，并对数据的质量、持续更新等进行管理，本项目建设全省综合交通信息资源库，实现对各种异构数据的统一管理。

（4）数据挖掘和应用功能。数据的整合是为了使其得到更充分、有效的利用，本项目建设综合交通数据分析和展现平台，实现了部分综合交通统计分析数据的应用，为行业管理者、决策者提供数据服务。

13.2.4　业务流程分析

综合交通信息数据中心的数据业务流程如图 13－1 所示。

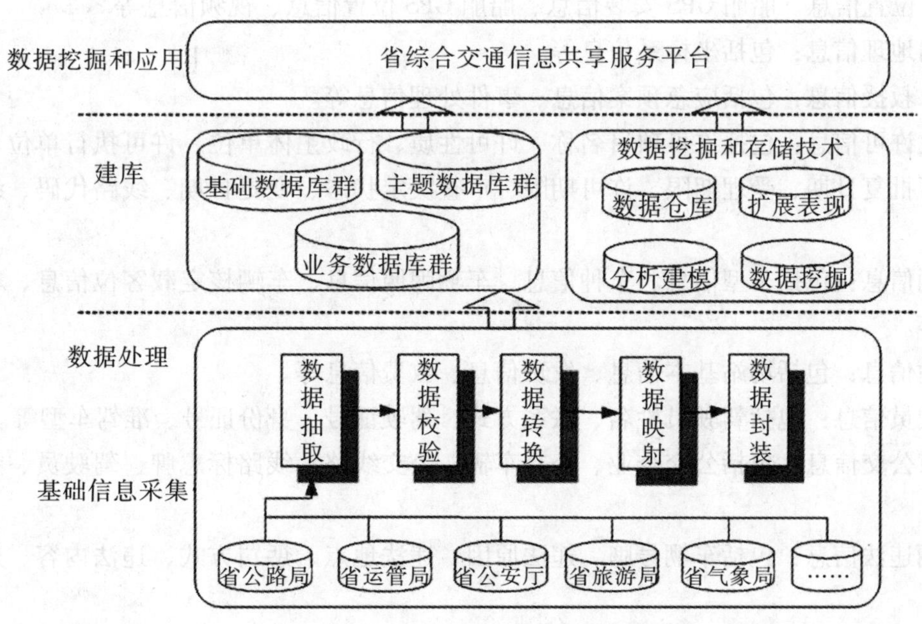

图 13－1　数据业务流程图

13.2.5 业务量分析与预测

交通综合数据中心通过数据共享交换平台采集各类综合交通业务信息资源，随着各业务系统的建设和纵横向数据的整合与共享，数据中心加工、处理和存储的信息数据量将越来越大，所产生的业务量也会越来越大。本数据中心的业务量主要表现在数据交换与共享和用户并行访问等操作上。

通过搜集到的政府公开网站和已建成的地图服务网站的流量分析结果以及各个政务管理部门对综合交通信息服务平台的业务需求分析预测，本项目建成以后的用户平均日访问量约为20 000次，而用户并行访问量将出现峰值波动，日常高峰时段并发访问量会达到1 500～2 000人次左右，遇到节假日、旅游旺季或者突发事故时，该系统的访问量将会出现大幅度的增长，预计峰值将达到5 000人次以上，为了防止突发情况，在系统设置中预留计算服务器并行接口，能够加建应用计算服务器，提高峰值并行访问容量到1万人次。

13.2.6 系统信息需求分析

本数据中心要实现对数据的统一梳理和整合，其主要需要的数据信息包括：

公路基础信息：包括普通公路和高速公路的名称信息、编号信息、技术等级信息、起止地名信息、境内总长信息、各控制点里程桩号信息、路段起终桩号信息、路基路面宽度信息、路面类型信息、完好程度信息、行政区划信息等。

监控信息：包括视频摄像头信息、图像信息、视频信息、交通量信息、GPS安装信息、GPS位置信息、船舶GPS安装信息、船舶GPS位置信息、视频信息等。

空间地理信息：包括坐标系信息等。

应急救援信息：包括应急预案信息、事件处理信息等。

行政许可信息：包括许可项目名称、许可性质、行政主体单位、许可执行单位、批复号、许可批复日期、受理期限、许可期限、审查决定状态、变更日期、线路代码、线路名称等。

车辆信息：包括车型信息、车种信息、车辆牌照信息、车辆核定载客位信息、车辆吨位信息等。

场站信息：包括场站基本信息、发班信息、收费信息等。

驾驶员信息：包括驾驶员姓名、联系方式、驾驶证号、身份证号、准驾车型等。

城市公交信息：包括公交企业、公交车辆、公交线路、线路标志牌、驾驶员、乘务员信息等。

车辆违法信息：包括车辆号牌、违法原因、违法地点、惩罚方式、违法内容、处罚对象等。

事故信息：包括事故发生时间、发生地点、事故类型、事故造成伤害等。

路产案件信息：包括立案理由、案件来源、案件发生时间、案件发生地点、处罚对象、违法类型等。

港口信息：包括港口名称、港口行政区划、河流名称、库场名称、库场容量、码头泊位等。

航道信息：包括航道名称、航段数目、航段里程、航段水深、航段宽度等。

航线信息：包括航线名称、航线代码、航线途经航区等。

跨河建筑物信息：包括跨河建筑物类型、跨河建筑物名称等。

船舶信息：包括船名、航区代码、船舶呼号、船舶价值、船舶所有人、船舶所有人联系电话等。

船员信息：包括船员姓名、船员身份证号、船员联系电话、所在单位、船员培训证编号、批准人等。

铁路信息：包括线路起始站点、终止站点、中途站点、线路里程信息、列车时刻表、列车正晚点、货物运价、票价、售票代售点、售票时间、车票余票等。

旅游信息：包括旅游管理及服务部门信息、景区（景点）信息、星级饭店信息、旅行社信息、各地重点节庆会展信息、旅游住宿接待设施和接待情况、旅游接待人数统计、旅游市场信息统计、小长假旅游自驾车接待情况、旅游投诉与监督信息、旅游应急救援信息等。

民航信息：包括机票余票、票价、线路等。

13.2.7　系统功能需求分析

综合交通信息数据中心，是依托综合交通各行业的业务系统，整合各异构数据使之可以共享交换，以为决策者、管理者和社会公众提供信息支持，应满足以下功能需求。

13.2.7.1　数据共享交换功能需求

通过综合交通数据共享交换平台的建设，实现对不同来源、不同结构数据的统一采集，按照数据的不同类别、不同主题分类存储，并根据各单位、部门需求的不同，实现数据的共享、交换。

13.2.7.2　数据有效处理、存储功能需求

对交换的数据要有效地分析处理，按数据的不同种类、不同应用对数据进行有效的处理，并进行有效存储，以方便数据得到更充分的利用。

13.2.7.3　数据服务功能需求

依托信息资源库，采用各种技术手段，通过一系列应用系统，为决策者、行业管理者和社会公众提供实时、准确的综合交通信息，以提高综合服务水平和行业管理水平。

13.3 项目目标和任务

13.3.1 项目目标

本项目的总体建设目标是：紧紧围绕国家桥头堡建设和服务于“大交通、大物流、大通道”的发展思路，以“智慧交通”为理念，以服务“决策者、行业管理者、社会公众”为目标，建设综合交通数据中心，实现综合交通信息快速汇聚交换和统一管理，通过多渠道、多方式实现对政府管理部门、社会公众的及时、准确、可靠的数据服务。

13.3.2 项目任务

本项目遵循行业标准、数据标准进行，建设统一规范的综合交通数据心，实现数据的采集、清洗、传输、挖掘和分析，为行业管理者、决策者和社会公众提供数据支撑。本项目的建设任务：主要建设一个云计算、云存储中心；一套信息资源库，包括十大基础数据库和四大主题数据库；两个平台即综合交通数据共享交换平台和综合交通数据分析和展现平台；三个标准规范即综合交通数据资源采集指标体系、综合交通信息资源目录标准和综合交通数据共享交换接口标准；一个安全和配套体系，即网络系统、安全系统和应用支撑软件等。本项目睥结构如图 13－2 所示。

综合交通数据中心建设内容具体包括：

——建设标准规范：综合分析交通运输行业和相关行业信息资源，开展整体的信息资源规划，结合各单位业务实际和交换共享的实际需求，研究确定信息采集的指标和方法，为本项目工作奠定基础。

——建设综合交通数据共享交换平台：实现对综合交通信息的统一采集、存储和管理，并将数据及时推送给行业管理和决策部门，使管理决策者及时掌握行业运行的动态和趋势，并将有关数据共享、交换给省内其他厅（局、委）使用，同时为公众出行提供及时、准确的信息。

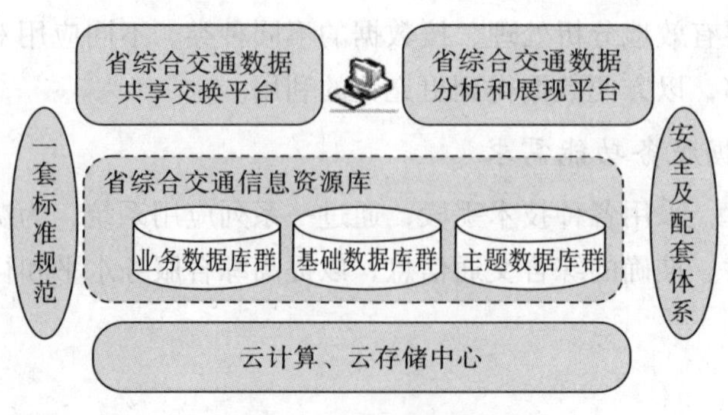

图 13－2　项目结构图

——建设综合交通信息资源库：整合交通运输行业信息资源，同时通过多种方式共享政务、公安、气象和旅游等其他各行业相关数据，建设综合交通信息资源库，包括基础数据库和主题数据库，为综合交通共享和服务平台提供数据支撑。

——建设综合交通数据分析和展现平台：依托信息资源库深入挖掘、分析数据，为行业管理部门、政府主管部门和省内其他行业主管部门提供数据支持服务，提高交通运输信息化的水平和行业管理的水平。

——建设云计算、云存储中心：建设云计算中心和云存储中心，满足数据中心对数据处理、存储和备份的需求，保证数据中心正常、稳定运转。

——建设安全及配套体系：本项目新配置数据交换中间件、报表中间件、数据库管理系统、操作系统等，为数据中心提供支撑保障。

13.4　总体框架

13.4.1　总体框架设计

本次综合交通信息数据中心通过对综合交通信息资源进行梳理，使用综合交通数据共享交换平台采集数据以建设完善的信息资源库，为各应用系统提供数据支撑，并实现信息在各行业间的交换共享。按照系统建设目标和建设内容，本项目的总体架构如图 13－3所示。

13.4.1.1　网络支撑层

网络支撑层为本项目数据的网络传输提供支撑服务。本项目依托行业专网，整合行业内的信息资源；依托电子政务网，实现横向行业间数据的交换、共享；依托互联网，实现对综合服务数据的交换、共享。

13.4.1.2　基础支撑层

基础支撑层为数据中心的建立提供必要的软、硬件支持，包括应用支撑平台、云计算和存储中心以及安全系统等。

13.4.1.3　数据交换共享平台

数据交换共享平台实现信息资源的统一采集，经过一系列的转换形成标准的格式存储，并根据行业各单位的需求，实现行业内、横向单位之间数据的交换共享。

13.4.1.4　信息资源库层

整合各行业、各单位信息，按照整合后信息资源的需求及用途的不同，建设信息资源库，实现对综合交通信息的统一管理，支撑各应用系统。

13.4.1.5　信息应用层

信息资源的收集是为了更好地应用，本项目采集信息资源主要的应用方式是综合交通信息服务平台和综合交通运输协同执法平台等应用系统。

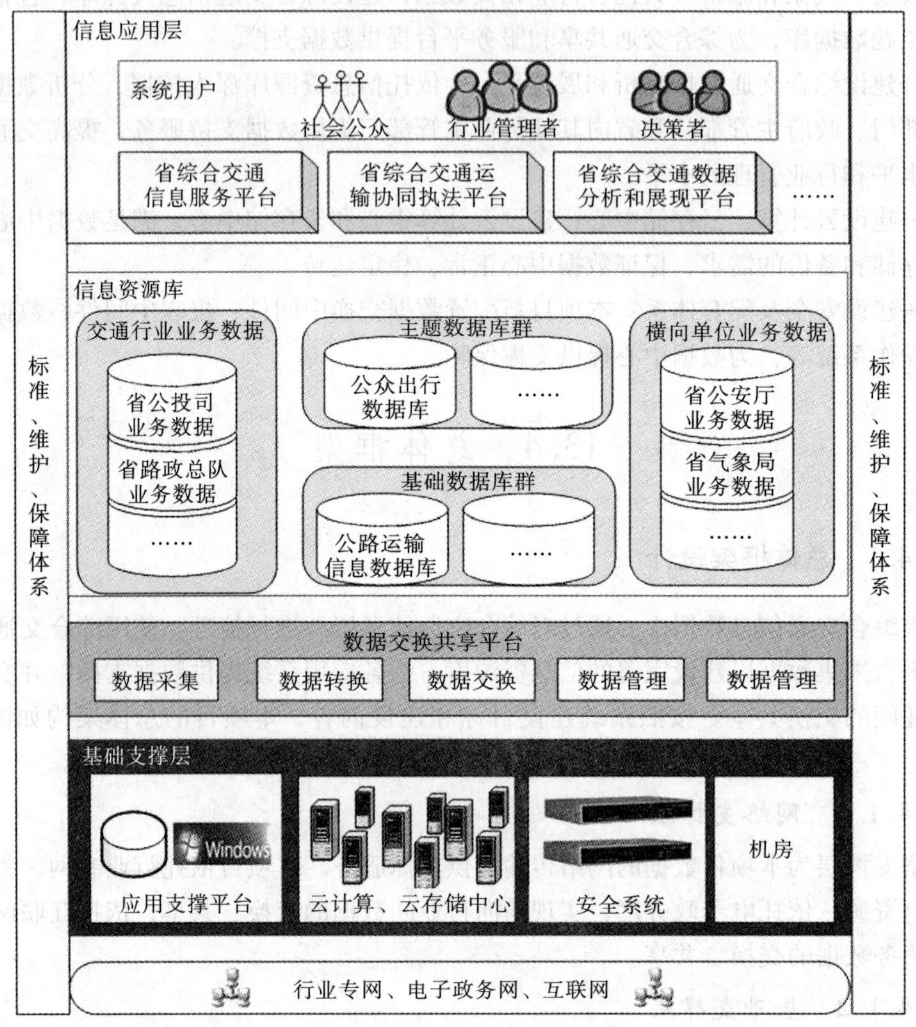

图 13－3　项目总体架构图

13. 4. 1. 6　标准、维护、保障体系

为保障数据中心正常、稳定、高效地运转，需要一系列的保障措施来支撑项目，包括标准化体系、维护体系等。

13. 4. 2　实施路线设计

综合交通信息数据中心建设，是从各数据源提取数据，并对数据进行分析、存储和应用，其建设步骤如图 13－4 如示。

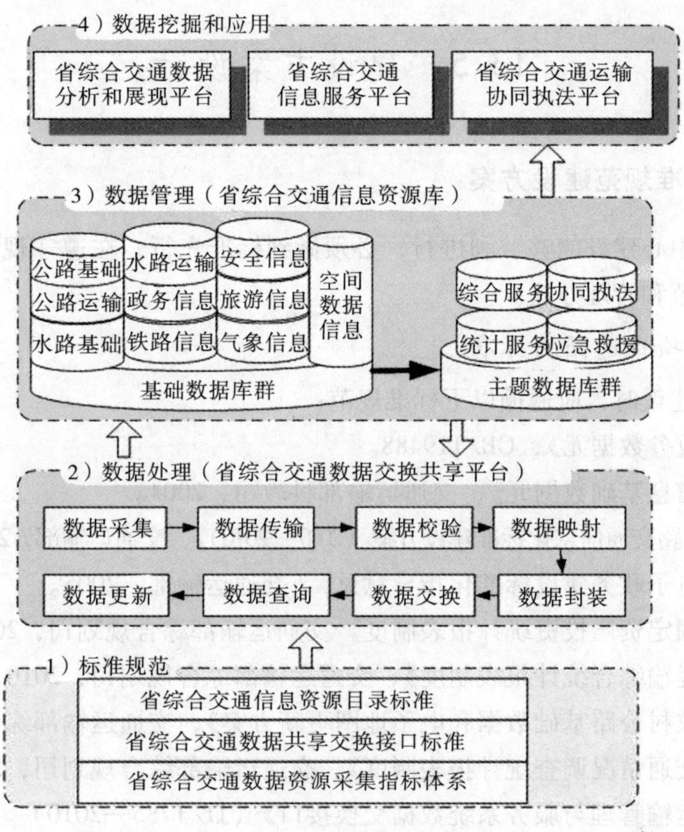

图13-4　项目实施路线图

13.4.2.1　制定标准规范

由省交通运输厅牵头建立信息资源标准规范，各单位对部门内的业务数据根据标准进行梳理。

13.4.2.2　建设数据共享交换平台

数据共享交换平台进行数据的处理，实现数据的抽取、校验、转换、映射和封装。

13.4.2.3　建设信息资源库

信息资源库实现对各行业信息资源的统一存储和管理。

13.4.2.4　数据挖掘和应用

数据挖掘和应用实现各类数据的多渠道发布，以服务于行业管理者、决策者和社会公众。

同时，要对上述各步骤的硬件、软件环境进行建设，保证上述各步骤能顺利进行。

13.5 建设方案设计

13.5.1 标准规范建设方案

为保证数据中心建设能够顺利进行，必须做到标准先行，在遵守现有标准的基础上，制定相关标准规范和管理办法。

13.5.1.1 项目遵循的标准

本项目标准建设时，应遵循以下标准规范：

（1）《电子政务数据元》，GB/T19488。

（2）《交通信息基础数据元》，交通运输部科教司，2004。

（3）《公路水路交通信息化标准建设方案（2007—2010）》，交通运输部，2007年。

（4）《交通电子政务建设标准化指导意见》，交通运输部，2005。

（5）《交通固定资产投资统计报表制度》交通运输部综合规划司，2010。

（6）《交通运输综合统计报表制度》，交通运输部综合规划司，2010。

（7）《全国农村公路基础数据和电子地图更新方案》，交通运输部综合规划司，2008。

（8）《公路交通情况调查统计报表制度》，交通运输部综合规划司，2008。

（9）《道路运输管理与服务系统数据交换接口》（JT/T785—2010）。

（10）《公路养护统计报表制度》，交通运输部公路局，2008。

（11）《收费公路统计制度》交通运输部公路局，2008。

13.5.1.2 需新建设的标准

本次工程须按照国家、交通行业相关标准、规范，同时结合工程建设的实际需要，制定工程建设实施需要补充的相关标准规范，主要包括：

（1）综合交通数据资源采集指标体系。

为明确数据中心所抽取数据的内容和范围，首先应建立数据资源采集指标体系，研究明确交通运输行业、横向单位的数据采集指标，从而指导数据采集工作正常运行。

（2）综合交通信息资源目录标准。

研究明确信息资源目录相关标准，包括信息资源分类标准、信息资源编码规范、目录编制指南等，为信息资源目录服务提供支持。

（3）综合交通数据共享交换接口标准。

研究明确与公安、气象、旅游、铁路、民航、基础地理信息中心等数据分中心的数据交换接口标准，同时研究明确为将来与其他横向单位、省、部等部门之间的数据交换共享接口标准，主要规定上述接口标准采用的接口方式、传送方式等方面内容。

13.5.2　综合交通数据交换共享平台建设方案

13.5.2.1　平台架构设计

通过采集省交通运输厅、省公安厅、省基础地理信息中心、省气象局、省旅游局、铁路局各部门的数据，经过汇总和整合，形成信息资源库，并实现各单位数据的共享和交换。整个平台总体架构如图 13－5 所示。

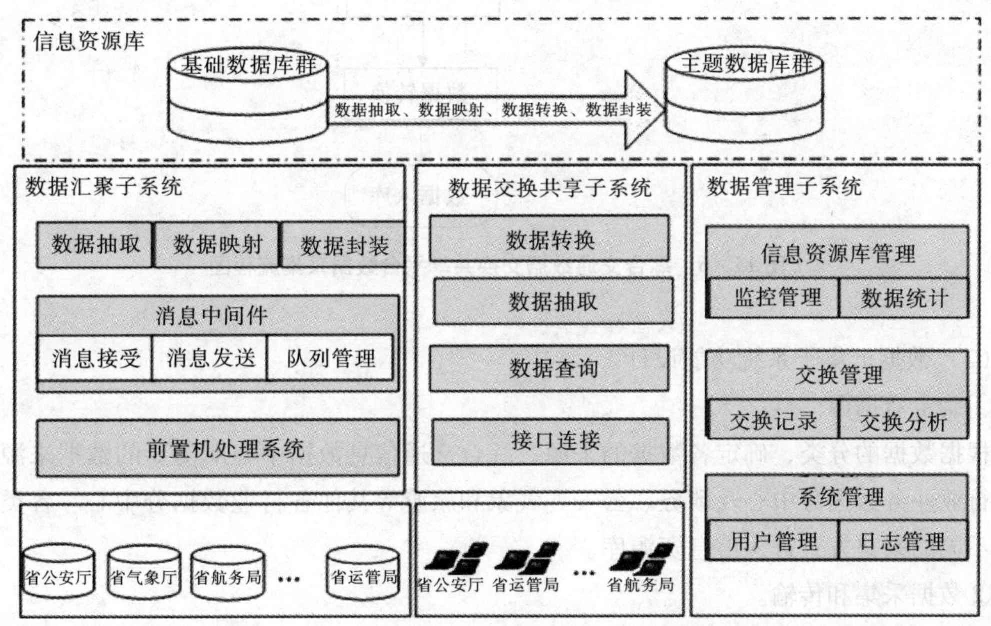

图 13－5　综合交通数据交换共享平台总体架构图

数据汇聚子系统将各单位业务数据采集并汇聚到信息资源库的基础数据库群中，通过梳理、分析基础数据库中的数据，形成主题数据库群。数据交换共享子系统实现各单位数据的交换共享。数据管理子系统负责对信息资源库、交换和系统的管理。

13.5.2.2　数据汇聚子系统设计方案

本子系统主要实现数据的采集、转换和存储。

（1）数据汇集流程。

本子系统实现各单位的业务数据的统一采集，数据采集的流程如图 13－6 所示。

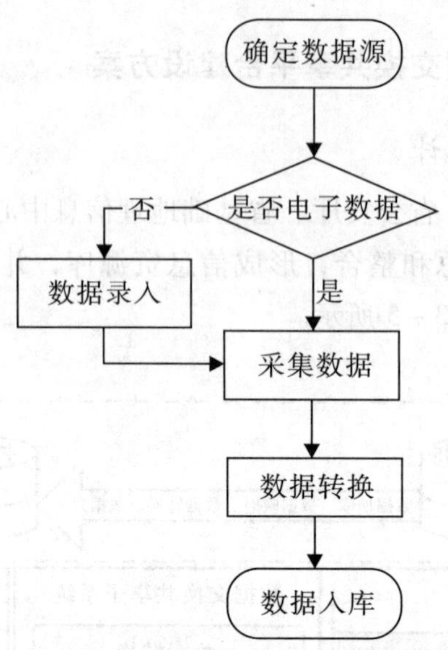

图 13－6　综合交通数据交换共享平台数据采集流程图

（2）数据汇集子系统功能设计。

①确定数据源。

根据数据的分类，确定各数据的来源。综合交通信息数据中心所需要的数据来源于交通各行业业务数据分中心及政务、公安、气象和旅游等其他各行业数据分中心。各类数据通过不同的采集方式进入信息资源库。

②数据采集和传输。

确定数据源以后，在规定的时间内，对数据进行采集，数据采集有多种方式。

A. 数据交换中间件导入：对于业务系统中已有的数据，通过消息中间件直接抽取数据。

B. 人工采集：对于目前缺乏的数据，采用人工重新采集的方式来完成。

数据的传输由消息中间件完成，消息中间件实现数据的发送、接收，队列的管理，节点的配置和管理等功能。

③数据转换。

数据转换对数据质量问题进行分析，确保所采集到的数据准确、可用，并进一步对数据进行处理，使之满足数据存储及应用的需要。它主要提供数据校验、数据映射和数据封装功能。

A. 数据校验是对数据的质量进行检查。由于采集设备误差、数据不规范等客观原因，可能会造成采集到的数据存在质量问题，因此需要对数据进行校验、对数据质量问题进行分析，确保所采集到的数据准确、可用。通过检验的数据，按照不同的类别存入信息资源库。未通过校验的数据，由平台返回数据源，并通知其进行更改。

B. 数据映射是将数据映射到数据库的过程。按照映射规则进行映射，其中映射规则可以手动配置，也可以根据双方的数据模型自动生成。

C. 数据封装是根据数据的不同类型，按要求的数据标准、格式，分类存入不同的数据库中。

④数据入库。

数据入库将通过审核、符合整合数据组织规范要求的数据统一存储到信息资源库。根据数据的不同类别，分类存储到基础数据库中。

基础数据库中的数据通过数据整理、挖掘、分析，按照不同的应用分为不同的主题存入主题数据库中。

⑤数据更新。

为保证数据的持续可用性，要对数据进行及时、准确的更新，数据的更新频率有以下几种：

实时更新。对于道路拥堵状况、车票余票等实时性要求较高的数据，采用实时更新的方式。

按需更新。对于公路路线信息、路产信息、统计信息等，采用按需更新的方式。按需更新可分为每天、每周、每月、每年或者不定期更新。

13.5.2.3　数据交换共享子系统设计方案

（1）数据交换共享分析。

综合交通信息的交换共享包括交通运输行业内和横向行业间的共享。

①交通运输行业数据交换共享。

交通行业内交换共享的内容如下表 13－1 所示。

表 13－1　交通行业内交换共享的内容表

序号	单位	交换共享数据
1	省公路局	公路基本地理信息和交通基本地理数据； 公路构造物、路口属性信息、沿线设施信息、服务设施信息等公路基础属性信息； 交通量、平均车速、车流密度等信息；
2	省公投公司	高速公路基本地理信息； 高速公路沿线设施信息、收费站点信息、收费数据信息； 高速公路路段视频监控信息、可变情报板信息； 交通量、平均车速、车流密度等信息；

续 表

序号	单位	交换共享数据
3	省运管局	长途班线线路信息、客运站信息、票务信息； 驾校信息、驾驶员信息； 车辆信息、源头治超类信息； 道路运输 GPS 监控信息，两容一危车辆信息等。
4	省路政总队	公路路产类信息； 路政巡逻车辆 GPS 监控信息； 路产路权案件信息，执法人员信息，治超信息等。
5	省航务局	港口（码头）、航道等基本地理数据信息； 船舶信息； 航道空间地理信息等。

②横向行业数据交换共享。

横向行业之间的数据需求也明显，如旅游局需要气象局的气象信息、公安厅需要交通运输厅的高速公路视频联网信息、气象局需要公路线路信息等，本数据共享和交换平台同时也能满足行业间的数据共享需求。

行业间共享的内容如下表 13－2 所示。

表 13－2　行业间共享的内容表

序号	单位	共享数据
1	省交通运输厅	公路、水路基本信息，公路、水路空间地理信息； 营运车辆信息，船舶信息，客运站、货运站信息； 公路执法案件信息等。
2	省公安厅	营运车辆落户信息； 驾驶员信息； 公路沿线违法案件信息； 城市交通监控信息等。
3	省气象局	公路沿线气象信息； 公路沿线气象预警信息等。

续　表

序号	单位	共享数据
4	省旅游局	公路沿线旅游景点信息、景区信息； 节假日旅游景点预测信息；
5	省基础地理信息中心	全省公路水路底图信息等。
6	铁路局	列车线路信息、途经站点信息； 票务信息、票价信息等。
7	民航	飞机航班、票务等信息。

（2）数据交换共享方式设计。

数据的共享交换有两种方式。

①行业内数据交换共享方式。

本项目使用中间件将行业内所需共享交换的数据整合落地到信息资源库，再通过本平台对各部门间需交换的方式进行统一共享交换，如下图 13 －7 所示。

在行业内各单位部署前置机，按照需要数据的格式，先将各业务系统的数据抽取到前置机，再通过本平台传输到信息资源库中。交换共享时，由各部门通过本平台提出数据请求，然后由平台根据不同的需求将数据反馈给各部门。

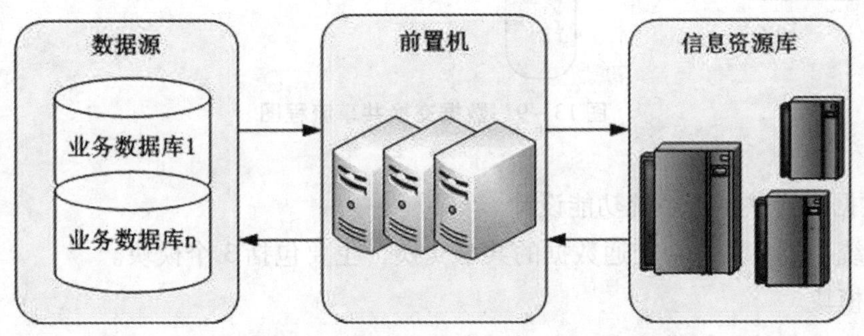

图 13 －7　行业内数据交换共享方式图

②横向部门间数据交换共享方式。

横向部门间的数据共享交换统一采用请求—响应的方式，如下图 13 －8 所示。

在各行业部署前置机，由数据提供方将各行业的数据放置在前置机上，当数据需求方需要共享数据时，首先向本平台提交请求，平台接收到请求以后按照用户的要求进行查询前置机，将查询到的结果通过平台反馈给数据需求方。

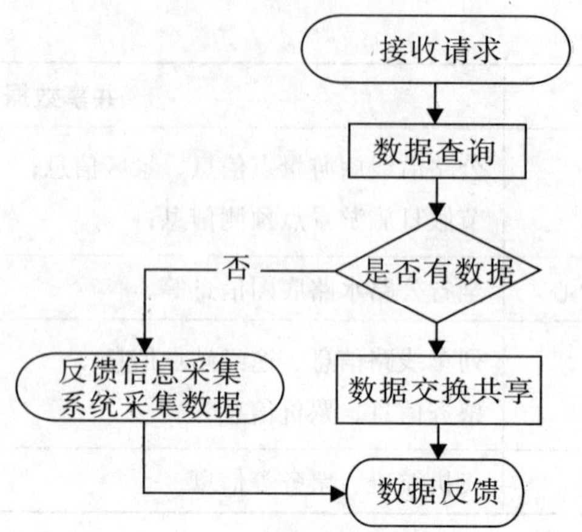

图 13－8　行业内数据交换共享方式图

（3）数据交换共享流程。

数据交换共享主要是由各单位提出请求，由交通共享子系统接收请求并响应，交通共享数据的具体流程所图 13－9 所示。

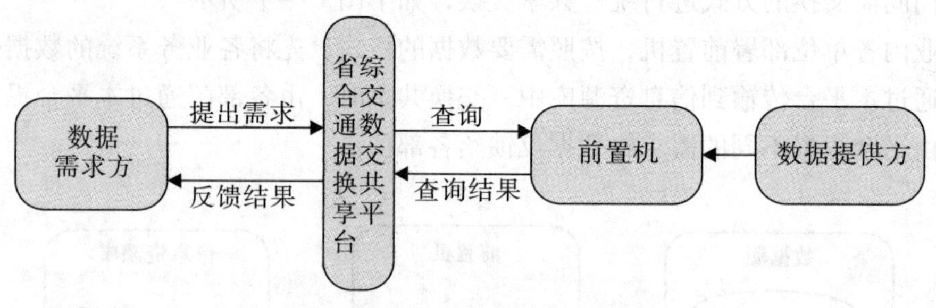

图 13－9　数据交换共享流程图

（4）数据交换共享子系统功能设计。

本子系统主要负责综合交通数据的共享交换，主要包括 3 个模块。

①接口模块。

接口模块为各单位提供接口，实现平台与各应用系统的互联。各单位提出数据交换共享请求后，由本模块接受请求，同时将请求传送给查询模块。在平台完成数据交换功能后，由本模块将数据反馈给各单位。

A. 与其他行业接口。该接口功能为获取其他行业的综合交通信息，并完成行业间的综合信息的交换共享。该接口主要是与省公安厅、省气象局、省旅游局、省基础地理信息中心和铁路局的接口。该接口为外部接口、双向接口，技术实现方式为 Web Service 或者 XML 文件。

B. 与交通运输行业内各单位接口。该接口功能为获取交通运输行业内的信息，并提供综合交通信息在行业内的交换共享。该接口为内部接口、双向接口，技术实现方式是

Web Service。

②查询模块。

该模块主要实现对各类数据的查询。接收到用户的请求后，首先区分是交通行内业的共享交换还是行业间的共享。

如果是行业内的共享交换，由本模块实现对数据的查询，将查询到数据地址传送给数据交换模块；若没有用户要求的数据，反馈给数据采集系统进行数据的采集，同时反馈用户。

如果是行业间的共享，由本模块实现对数据的查询，并直接将查询到的结果反馈给用户。

③数据交换模块。

本模块实现对各单位各类数据的交换共享。

对于行业内的交换共享，通过使用数据交换中间件实现数据的抽取，并将抽取到的数据传送给接口模块，再由消息中间件将数据反馈给用户，完成数据交换。

对于行业间的数据共享，通过对数据的查询，并将结果反馈给用户。

13.5.2.4　数据管理子系统设计方案

本子系统实现对数据交换共享平台和信息资源库的管理，主要包括3个功能模块。

（1）信息资源库管理模块。

实现对信息资源库中数据的管理。

①监控管理，对信息资源库中的数据进行监控，对未按时间更新数据的单位给以提示，对长时间不更新数据的单位以短信、邮件等方式进行提醒。

②数据统计，对信息资源库中的数据进行统计，按行政职能对各部门采集的数据进行统计。

（2）交换管理模块。

对各单位间的数据交换共享过程进行管理。

①交换记录，对每一次交换的单位、数据、时间等进行详细的记录，以方便对交换共享进行统计。

②交换分析，根据交换记录进行统计分析。

（3）系统管理模块。

对系统进行管理。

①用户管理：对用户的权限、密码、身份认证等进行管理。

②日志管理：记录系统在使用过程中的重要运行信息，为管理者提供交换数据的日志。

13.5.3　综合交通信息资源库建设方案

综合交通信息存储在信息资源库中，信息资源库的建设分三个步骤：

梳理数据，按照所建立的《综合交通数据资源采集指标体系》对所需要的数据进行梳理；通过共享交换平台进行数据的抽取；按照数据的不同种类，对数据进行分类存储。

13.5.3.1 信息资源库总体设计

为了满足各应用系统的需要，根据信息资源不同的来源、类别和应用等，本信息资源库主要建设完善“十”类基础数据库和“四”个主题数据库。本项目设计信息资源库如图 13－10 所示。

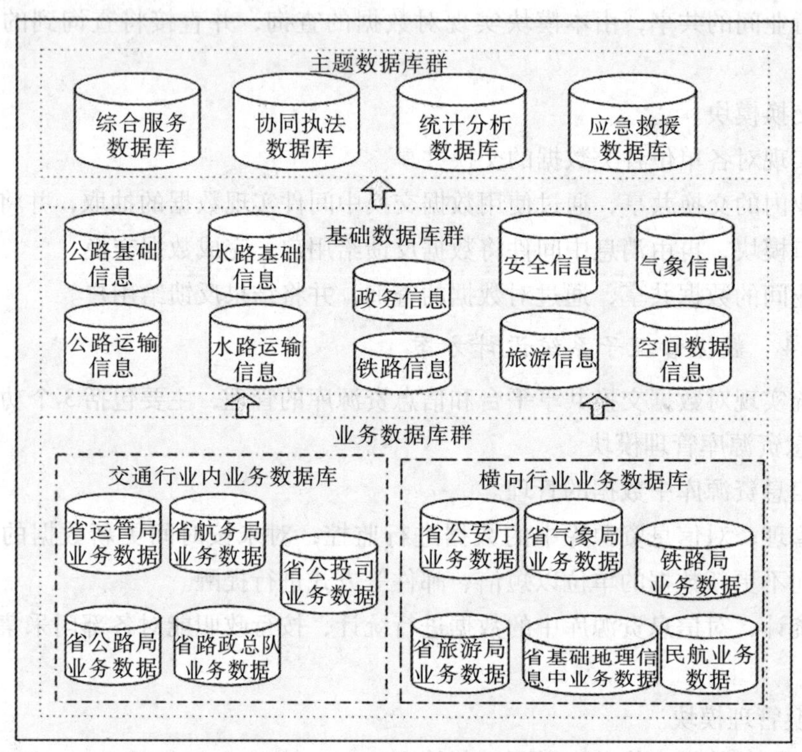

图 13－10　信息资源库总体架构图

综合交通信息资源库是依据信息资源采集指标体系而建，业务数据库群按照业务职能划分，分为交通行业内业务数据和横向行业业务数据。

基础数据库群是在业务数据库群的基础上，按照不同的分类整合、新建而成，是主题数据库的基础。

主题数据库群是依托基础数据库群，以应用为目的，按照不同的主题，形成针对某一主题的综合数据支持库。

13.5.3.2 业务数据库群设计方案

业务数据库群是根据各行业、部门的职能不同而划分的。

（1）交通运输行业业务数据库。

交通运输行业根据行业内职能的不同，共划分为五个业务数据库，分别是省运管局业务数据库、省航务局业务数据库、省公路局业务数据库、省路政总队业务数据库和省公投司业务数据库。

（2）横向管理部门业务数据库。

横向管理部门根据不同行业，共划分为六个业务数据库，分别是省公安厅业务数据库、省气象局业务数据库、省旅游局业务数据库、省基础地理信息中心业务数据库、铁路局业务数据库和民航业务数据库。

因为目前各行业、部门均建立了业务系统，积累了业务数据，所以，本项目不再单独建设业务数据库。

13.5.3.3　基础数据库群设计方案

（1）公路信息基础数据库。

公路基础信息包括高速公路、国省干线公路相关的基础信息和沿线设施等信息，其数据由省公路局业务数据库、省公投司业务数据库、省路政总队业务数据库和省公安厅业务数据库提供，具体结构如图 13－11 所示。

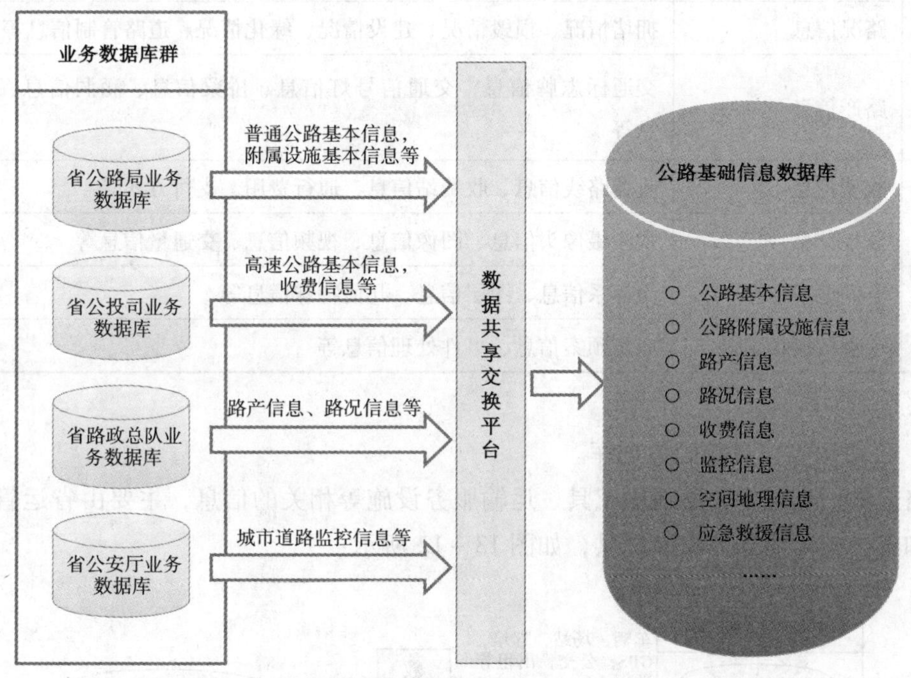

图 13－11　公路信息基础数据库结构图

公路信息基础数据库中的数据具体如表 13－3 所示：

表 13－3　公路基础信息表

序号	数据集	说明
1	路线基本信息	编号、技术等级、线路代码、名称、起目地名、境内总长、行政区划起止桩号、里程等
2	路面基本信息	路面状况、路面抗滑、路面弯沉、路面综合等
3	桥梁基本信息	桥梁代码、名称、性质、类别、总长、宽度、航通等级、建筑面积、桥墩类型、抗震等
4	隧道基本信息	隧道代码、名称、性质、类别、总长、宽度、航通等级、建筑面积等
5	涵洞基本信息	涵洞代码、名称、性质、类别、总长、宽度、航通等级、建筑面积等
6	定位控制点信息	里程桩、基准点、主控点、参照点等定位控制点基本信息
7	路口基本信息	互通立交、道口、交叉口等属性信息
8	公路沿线设施信息	交通标志、标线、交通信号灯、安全设施信息等
9	公路服务设施信息	停车场、服务区、维修厂、医院、加油站等沿线设施信息
10	路况信息	拥堵情况、损毁情况、建设情况、绿化情况、道路管制信息等
11	路产信息	交通标志牌信息、交通信号灯信息、桥梁信息、涵洞信息、隧道信息等
12	收费信息	收费路线信息、收费站信息、通行费用、支付方式等
13	监控信息	视频摄像头信息、图像信息、视频信息、交通量信息等
14	空间地理信息	坐标系信息、图层信息、几何特殊信息等
15	应急救援信息	应急预案信息、事件处理信息等

（2）公路运输信息基础数据库。

公路运输信息包括公路运输工具、运输服务设施等相关的信息，主要由省运管局业务数据库和省公安厅业务数据库提供，如图 13－12 所示：

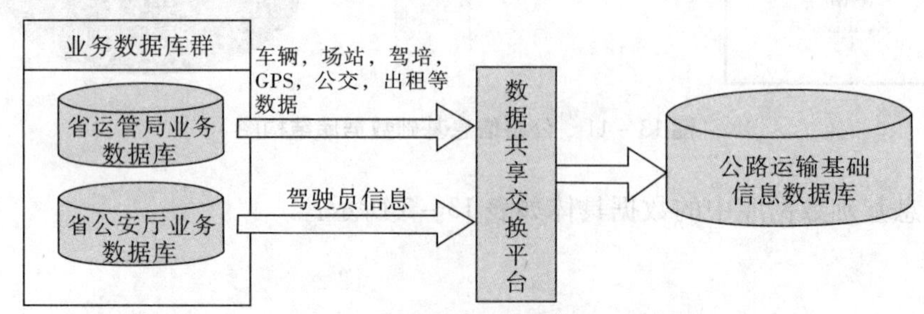

图 13－12　公路运输信息基础数据库结构图

公路运输信息基础数据库中的具体内容如表 13－4 所示：

表 13－4　公路运输基础信息表

序号	数据集	说明
1	营运车辆信息	车型信息、车种信息、车辆牌照信息、车辆核定载客位信息、车辆吨位信息等
2	场站信息	场站基本信息、客运站信息、货运站信息等
3	客运信息	发班次数、实载旅客数、始发站点、经停站点、票务信息等
4	物流信息	车源信息、货源信息、仓储信息、物流园区信息、小件快运信息等
5	驾驶员信息	驾驶员姓名、联系方式、驾驶证号、身份证号、准驾车型等
6	监控信息	GPS 安装信息、GPS 位置信息、视频监控信息等
7	驾培类信息	驾培学校基本信息、人员情况、教练车型、教练员基本信息等
8	出租车服务信息	出租汽车驾驶员信息、出租汽车车辆信息、出租汽车企业信息、GPS 监控指挥、电召服务、动态监管稽查、服务质量监督考评、浮动车交通信息、驾驶员营运收入、里程利用率等
9	公交信息	公交企业、公交车辆、公交线路、线路标志牌、驾驶员、乘务员信息等
10	公路执法信息	案件编号、投诉车牌号、时间、发生地址、当前状态、结案信息、行政复议信息等

（3）水路基础信息基础数据库。

水路基础信息是境内各水系的航道、码头等的基础信息，主要由省航务局业务数据库提供，其具体内容如表 13－5 所示：

表 13－5　水路运输基础信息表

序号	数据集	说明
1	港口信息	港口名称、港口行政区划、河流名称、库场名称、库场容量、码头泊位等
2	航道信息	航道名称、航段数目、航段里程、航段水深、航段宽度等
3	航线信息	航线名称、航线代码、航线途经航区等
4	水路建筑物	跨河建筑物类型、跨河建筑物名称、交通标志牌等
5	监控信息	船舶 GPS 安装信息、船舶 GPS 位置信息、视频信息等
6	应急救援信息	应急预案信息、事件处理信息等

（4）水路运输信息基础数据库。

水路运输信息包括水路运输工具等相关的信息，主要由省航务局业务数据库提供，其具体内容如表 13－6 所示：

表 13－6　水路运输信息表

序号	数据集	说明
1	船舶信息	包括船名、航区代码、船舶呼号、船舶价值、船舶所有人、船舶所有人联系电话等
2	船员信息	包括船员姓名、船员身份证号、船员联系电话、所在单位、船员培训证编号、批准人等
3	监控信息	GPS 安装信息、船舶运行轨迹信息等

（5）政务信息基础数据库。

政务信息包括政务公开、政策法规、管理人员等相关的信息，其具体内容如表 13－7 所示。

表 13－7　政务信息表

序号	数据集	说明
1	政务公开信息	包括政府职能、行政权力、政务流程、政府文件、重大决策、政务公告信息等
2	政策法规信息	包括国家、部、省、厅的政策法规信息等
3	行政许可信息	包括许可项目名称、许可性质、行政主体单位、许可执行单位、批复号、许可批复日期、受理期限、许可期限、审查决定状态、变更日期、线路代码、线路名称等

13.5.3.4　主题数据库群设计方案

主题数据库是对主要用于支撑综合交通共享和服务平台的应用系统的运行，本项目针对即将建设的四大应用系统（综合交通信息服务平台、综合交通运输协同执法平台、综合交通数据分析和展现平台、综合交通应急救援系统），建设四大类主题数据库，分别是综合服务、协同执法、统计分析、应急救援数据库。

使用数据仓库（Data Warehouse）技术、数据挖掘（Data Mining）技术对基础数据库中的数据进行深入分析，形成主题数据库群。

数据挖掘是指从数据库的大量数据中揭示出隐含的、先前未知的并有潜在价值的信息的非平凡过程。它利用分类、回归分析、聚类、关联规则、特征、变化和偏差分析、Web页挖掘等不同的方法，从不同的角度对数据进行挖掘。

（1）综合服务主题数据库。

综合服务数据主要由基础数据库群来提供，如图 13－13 所示。

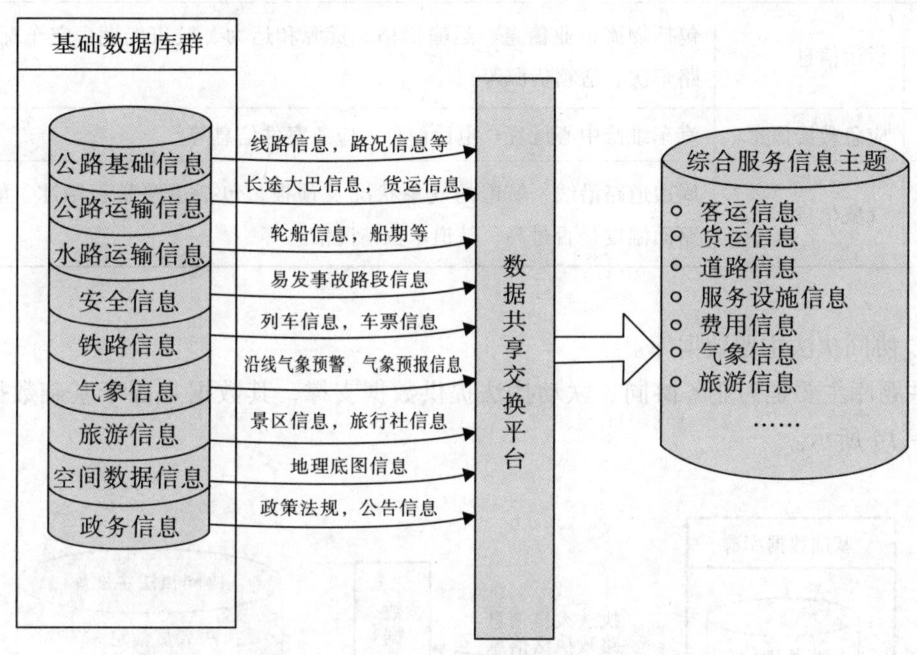

图 13－13　综合服务主题数据库结构图

综合服务主题数据库的主要内容如表 13－8 所示：

表 13－8　政务信息表

序号	数据集	说明
1	公路信息	公路位置、公路间连通关系、公路通行能力、路面状况、立交桥、高速路收费标准信息等
2	隧道信息	隧道位置、隧道长度、通行车辆限制信息等
3	桥梁信息	桥梁位置、桥梁长度、桥梁限重、过桥资费信息等
4	停车场信息	停车场位置、面积、大小、收费标准、营业时间信息等
5	加油站信息	加油站位置、收费标准、可加油品种类信息等
6	旅游景点信息	公路沿途的旅游景点位置、风景特色说明、到达这些景点的客运班线信息等

续 表

序号	数据集	说明
7	客运信息	包括城市公交、出租、长途大巴、火车、飞机、轮船等的线路、经停站、余票等信息
8	货运信息	包括物流企业信息、运输价格、货源和运力、航班船期、空车配载、铁路车次、适箱货源等
9	应急救援信息	汽车维修中心位置、电话信息、应急案件信息等
10	气象信息	周边道路沿线、航道的气象状况及预报，包括道路是否结冰、能见度、路面温度是否过高，航道水位情况信息等

（2）协同执法主题数据库。

本主题库主要是为业务协同、联动执法提供数据支撑，其数据来源于基础数据库群，如图 13 – 14 所示。

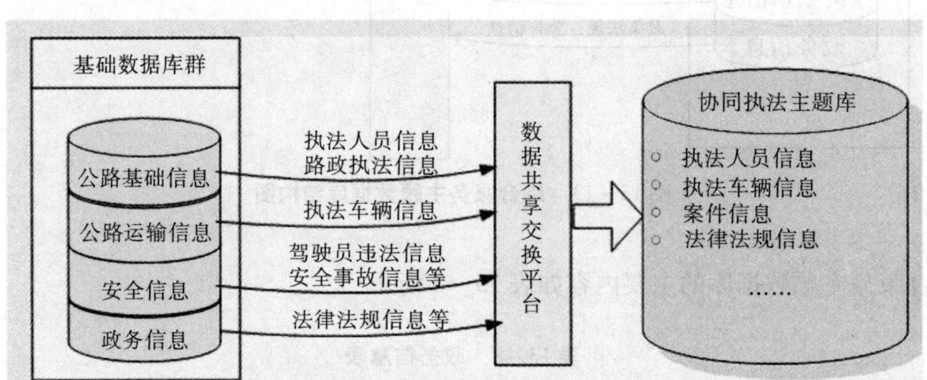

图 13 – 14　协同执法主题数据库结构图

协同执法主题库的主要内容如表 13 – 9 所示。

表 13 – 9　协同执法信息表

序号	数据集	说明
1	路产档案信息	国、省干线公路和高速公路相关的交通标志牌、交通信号灯等信息
2	路线信息	国、省干线公路和高速公路相关的线路、路面、桥梁等信息
3	客、货运信息	客运站场信息、客运信息、货运信息等
4	驾校信息	驾培学校基本信息、教练车信息、教练员信息等
5	运输从业人员信息	从业资格类别、从业资格证信息等

续　表

序号	数据集	说明
6	营运车辆信息	车型信息、车种信息、车辆牌照信息、车辆核定载客位信息、车辆吨位信息等
7	港口信息	港口名称、港口行政区划、河流名称、库场名称、库场容量、码头泊位等
8	航道信息	航道名称、航段数目、航段里程、航段水深、航段宽度等
9	船舶信息	包括船名、航区代码、船舶呼号、船舶价值、船舶所有人、船舶所有人联系电话等
10	船员信息	包括船员姓名、船员身份证号、船员联系电话、所在单位、船员培训证编号、批准人等
11	水路建筑物信息	跨河建筑物类型、跨河建筑物名称、交通标志牌等

（3）统计分析主题数据库。

本主题库主要是为给决策者和行业管理者提供数据支持，为基础数据库群提供数据，如图 13－15 所示。

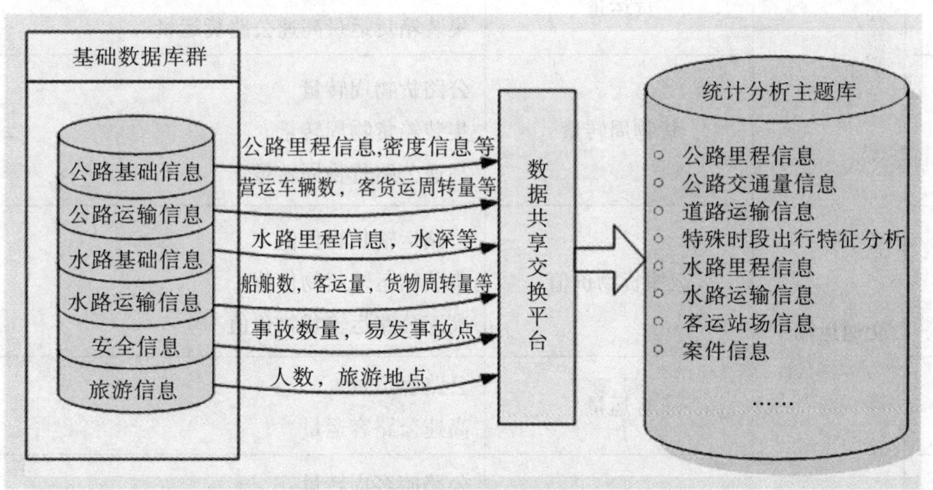

图 13－15　统计分析主题数据库结构图

统计分析主题库中数据的主要内容如表 13－10 所示。

表 13－10　统计分析信息表

序号	数据集	说明
1	公路里程信息	按技术等级、行政等级、路面类型、公路密度等分别合计公路里程信息
2	道路运输信息	机动车保有量数、营运车辆数、载货车辆数、客运周转量、货运周转量等信息
3	水路里程信息	内河通航里程、水深等信息
4	水路运输信息	船舶数、水路客运量、旅客周转量、货物周转量等
5	客运场站信息	客运车辆信息、车位利用率信息等
6	案件信息	案件数量、易发事故地点、货车超限率、客车超载率等

本主题库也为本项目要建设的综合交通数据展现和分析平台提供数据，因此对统计分析数据库中的部分内容细化如下表 13－10 所示。

表 13－11　综合交通数据展现和分析平台所需数据表

序号	数据集	数据项	说明
1	交通运输量	货运量	公路货运量 集装箱货运量高速公路货运量
2		货物周转量	公路货物周转量 集装箱货物周转量 高速公路货物周转量
3		运输货物价值	公路运输货物价值 集装箱运输货物价值 高速公路运输货物价值
4		客运量	公路客运量 高速公路客运量
5		旅客周转量	公路旅客周转量 高速公路旅客周转量
6		平均运距	公路运输平均运距 集装箱运输平均运距 高速公路运输平均运距

续　表

序号	数据集	数据项	说明
7	交通运输量	运输密度	公路运输密度 高速公路运输密度
8		运输系数	公路货运量系数、公路货物周转量系数、公路客运量系数 高速公路货运量系数、高速公路货物周转量系数、高速公路客运量系数、高速公路旅客周转量系数
9		产运系数	煤炭产运系数、石油天然气产运系数、金属矿石产运系数、粮食产运系数
10	交通量	公路交通量	高速公路交通量，干线公路交通量
11		公路行驶量	高速公路行驶量，干线公路行驶量
12		公路拥挤度	高速公路拥挤度，干线公路拥挤度
13		路网和通道的交通量月度不均匀情况	交通量月不均匀系数
14	高速公路通行量	高速公路通过量	高速公路一型至五型车辆通过量 货车通过总重量、总轴数 免费车通过量
15		车辆在网行驶时间情况	平均在网行驶时间 客（货）车平均在网行驶时间 在网行驶时间构成
16		车辆在网行驶里程情况	平均在网行驶里程 客（货）车平均在网行驶里程 各轴数货车平均在网行驶里程 在网行驶里程构成
17		路网和通道的交通量月度不均匀情况	交通量月不均匀系数 各收费车型交通量月不均匀系数 客（货）车交通量月不均匀系数 各轴数货车交通量月不均匀系数
18		通道交通量上下行不均匀情况	交通量上下行比例 客（货）车交通量上下行比例

续　表

序号	数据集	数据项	说明
19	高速公路通行量	收费站的出入口车流量情况	收费站出（入）口车流量时段分布 收费站出（入）口单车道高峰小时车流量
20		超限情况	超限货车总数 超限 >30% 货车总数超限比例构成
21	公路场站及客运班线	公路客运站数量	旅客发送能力 乡镇客运站数量、建制村客运站数量
22		客运班线数量	高速公路客运班线数量、农村客运班线数量
23		客运班线里程	高速公路客运班线里程、农村客运班线里程
24		乡镇（村）通班车率	通班车的乡镇数量、通班车的建制村数量
25	造价信息	造价资格信息	姓名、性别、身份证、资格证号、工作单位、资格类型等
26		造价价格信息	名称、规格型号、代号、单位、指导价格、供货地点信息等
27	路政管理信息	许可数据信息	许可项目名称、许可申请代码、许可性质、受理期限、审查决定状态信息等
28		路产卡片信息	卡片编号、路段地方名称、线路编码、公路行政等级代码、止桩号信息等
29		路产案件信息	案件类型、接案时间、立案时间、结案时间、结案期限、肇事公路名称信息等
30	运政管理信息	经营业户信息	业户名称、业户地址、经济类型、经营范围、经营状态信息等
31		营运车辆信息	车辆（挂车）号牌、车辆类型、经营范围、车辆营运状态、发证机关信息等
32		营运人员信息	姓名、从业资格类别、从业资格证号、证照状态信息等

（4）应急救援主题数据库。

本主题库主要是为应急救援提供数据支撑，其数据由基础数据库群提供，如图 13－16

所示。

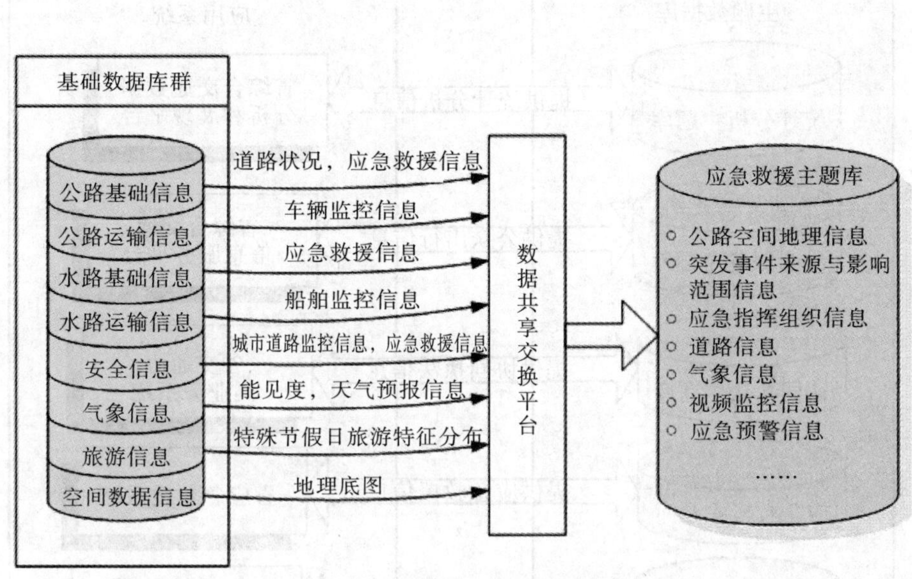

图 13－16　应急救援主题数据库结构图

13.5.3.5　数据挖掘和应用方案

信息资源库的建立是为了使数据能够更方便、更好地为决策者、行业管理者和社会综合服务，本项目是“综合交通服务与共享平台”的子项目，是其他子项目的基础，本项目所建设的信息资源库将在其他几个子项目当中得到应用。

（1）综合交通信息服务平台。

本项目的综合服务主题数据库为综合交通信息服务平台提供综合服务信息，主要提供公众出行服务信息和基于电子地图的服务信息。

（2）综合交通运输协同执法平台。

本项目的业务协同信息主题数据库为综合交通运输协同执法平台提供协同执法信息，主要提供路政执法、运政执法和公路治超等方面的信息。

（3）应急救援平台。

本项目的应急救援主题数据库为应急救援平台提供应急救援所需的信息，主要提供应急救援信息。

（4）综合交通数据分析和展现平台。

本项目要建设的综合交通数据分析和展现平台使用统计分析主题库中的数据。

（5）其他应用系统。

本项目的其他应用系统为交通基础地理信息服务子系统提供公路、水路基础空间地理数据，为旅游局信息共享子系统提供城市客运、长途大巴客运及货运等信息。同时，为今后其他的应用系统提供基础的数据支撑。

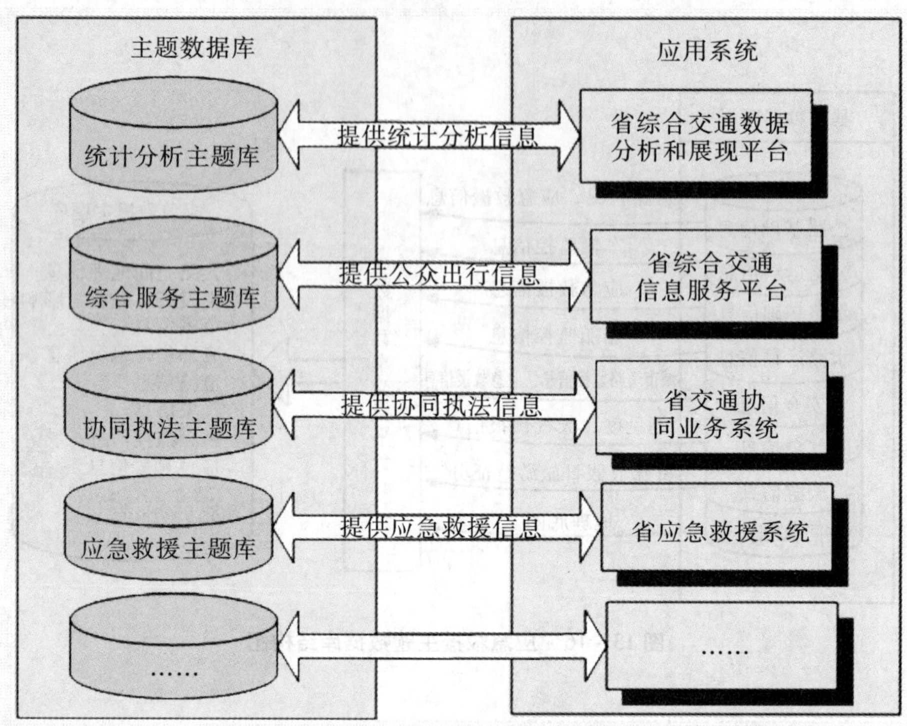

图 13－17　数据挖掘结构示意图

13.5.4　综合交通数据分析和展现平台建设方案

依托信息资源库，在统计分析主题数据库的基础上，构建综合交通数据分析和展现平台，对部分数据进行深入分析挖掘，并以适当的方式展现，为行业管理部门、政府主管部门和省内其他行业主管部门提供数据支持服务，使管理者能够准确把握行业经济运行动向与趋势，及时引导行业发展，推动结构调整，从而提高交通运输信息化的水平和行业管理的水平。

13.5.4.1　架构设计

综合交通数据分析和展现平台是运行在交通运输行业专网上的，采用 B/S 架构设计的面向交通运输行业管理者和决策者的平台。整个平台架构如图 13－18 所示。

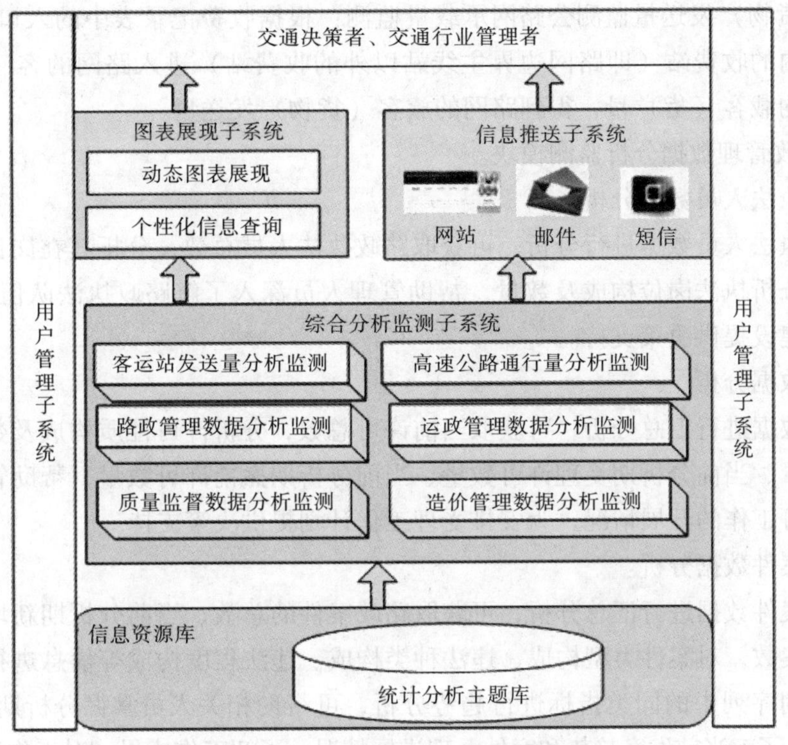

图 13－18　数据分析和展现平台架构图

13.5.4.2　综合分析与监测子系统设计方案

本系统主要由高速公路通行量分析监测模块、客运站发送量分析监测模块等组成。

（1）高速公路通行量分析监测模块。

①高速公路网运输情况分析：提供选择分析期功能，允许用户选择以日、月、年为单位的分析周期，借助公路上车辆的出入口时间地点信息、车辆计重等信息可汇总推算出本分析期内高速公路网的车辆平均运行速度、在网时间、通过量、行驶量、货车超限率、收费站出入口车流量时段分布等指标，形成分析公路网的运输情况的分析监测报告。

②高速公路运营情况分析：用户选择以日、月、年为单位的分析周期，借助公路通行数据中有每一辆车辆的出入口时间和地点信息、车牌号、里程、轴数、车型、超载率等信息。

③高速公路网通过量监测：路网通过量为该路网所有出口收费记录表中的车辆总数，反映路网和通道的通过情况。

④车辆在网行驶时间监测：出口收费记录表中每辆车的出口时刻与入口时刻的时间差为该辆车在路网内的行驶时间。

⑤车辆在网行驶里程监测：车辆在网行驶里程为出口收费记录表中的“里程”字段的数值。

旅客（货物）发送量监测公路网承载量监测：根据收费记录表中的入口站字段信息，确定由路网内的收费站（即路网边界主线站以外的收费站）进入路网的客（货）车的数量，乘以平均载客（货）量，得到路网的旅客（货物）发送量。

（2）路政管理数据分析监测模块。

①路政执法人员数据分析。

对路政执法人员数据进行分析，可获取路政执法人员总数，分析其在岗比例、所持执法证类型，分析执法岗位构成及数量，帮助管理人员深入了解路政执法队伍的建设情况，为引导队伍建设提供决策支持。

②许可数据分析。

对许可数据进行汇总分析，可获取当前许可总数，分析许可性质构成及数量、受理结果构成及数量、当前分析期受理许可数量、当前分析期撤销许可数量，帮助管理人员深入了解受理许可工作的开展情况，为安排受理工作计划提供决策支持。

③公路案件数据分析。

对公路案件数据进行汇总分析，可获取路政案件的总数、当前分析期新增案件数、当前分析期结案数，对案件类型构成、违法种类构成、违法程度构成等信息进行分析，并通过与之前时间序列中的同类指标进行趋势分析，可帮助相关人员掌握分析期内案件数量、构成等信息，了解当前发案趋势和案件办理进展情况，了解工作成果，对工作重心安排、工作计划、人员结构调整等提供决策支持。

④路政信息报送数据分析。

对路政信息报送数据进行分析，可以获取当前分析期道路阻断或灾害总数、阻断道路总条数、阻断总时间等信息，并可根据该信息在地图上进行展示，以分析当前灾害、阻断分布情况，帮助主管部门采取正确的应对措施。

（3）运政管理数据分析监测模块。

运政系统数据分析子系统通过对运政业务系统数据的挖掘分析，有助于深入了解从事道路运输行业人、车、户的总体及变化情况，有效地服务于道路运输行业管理，具体表现在以下方面：

①车辆总数及构成情况。

客车总数及车型构成（分经营类型、分座位数、是否卧铺、分车长、轴数、分车辆等级、分燃料类型、分车龄区间、分地区等）；货车总数及车型构成（分经营类型、分吨位、分车型、分轴数、分燃料类型、分车龄区间、分地区等），货车中拖车、挂车总量及拖挂比；符合营运车辆燃料消耗限制标准的车辆数及比重；安装 GPS、行驶记录仪的车辆数及比重。

监测期内，新入库车辆的总数及结构，推出车辆的总数及结构。

②经营业户总数及构成情况分析。

从事各种道路运输经营的业户总数及构成情况。

③从业人员总数及构成情况、就业率。

各种道路运输经营领域的从业人员总数及构成情况；各类行业从业人员的就业率。

④车户比、人车比分析。

每个经营业户平均拥有的车辆数，每个从业人员平均拥有的车辆数，反映道路运输市场的集中度情况。

⑤车辆经营范围与企业经营范围的匹配性分析。

车辆道路运输证中的经营范围与所属企业的经营许可证中的经营范围不匹配的比例。

（5）质量监督数据分析监测模块。

①质量监督人员数据分析。

对监理人员和试验检测人员数据进行汇总分析，可获取各类资格人员的数量，对数据中资质类型、证书类型等指标进行汇总分析，可以获取各类资格人员的组成结构和变化趋势，帮助管理人员掌握人才变动情况，了解人力资源需求，引导从业资格人员队伍建设。

②质量监督单位数据分析。

对监理单位和试验检测单位数据进行汇总分析，可分析两类单位的数量，所获取证书情况、注册类型、各层次职工数量等，帮助主管部门深入掌握该类型单位的基本情况，并对行业发展引导做出决策支持。

③项目基本信息数据分析。

对项目基本信息数据进行汇总分析，可对当前分析期内开工工程、计划交工工程、计划竣工工程数量进行分析，为主管部门安排工作提供决策支持。

（6）造价管理数据分析监测模块。

①货物价格监测。

对数据库里货物价格数据进行汇总分析，可获取当前选择时期的货物价格，根据之前时间序列的货物价格数据，可以对货物价格进行监测，提供给管理人员，使其把握价格运行趋势。

②造价资格分析。

通过对造价资格表进行分析，可以获取当前造价资格总数、造价资格类型构成及各类型的造价资格数量，以帮助造价部门更好地掌握造价行业从业人员的动态情况。

13.5.4.3　信息推送子系统设计方案

为了让有关的行业管理部门及时获取到交通综合分析监测的结果，本项目开发本模块，用手机短信、网页推送等方式将各类数据及时推送给有关领导和管理部门。

（1）信息推送流程。

信息推送系统首先建立用户资料库，用户登录后自己选择推送内容和推送方式，系统根据用户的选择，主动地向用户推送感兴趣的信息，其具体流程如图 13－19 所示。

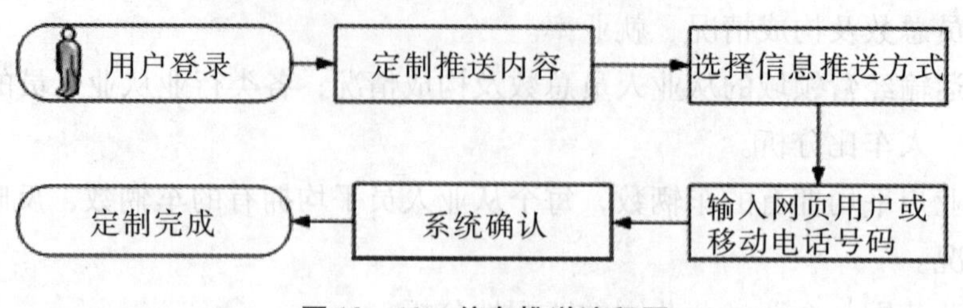

图 13-19 信息推送流程图

（2）信息推送功能设计。

①短信推送。

依托省交通运输厅的短信平台，实现综合交通信息为行业管理者的推送。按照用户定义的推送时间，将用户选择的推送内容推送到用户输入的移动电话号码中。

②网页推送。

按照用户定义的推送时间，将用户选择的推送内容，推送到用户输入的用户名显示的网页中。

13.5.4.4 用户管理子系统设计方案

（1）用户管理模块：对用户的权限、密码、身份认证等进行管理。用户由系统管理员统一分配后，用户自行管理密码。用户的权限由系统管理员统一分配。

（2）日志管理模块：记录系统在使用过程中的重要运行信息，为管理者提供记录日志。

13.6 效益与评价指标分析

13.6.1 经济效益分析

通过建设综合交通信息数据中心，将实现对综合交通信息的统一采集、存储和管理，并将数据及时推送给行业管理和决策部门，使管理决策者及时掌握行业运行的动态和趋势，并将有关数据共享、交换给省内其他厅（局、委）使用，同时为公众出行提供及时、准确的信息，从而使各级政府和公众更高效地利用各类交通资源，因此本工程的间接经济效益在于将提高交通运输和公众出行整体效率，降低整体交通出行成本。

13.6.2 社会效益分析

本工程虽然不产生直接的经济效益，但通过工程建设社会效益明显。

（1）建设综合交通信息数据中心，能够为交通运输主管部门提供及时、细粒度的交通行业运行动态信息，以便管理者把握全省交通运输经济运行态势与特点，能辅助领导决策者和行业管理人员更加科学地制定各项交通发展的政策和措施，为加快调整结构、转变发展方式，建设畅通、高效、安全、绿色的交通运输体系提供保障。

（2）通过建设信息整合、共享和交换平台，以及建立决策支持和综合查询分析系统，将为行业管理人员提供统一的行业运行信息的检索与查询分析，既消除了部门间信息壁垒，又提高行业信息资源的利用率，使全省交通系统信息资源集中汇集并交换渠道畅通，这将大大改善全省交通行业信息资源的使用环境，因此具有很大的潜在社会效益。

（3）基于信息整合、共享和交换平台及公众交通信息服务门户的建设，使得庞杂的管理数据经融合之后形成丰富的交通信息资源，为出行者提供高质量的出行信息服务，将极大地提高我省交通为相关部门的行业管理和社会公众出行服务的能力，为节约行业管理与决策成本以及降低社会整体交通成本提供了技术支撑，其带来社会效益和间接经济效益是显著的。良好的交通出行信息引导将使得交通出行更加顺畅、平稳，由此将提高交通安全水平，减少交通事故的发生，减少人民生命财产的损失，这方面的效益更是不易用经济指标来衡量的。良好的交通出行信息发布将减少无效出行，改善交通拥堵状况，由此将减少对环境的污染，除了改善人们的生活环境以外，一方面减少了交通设施建设对环境的压力，另一方面也减少了大量的环境治理费用，其环保方面的社会效益也很显著。

13.6.3　项目评价指标分析

13.6.3.1　数据范围

本项目所要采集的数据的范围，涉及交通运输行业、公安、气象、旅游、基础地理信息中心和铁路等。

13.6.3.2　数据容量

本项目建设完成后的数据容量，应约达到5TB。

13.6.3.3　平台利用率

平台利用率指标是指本工程建设的软件和硬件设备是否得到了充分的利用。

13.6.3.4　数据交换量

数据交换量是指本项目建设后每年数据的交换数量。

13.6.3.5　数据库维护能力

数据库维护能力是指数据库中数据的更新能力和备份能力。

13.6.3.6　数据展现数量

数据展现数量是指数据分析和展现平台的数据的展现数量。

13.6.3.7　平台运行效率

系统运行效率是指系统运行时所表现出来的与时间有关的特性，其主要评价指标有响应时间、并发量、网站访问量和更新频率。

13.7 案例评析

本项目以交通运输行业部门信息资源整合为基础，共享公安厅、铁路局、气象局、基础地理信息中心和旅游局的数据，建设数据中心，统一实现数据的管理，为综合交通共享和服务平台提供了有力的数据支撑。

项目分别从信息资源规划和数据库建设、应用系统建设、应用支撑软件、存储与备份系统方案等多个环节提出了解决方案，给出完整的执行路径。项目以部门之间的数据关联为主线，并以此作为需求驱动力，通过协调促进部门之间的信息资源共享和业务协同，是典型的大交通信息化项目。该项目是政府业务部门内部业务整合、信息共享的典型案例。

第 14 章　电子口岸大通关服务平台项目案例（商务部门）

14.1　概　述

通过电子口岸大通关服务平台的建设，不断强化和落实“四个服务”（即“为国家宏观经济发展服务、为电子口岸大通关各单位服务、为成员单位服务和为广大进出口企业服务”）的理念，努力探索并掌握电子口岸大通关和口岸传统职能的内在联系，加强内外部的沟通和协调，争取各方的理解和支持，按客观规律办事，创新管理理念和工作思路，与参与各方和谐共建，协同应用、共享成果，在电子口岸大通关建设的推动和管理方面发挥重要而积极的作用。

14.2　项目需求分析

14.2.1　业务功能和流程分析

14.2.1.1　通关业务流程分析

（1）企业出口业务流程。

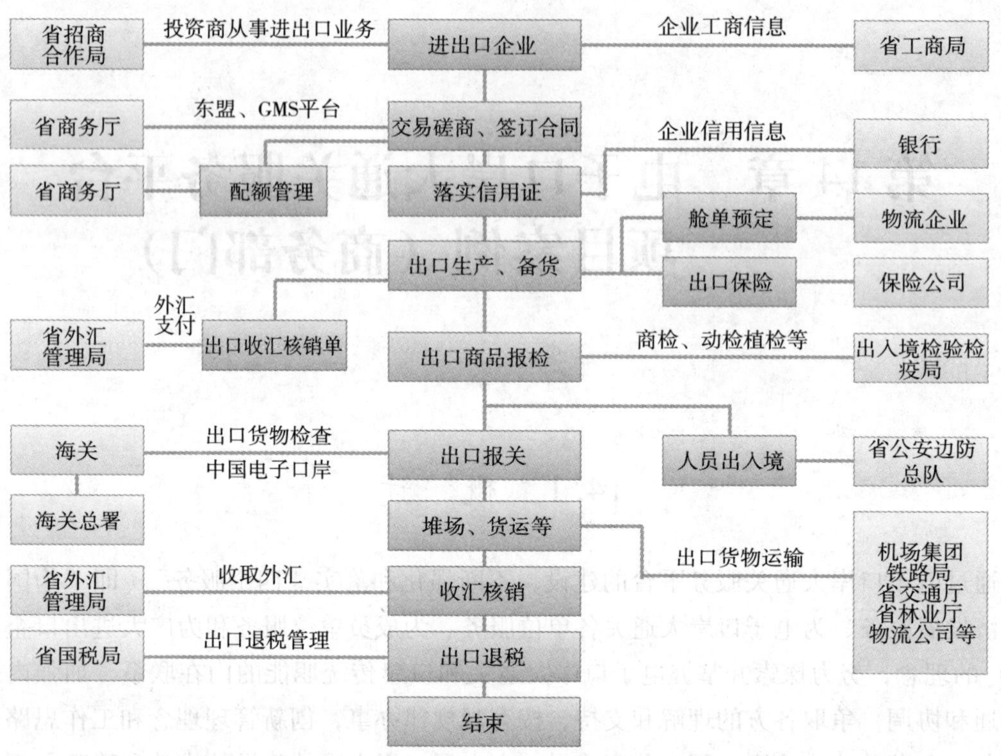

图 14－1　企业出口业务流程图

企业从事进出口业务需要具备的条件：

①工商注册登记。

②外贸经营权备案登记。

③报关单位注册登记。

④报检单位备案。

（2）出口业务协同应用及数据共享流程。

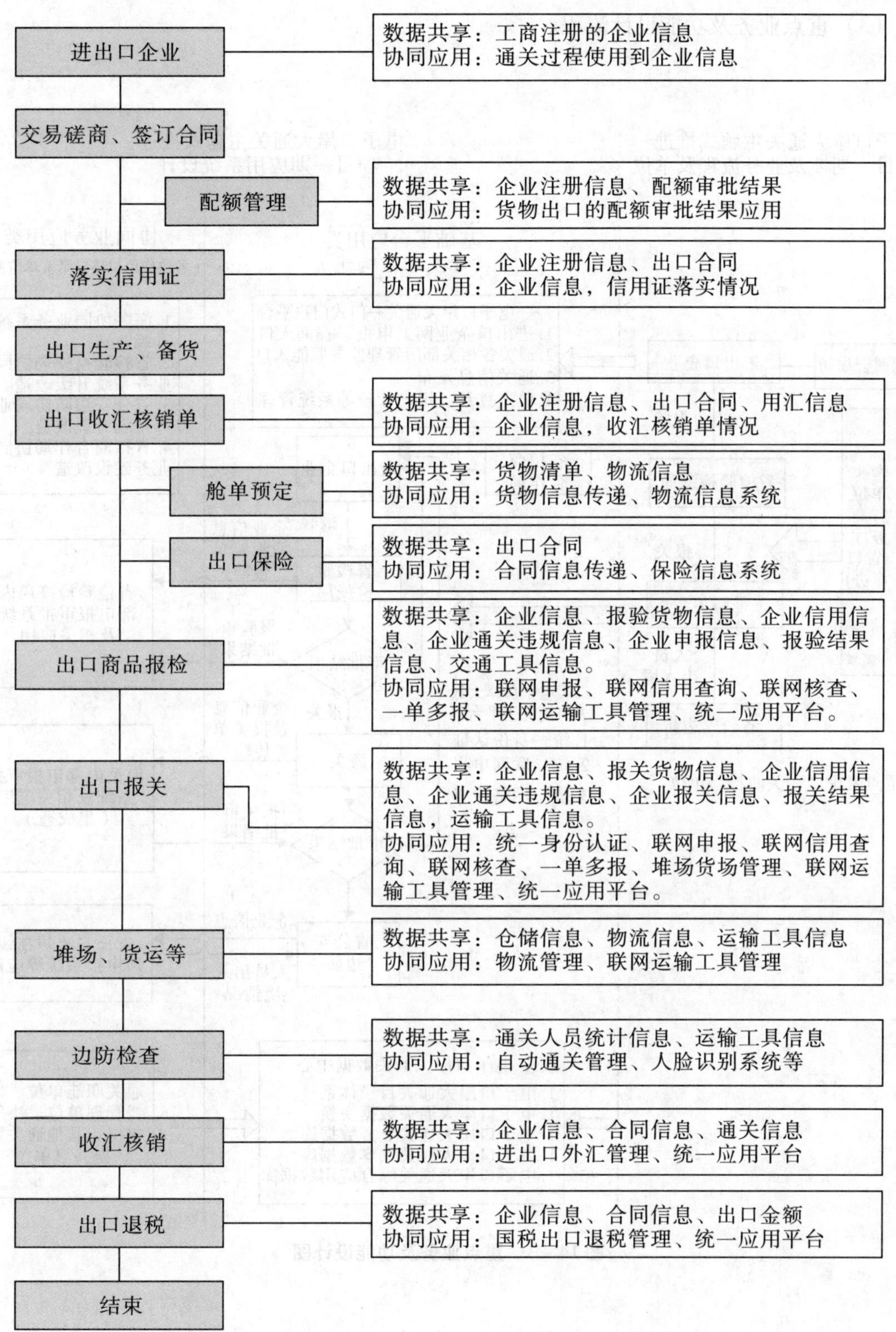

图 14－2　出口业务协同应用及数据共享流程图

（3）重点业务及功能设计流程。

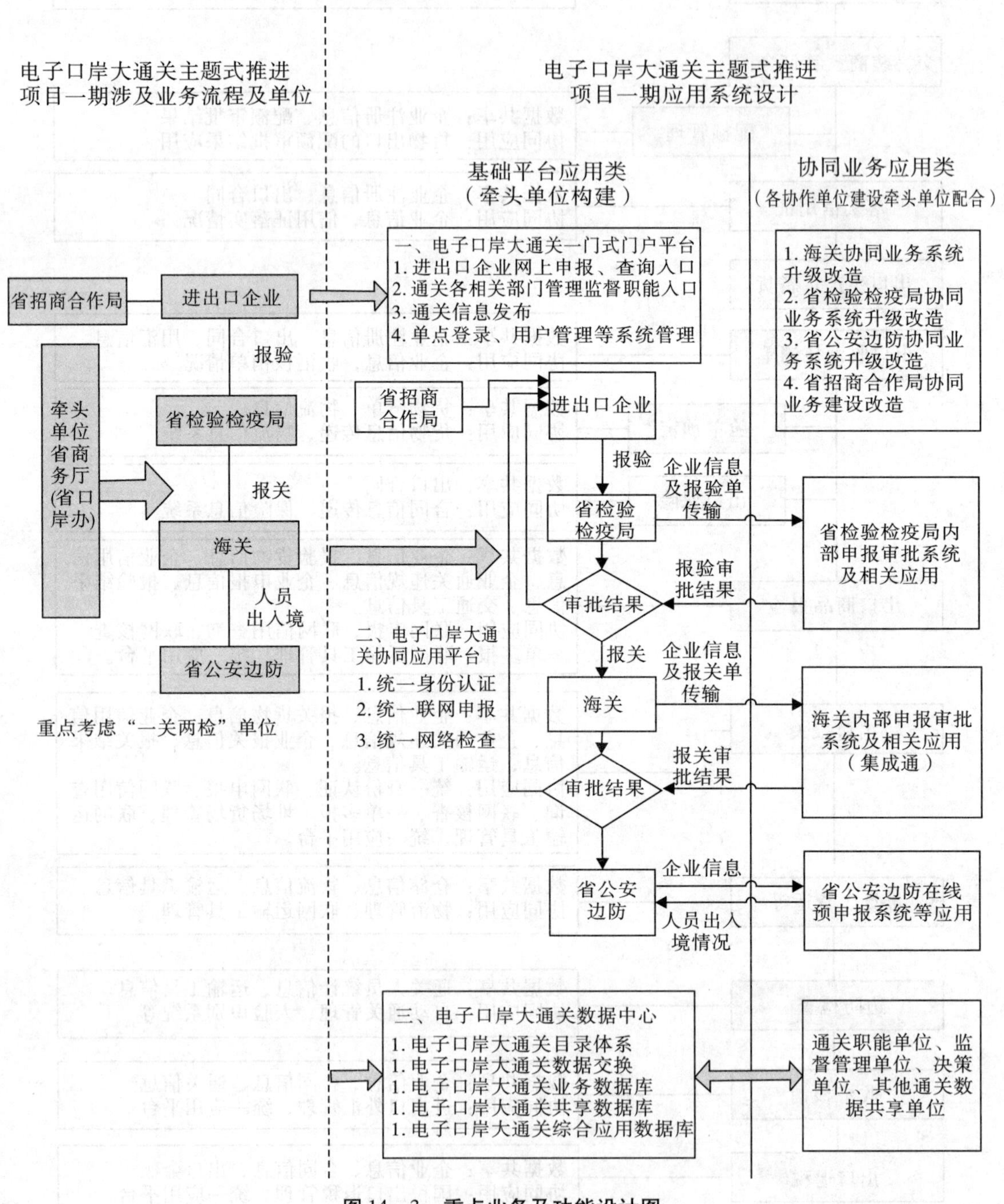

图14－3　重点业务及功能设计图

（4）部门间可共享数据信息。

①海关。包括以下信息：

a. 任务号检验成功。

b. 调用成功。

c. 直接申报成功。

d. 数据发往外挂平台成功。

e. 发往海关。

f. 成功入海关预录入库。

g. 接单交单。

h. 报关单放行。

i. 结关。

②检验检疫。包括以下信息：

a. 有关出入境检验检疫法律法规，总局发布的有关规章制度，检验检疫局制定的相关措施等。

b. 国外最新关于进口（入境）有关技术标准、技术法规和相关规则等。

c. 与企业有关的检验检疫知识、工作程序、注意事项等。

d. 检验检疫流程、计收费、办理结果等业务信息。

e. 涉及质量安全的重要案例信息。

f. 诚信管理相关信息。

g. 检验检疫风险预警信息。

③边检。包括以下信息：

a. 船舶报检信息。

b. 出入限定区域通行证报检信息。

c. 团体报检信息。

④招商合作。包括以下信息：

a. 进出口企业基本信息。

b. 电子口岸大通关综合动态信息。

c. 进出口企业资金需求信息。

d. 进出口贸易综合分析信息。

e. 贸易动态分析结果。

14.2.2.2　提高通关效率业务分析

（1）统一通关信息服务。

①业务现状描述。

统一通关信息服务业务目前是多头管理模式。

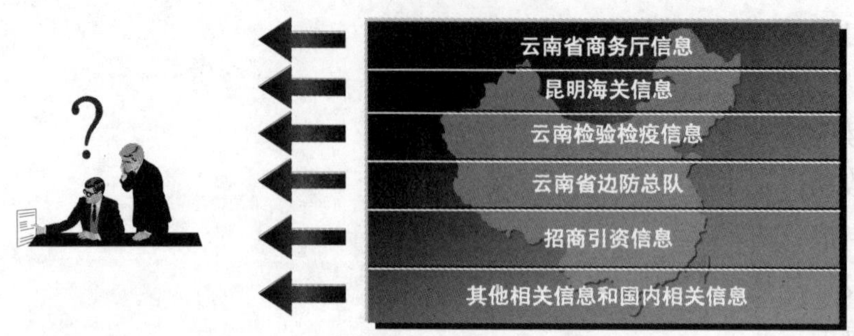

图 14－4　统一通关信息服务业务现状图

②业务承载部门及应用范围。

业务承载部门：信息服务系统涉及多个单位，由牵头部门省商务厅进行统一建设，各协作部门及 23 个口岸单位提供内容。

应用范围：政府相关单位、进出口企业、个人、组织、社团及其他互联网应用。

③存在的问题。

目前存在信息分散、浏览查询不易、信息间无关联和信息存在差异等问题。

④支撑业务实现的信息化解决方案。

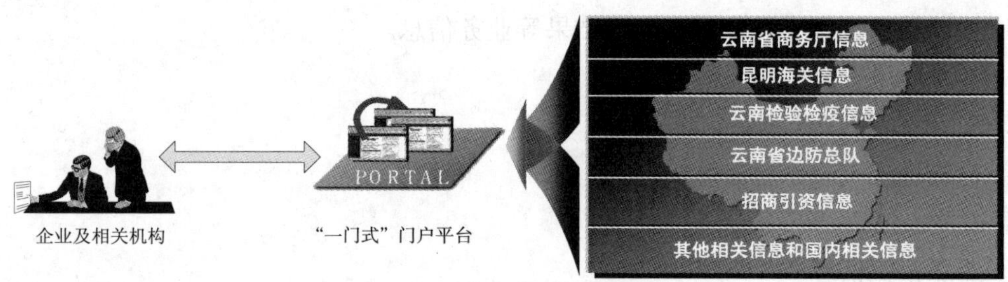

图 14－5　一站式门户方案图

通过电子口岸大通关"一站式"门户平台、电子口岸大通关数据中心和电子口岸大通关业务协同平台建设来实现。

⑤通过系统建设应取得的成果。

信息内容丰富，包括政务信息公开、通关流程、办事指南、法律法规等。从进出口企业信息获取的角度，是否快捷、便利和高效地获得所需要的信息。

（2）进出口业务流程分析。

①业务现状描述。

在电子口岸大通关服务平台的建设过程中，协同业务应用和数据共享涉及的部门众多，其中又以电子口岸应用为核心。

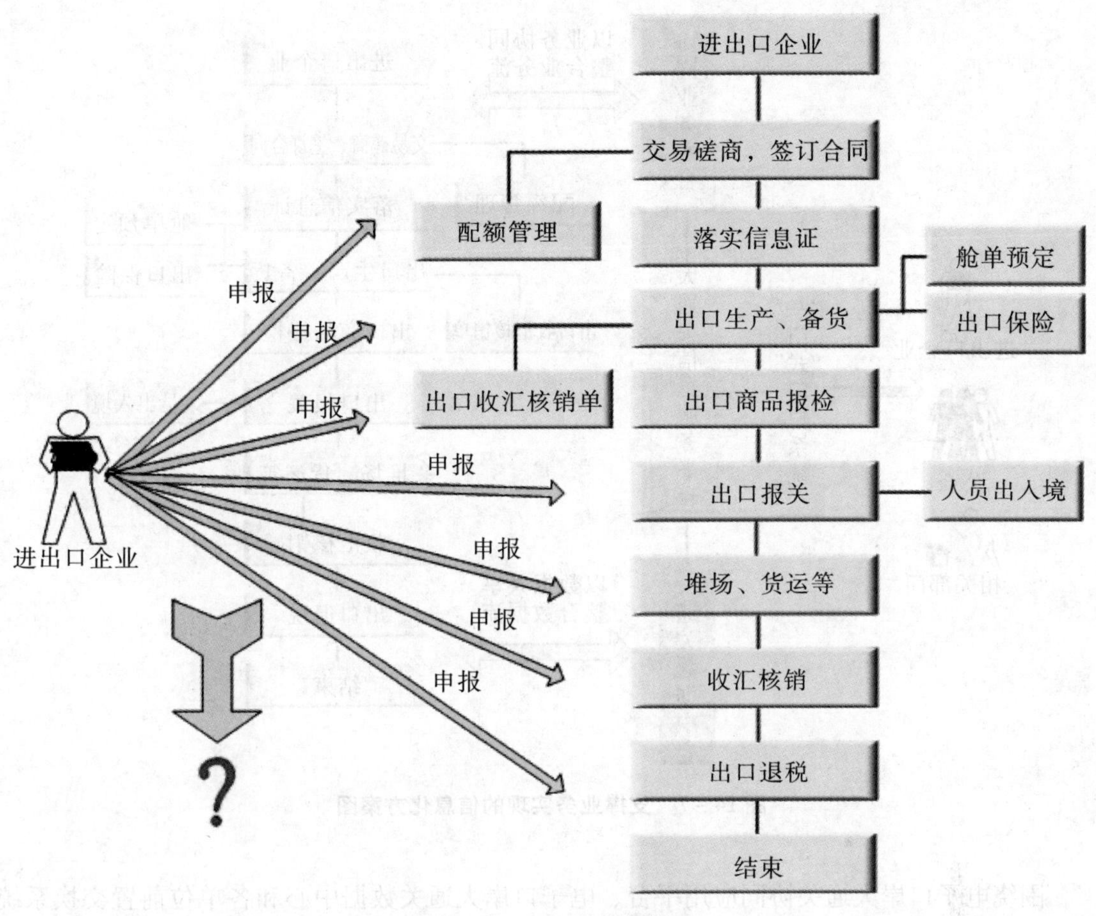

图 14－6　企业出口流程图

②业务承载部门及应用范围。

业务承载部门：牵头单位省商务厅（口岸办）驱动各单位间的协同应用、昆明海关及其他业务协同单位（省交通厅、省林业厅、省财政厅、省外办、省质监局、省工商局、省国税局、省地税局、出入境检验检疫局、招商合作局、昆明铁路局、中国人民银行昆明中心支行、军区、省公安厅出入境管理局、机场集团公司）、全省 23 个口岸单位和进出口企业参与共建。

③支撑业务实现的信息化解决方案。

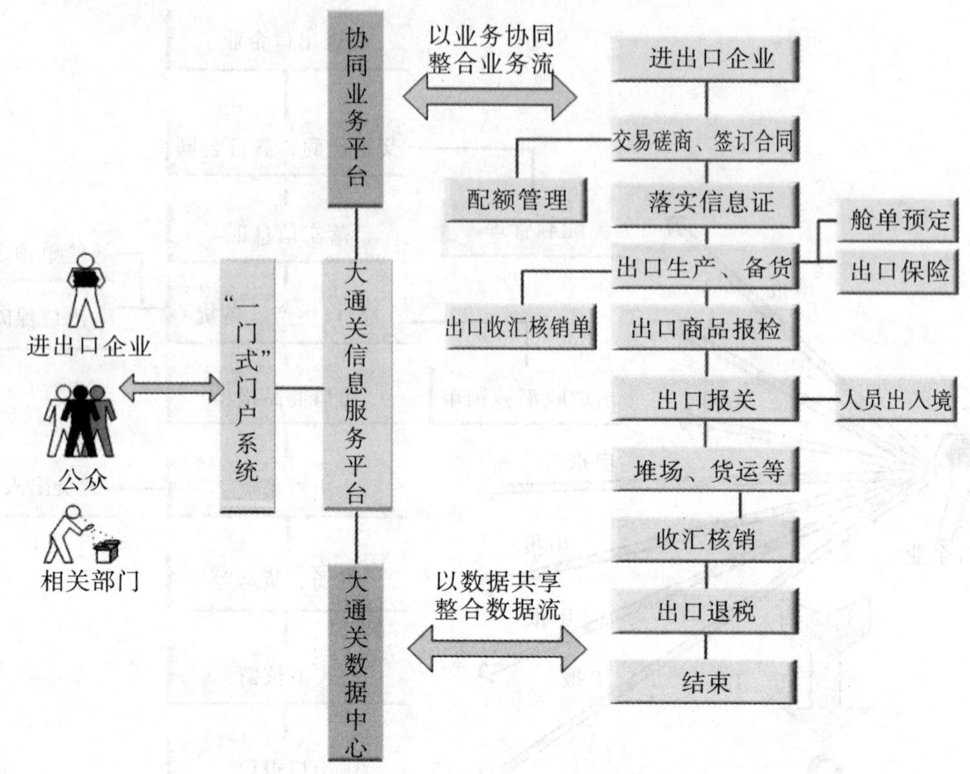

图 14－7　支撑业务实现的信息化方案图

围绕电子口岸大通关协同应用平台、电子口岸大通关数据中心和各单位前置交换系统（支持前置设备）开展建设。

（3）联网信用查询。

①业务现状描述。

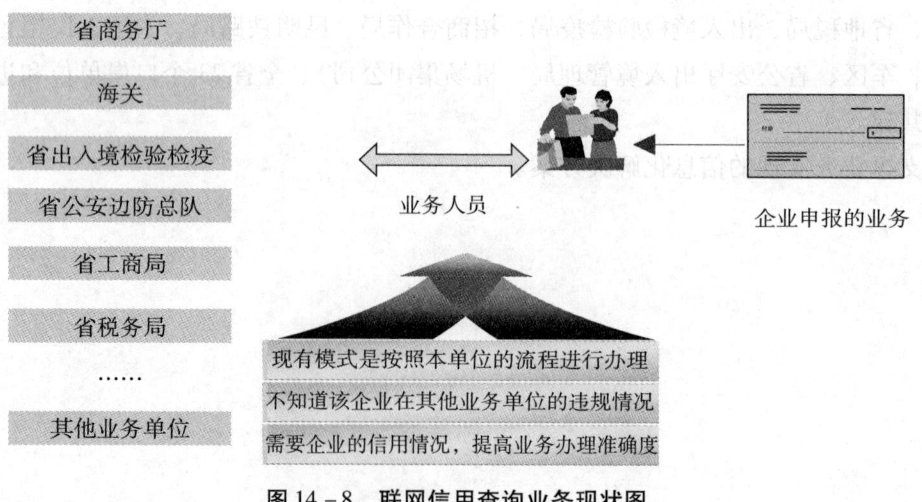

图 14－8　联网信用查询业务现状图

②业务承载部门及应用范围。

业务承载部门：牵头单位省商务厅（口岸办）提供统一的应用支撑，协作部门提供企业的信用数据。

应用范围：通关相关的各协作部门在业务办理的过程中使用。

③存在的问题。

a. 现有模式是按照本单位的流程进行办理，但业务主管部门需要了解该企业在其他业务办理过程中的信用数据，作为业务办理的依据之一。

b. 不知道该企业在其他业务单位的违规情况。

c. 业务主管部门需要了解企业的信用情况，提高业务办理准确度。

④支撑业务实现的信息化解决方案。

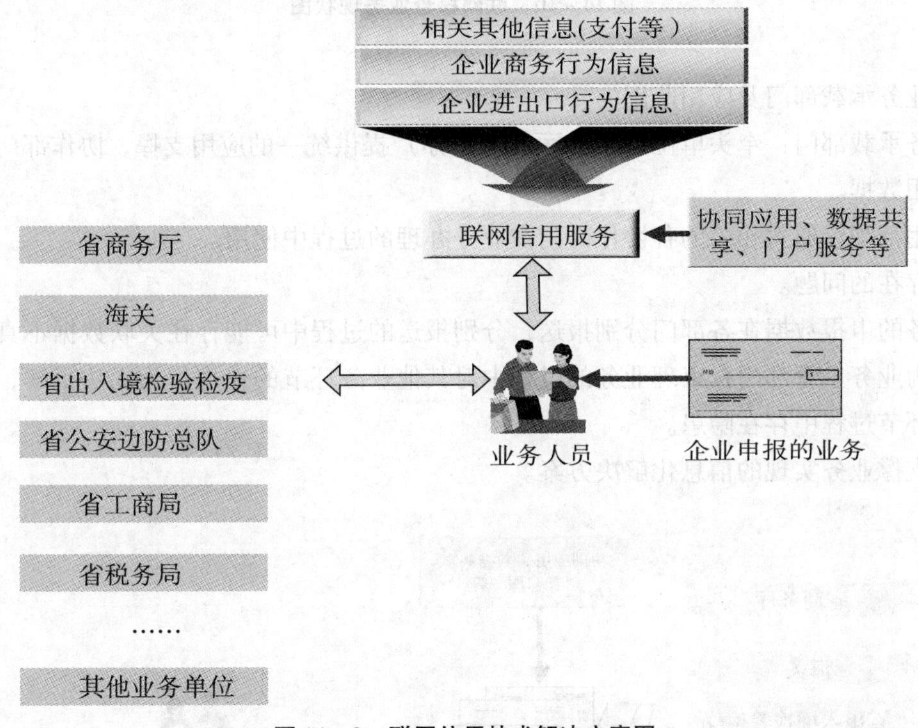

图 14－9　联网信用技术解决方案图

（4）联网核查。

①业务现状描述。

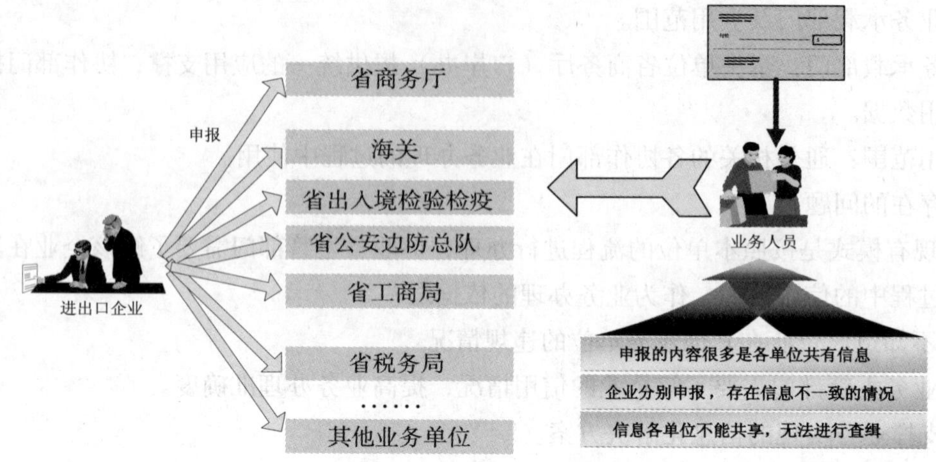

图 14－10　联网核查业务现状图

②业务承载部门及应用范围。

业务承载部门：牵头单位省商务厅（口岸办）提供统一的应用支撑，协作部门提供企业的信用数据。

应用范围：通关相关的各协作部门在业务办理的过程中使用。

③存在的问题。

业务的申报数据在各部门分别报送，分别报送的过程中可能存在关联数据不真实的情况，作为业务主管部门在审理业务的过程中对其他业务环节的违规行为无法了解，故在整个通关环节过程中存在隐患。

④支撑业务实现的信息化解决方案。

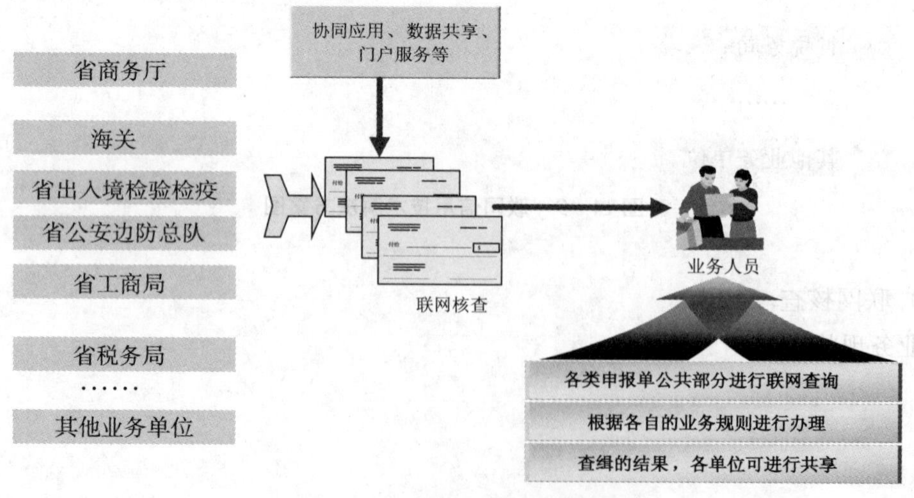

图 14－11　联网核查技术实现图

（5）统一联网申报。

①业务现状描述。

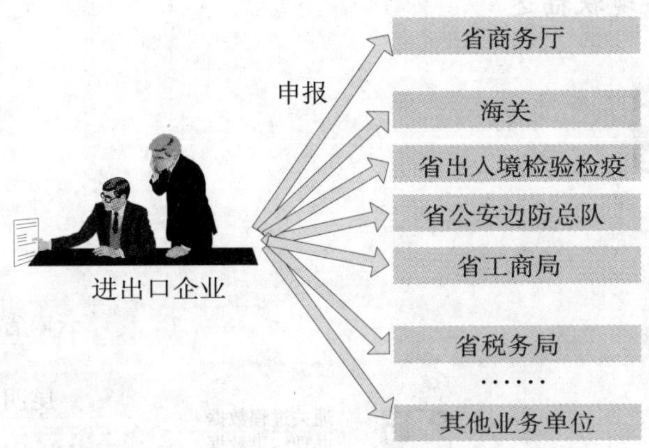

图 14－12　统一联网核申报业务现状图

②业务承载部门及应用范围。

业务承载部门：牵头单位省商务厅（口岸办）提供统一的应用支撑，协作部门提供企业的信用数据。

应用范围：通关相关的各协作部门在业务办理的过程中使用。

③存在的问题。

a. 企业分别报送，没有统一的申报入口。

b. 各业务主管部门申报的要求，对于企业来说很多是重叠的。

c. 企业在申报过程往返多次，效率低下。

d. 无法统一获得申报业务的办事指南，多头多部门咨询。

（6）统一身份认证。

①业务承载部门及应用范围。

业务承载部门：由中国电子口岸应用提供，牵头单位省商务厅（口岸办）进行应用支撑，协作单位使用并提供给各进出口企业使用。

应用范围：各进出口企业。

②存在的问题。

a. 进出口企业在通关过程中注册的信息有误差。

b. 存在进出口企业信息有造假行为。

c. 进出口企业信息变更后，无法及时进行电子数据变更。

d. 无法实现在全国范围内的企业信息共享。

e. 不能实现本地申报，异地（全国范围）出关的应用。

14.2.2 强化政府监管业务分析

14.2.3.1 业务现状描述

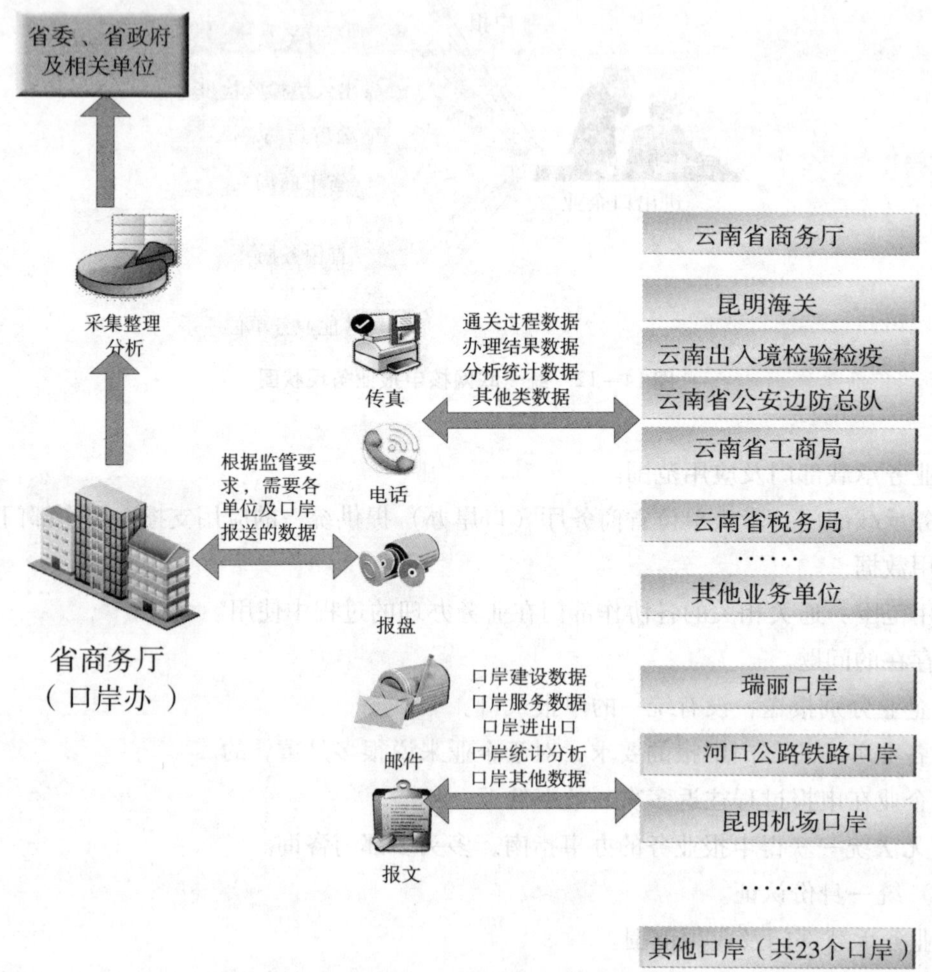

图 14－13 强化政府监管业务现状图

14.2.3.2 业务承载部门及应用范围

业务承载部门：由牵头单位省商务厅（口岸办）统一进行建设，协作单位及 23 个口岸单位配合。

应用范围：牵头单位省商务厅（口岸办），各业务协作单位和 23 个口岸单位。

14.2.3.3　支撑业务实现的信息化解决方案

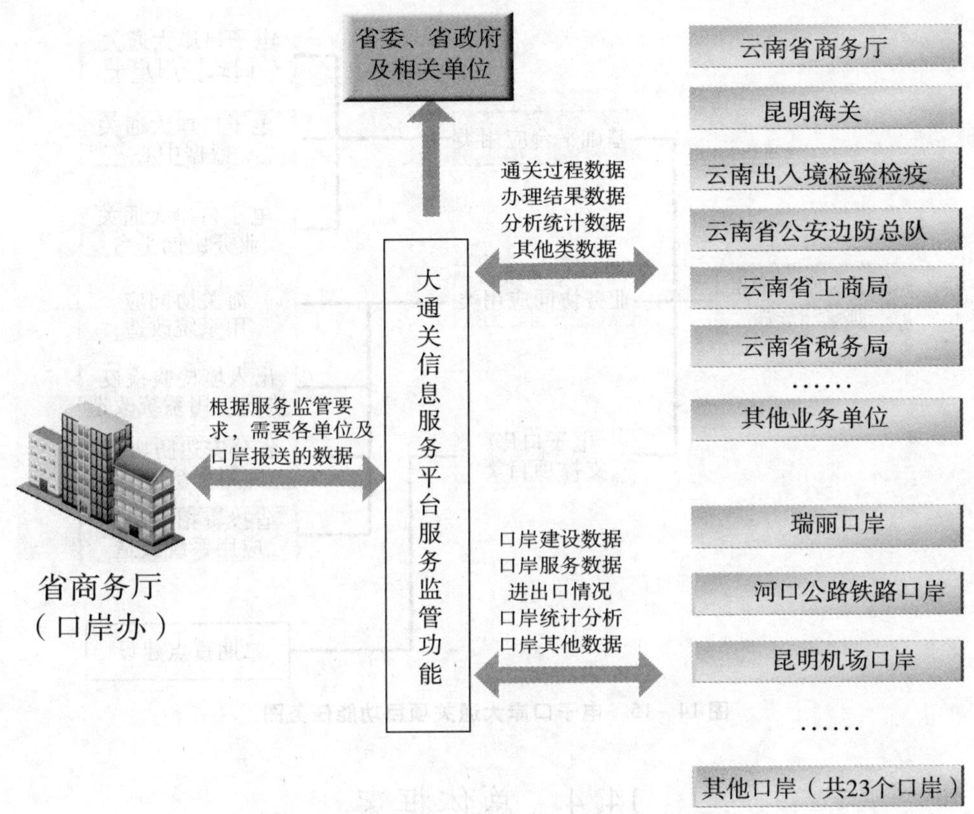

图 14－14　强化政府监管业务技术方案图

14.2.3.4　通过系统建设应取得的成果

包括监管数据收集及时；业务变更后的数据变更快捷；缩短监管数据上报时限；业务办理过程中的数据查询方便高效；信息的汇总和分析准确及时。

14.3　项目目标和任务

14.3.1　项目目标

建设电子口岸大通关服务平台，促进全省的进口贸易、投资招商及相关产业的发展。

14.3.2 项目任务

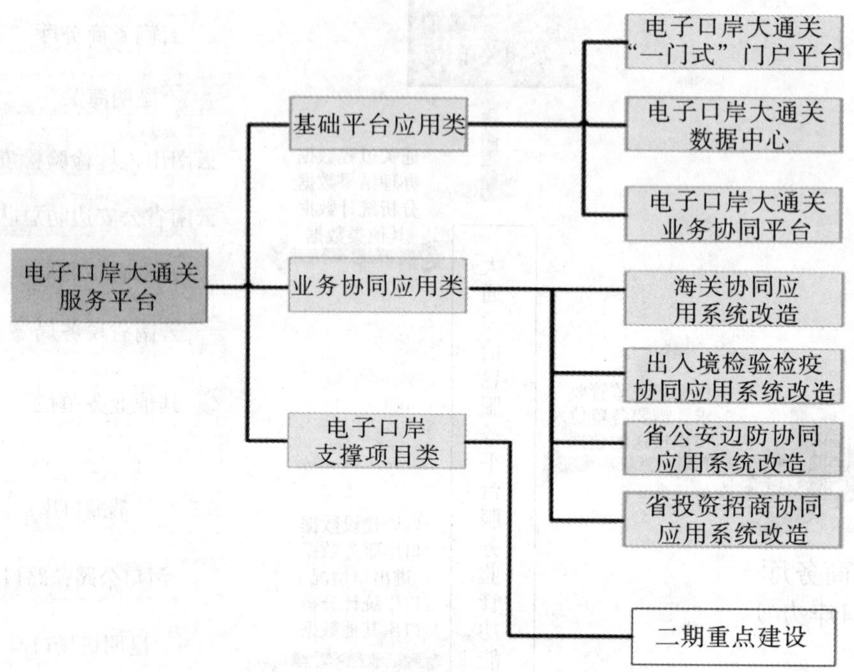

图 14－15 电子口岸大通关项目功能任务图

14.4 总体框架

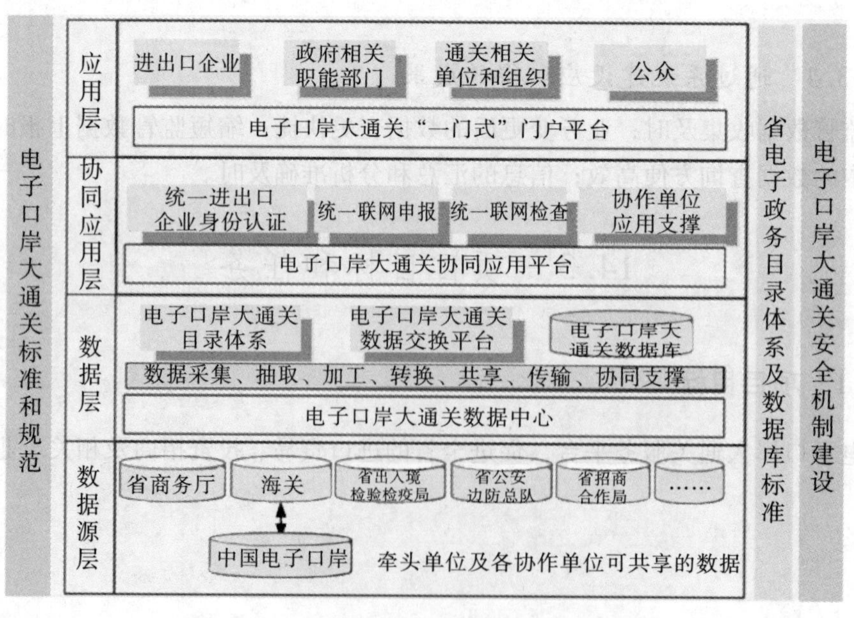

图 14－16 电子口岸大通关项目总体架构图

14.5　建设方案设计

14.5.1　电子口岸大通关“一门式”门户平台方案

14.5.1.1　项目承担部门

商务厅（省人民政府口岸办公室）。

14.5.1.2　电子口岸门户总体框架

围绕大通关“一门式”门户平台建设，全面提升大通关各平台建设和应用水平。为实现跨单位、跨行业的信息资源共享创造条件，促进业务系统的互联互通和信息共享，提高我省通关的监管能力、服务质量与信息化水平。

应用的核心围绕互联网应用展开，包含支撑层、数据层、应用层和表现层，为电子口岸大通关各相关应用提供服务。

（1）支撑层。

支撑层包括整个大通关应用的基础软硬件环境，包括服务器、操作系统、中间件、数据库系统以及保障信息安全的各类设施和备份系统、网络管理及运维保障系统等。

（2）数据层。

数据层主要是各种数据资源，这些数据资源为电子口岸大通关门户平台提供实时、真实、可靠的数据信息。

（3）应用层。

应用层为整个系统建设的核心，通过应用层，实现用户操作整合、信息和资源整合、应用整合。功能包括统一的组织机构管理、统一的用户管理、单点登陆、信息管理等。

（4）表现层。

表现层为门户的前端查询和展示平台。为电子口岸大通关各相关单位共享交流，提供信息查询服务。

14.5.1.3　电子口岸门户业务及系统功能设计

随着信息化的发展和深入，需求越来越多的转向互动交流及在线业务处理等方面，原来单纯的信息发布型门户平台已无法满足政府信息化发展的需求。整合各部门的信息资源及业务系统，优化部门之间的办事流程，构建一个高效率、低成本、跨部门的大通关门户平台已成为当前大通关信息化发展的重要任务。

大通关各相关内部拥有大量的、高价值的信息，但这些信息散落在各个不同的应用系统中，信息来源多样、信息形式复杂，且缺乏统一标准，导致信息无法共享，很难高效方便地使用。通过整合各部门的信息资源，构建内外网统一的信息发布平台，可打破行政机关的组织界限，实现组织结构和工作流程的重组优化，跨越时间、空间和部门的制约。在此平台中，各部门由统一的入口进行信息的“采、编、发”操作，通过平台的信息元数据管理和标准程序接口，可实现信息的“一次录入，多单位使用”。

此外，通过多年的信息化建设，各相关单位已建设了众多的应用系统，这些应用系统架构分散，相互独立，缺乏统一的规划和管理，而且各个不同系统使用自己独立的用户管理、授权及认证体系，这不仅给用户的使用带来不便，更严重的是降低了系统的可管理性和安全性。

可提供集成化的工作空间，让各个部门的用户通过单一的应用入口，个性化地、基于角色地集成访问各单位后台应用系统，并通过丰富的协作功能实现与其他部门高效协作。

（1）应用支撑平台管理。

①业务模型分析。

建设大通关门户平台管理子系统，系统支持多门户平台、门户平台的管理，门户平台间具有内容共享支持，可方便地进行信息的共享。

系统提供多级的权限控制系统，通过对门户管理员的设定，方便实现管理员对门户平台的管理。

支持信息推送，通过门户平台间的关联设定、信息分发，实现各门户平台对大通关门户平台的信息推送。

②业务系统设计。

大通关“一门式”门户平台的建设依照国家的相关要求与技术规范，以电子口岸大通关门户平台为中心，结合各协作单位已建成的门户平台、以应用为基础支撑的各协作单位门户平台形成的平台信息共享，建成一个规范的门户平台体系。

大通关门户与各协作单位门户平台虽通过接口，但彼此逻辑上相互独立。

在信息共享和交互方面，大通关门户与各协作单位门户平台为一个虚拟的整体，数据可以共享和交互。

在共享方面，可采用栏目共享，即某个协作单位门户平台将自己的一个栏目设为共享，大通关门户可以将此栏目设置在自己平台上通过接口进行调用，这样便可随时共享各协作单位门户平台的信息；系统支持以信息抓取的方式等形式抓取其他平台的信息发布在自己平台上，这当然也包括了门户平台间的相互信息抓取。

门户管理：主要对门户平台进行管理，可以新增、修改、删除平台。

门户平台的备份与恢复：对系统数据和文件进行备份和恢复管理。它可提供多种备份方式，可以定制备份计划，按计划时间定时备份或一次性备份执行。

组件管理：对系统中的组件进行管理，可以进行查看组件的属性、修改组件名称、制定缓存时效等操作。管理的组件包括：基本组件、栏目资料组件、栏目装饰组件、应用组件。

日志系统：系统记录详细的用户操作，对操作人、操作时间、登陆 IP、操作对象、操作内容描述等信息详细记录，对日志记录支持模糊查询。

配置管理：对系统进行配置管理，包括环境配置、系统配置、数据库连接配置、数据库查询（支持 SQL 语句查询）配置、建表和安装。

（2）信息展示。

①业务模型分析。

信息展示系统紧密结合电子口岸大通关各相关单位的工作需要，针对业务协同和信息资源共享，突出重点、注重实效、强化服务、确保安全，提供优质高效的服务。

个性化是信息展示平台最基本功能要求，通过多种形式的个性化设置让使用者只关注与自身有关的特定应用，使信息的获取更精准、更智能、更能满足用户的个性需求。

②业务系统设计。

信息模板：信息展示平台可以预定义若干信息模块，用户可以根据自己的需要进行选择相应的信息显示方式，也可以根据相应的规则选定自己的信息模板，再上传到信息管理系统的模板库。信息模板一旦选定，各用户登录电子口岸大通关门户平台，平台上的显示信息将按用户自选定的模板进行显示。

个性化引擎：用户可以定制条件，个性化引擎自动查询相关信息显示给用户。

个性化服务平台服务：这是用户个性化服务的一个操作平台，用户可以在该模块定制自己的个性化引擎，选定个性化的信息模板。

（3）综合导航。

利用导航管理器，在信息展示系统中实现对导航栏的管理，并可根据用户的不同提供个性化的导航栏，导航管理功能可由系统管理员进行设置，而用户可在权限许可的范围内，在管理员设置的基础上进行导航栏的自定义。

（4）信息发布系统。

①业务模型分析。

建设统一信息发布子系统，构建统一的信息发布平台，打破单位间的组织界限，实现组织结构和工作流程的重组优化，跨越时间、空间和部门的制约。在此平台中，各部门由统一的入口进行信息的“采、编、发”操作，通过平台的信息元数据管理和标准程序接口，可实现信息的“一次录入，多单位使用”。

在统一的信息发布平台中，各单位通过各自独立的账号进行信息的发布；系统管理员对各单位的信息发布权限要进行严格控制，各单位只能在各自的栏目中发布信息，系统管理员可以对所有栏目的信息进行管理；系统管理员可以对各部门账号和栏目进行灵活的添加、修改和删除。

②业务系统设计。

登录用户身份/权限认证：对登录系统的用户进行身份、权限的认证。

信息发布：各单位系统管理员和信息发布员在栏目中发布本单位信息，包括通知公告、政策法规、简报等。

信息编辑：各部门管理员对已发布的信息进行修改。

信息审核：各部门管理员审核需要审核的信息，未审核或审核未通过的信息不对外公开。

统计信息：系统提供了细致的统计分析功能，主要包括流量统计、内容统计和工作日志。其中流量统计包括栏目访问量排行，访问量统计，时段访问量统计，IP 访问量统计，文章访问量统计、来源统计，浏览器统计、颜色统计，操作系统统计，分辨率统计等。内容统计包括管理员信息量统计、栏目信息量统计。

数据接口：信息发布系统开发数据接口，通过平台的信息元数据管理和标准程序接口，用户可在门户平台中发布信息。

（5）内容管理。

①业务模型分析。

建设统一的内容管理系统，对信息资源进行整合管理，提供信息上报、信息编辑、信息审核和信息发布为一体的平台工作环境。

可视化在线编辑：可视化、所见即所得的在线页面布局，与 Word 等 Office 产品紧密集成，用户可直接从 Word 里粘贴，也可以在线进行文字的排版处理。系统支持插入图片、Flash、附件、音频、视频、超链接、表格等。系统会自动将插入的图片、Flash 等文件上传到系统中指定的目录，直接粘贴的文章或图片可以自动保存到本地服务器。

模板自定义：支持模板自定义，模板制作不依赖于专业的网页制作工具即可制作出整洁精美的页面效果；无须编写程序，鼠标拖拽即可改变页面布局；简单操作即可更换栏目风格。

②业务系统设计。

文件模板管理：将平台建立过程中的“页面”制作成模板，而模板又分为模板和模板页。模板其实就是一个门户平台，导入到系统中可以直接修改后使用。而模板页就是一个个具体的页面，可以被不同的栏目进行链接调用。

栏目管理：用于管理大通关“一门式”门户平台上的所有栏目。无限级节点扩展，可在栏目上设置管理及访问权限，每个栏目都可以设置单独的系统管理员。

资料库管理：在不同栏目下，可以添加多种类型资料源，为栏目资料组建提供资料来源，资料库可进行分类管理。

可视化编辑：文章内容编辑采用功能强大的可视化编辑器，编辑器具有 80 余种编辑功能，支持代码、设计、文本三种编辑方式，编辑后的内容可以方便地预览。

设计页面：内容管理系统在页面设计方面采用了极富人性化的设计，整个产品的易用性在这里体现得淋漓尽致。用户无需懂得任何网页技术和编程技术，无需再使用复杂的网页编辑工具，使用在线编辑工具可将已上传的静态页面模板制作成易于维护的动态页面，只需将可视化的页面组件拖拽到静态页面的相应位置并设定样式，直至构建出结构合理、功能完整的动态页面。

页面组件：在设计页面时，内容管理系统提供了一个页面组件的标准库，包括基础信息、平台导航、站内检索、日历、自定义组件、其他组件等，每个组件又包含不同样式，全面满足用户各种需求。其中的自定义组件可由用户按自身需求编辑标准库中不含有的其他组件。

（6）门户应用统计管理。

①业务模型分析。

电子口岸大通关门户平台需建立信息统计系统，系统可分部门、分类别、分时间对大通关“一门式”门户平台发布信息的发布量、上报信息采用率、更新频率等评估指标进行日常监测和评估，定期产生相应的绩效排名。

②业务系统模型分析。

信息监测：对电子口岸大通关门户平台日常发布的信息进行监测。

信息查询统计：按分区域、分部门、分类别、分时间对大通关“一门式”门户平台发布信息的发布量、上报信息采用率、更新频率等分类，对电子口岸大通关门户平台的信息进行统计查询。

（7）统一应用入口。

大通关服务平台是由多种异构系统集成的，应具备集成多种系统、封装多种功能。并满足多类用户一次进入，透明地使用他能使用的任何系统。统一应用入口的目的是让用户能够通过一次登录访问所有应用程序。它提供一个统一的机制来管理用户的身份验证。

单点登录，用户通过单一的身份来登录所有应用系统，可使用 CA 认证系统进行身份认证的安全应用，自动访问所有授权的业务应用系统，无需记忆多种登录过程、ID 或口令，从而提高整体安全性。

单点登录系统采用集中用户映射的方式和需要集成的业务系统交互，对原有系统的改动要求较低，通过配置就可以解决大多数问题。定制开发和部署的难度和工作量也大大降低，最大限度地节约了整个系统实施的时间和成本。同时，系统提供开放的、平台级的应用编程接口和管理工具，使得在集成新的应用时，具有良好的可扩展性。

①业务模型分析。

大通关“一门式”门户平台单点登陆，就是指大通关“一门式”门户平台外挂应用接口。将不同的应用系统无缝集成到大通关“一门式”门户平台进行单点登录，单点登陆与应用登记模块进行对接，根据应用登记模块中登记的业务系统参照实现，并对数据整合提供支持，可以实现统一的单点登录和各业务系统的信息共享。

提供单点登录技术标准和规范，提供各单位系统接入。

②业务系统模型设计。

权限认证：对登录用户进行权限认证，检测用户是否具有单点登陆应用系统的权限。

应用系统登记：登记需集成到平台进行单点登陆的业务系统，记录系统名称、访问地址、单位信息。

账号关系管理：记录用户在各应用系统的账号、密码和平台中的单点登录账号形成影射关系，为用户令牌的生成提供依据。

用户令牌：生成加密的用户令牌，实现各单位应用系统的单点登陆。

（8）大通关应用集成系统。

在大通关各单位的已有业务系统中，各系统均为分散的应用，电子口岸大通关“一门式”门户平台提供标准化的应用接口，能将外部各种应用系统集成到门户平台，将已建成的业务系统在业务应用平台系统进行登记，登记后的应用系统可以进行有无该系统的使用权限认证，如要进行单点登录认证，需根据统一的接口标准说明进行调整，同时需要做组织机构和用户的对应关系。

14.5.2.4　工作人员用户管理系统

（1）组织机构管理。

业务模型分析。统一的组织机构和用户是建立电子政务一体化的标准和核心，在电子政务建设过程中有统一规划的应用系统，也有各部门自建的应用系统，在各个应用系统建设的过程中，组织机构和用户均需要统一的标准，便于基础数据的统一，当信息建设达到一定程度时需要进行跨部门和跨系统的业务交换和信息共享，那么统一的组织机构和用户就显得特别的重要，通过组织机构和用户的接口将信息提供给各单位和各业务系统使用。

大通关组织机构人员管理对外提供统一规范的数据格式，接口使用电子政务标准指南的 XML 方式进行提供和使用，通过接口，可以获得最新的组织结构及人员资料，提供给各子系统应用。组织机构和用户信息数据采用树状目录展示机构目录列表，以单位、处室、公务员分层级展开，分别由各单位负责维护。同时为了方便管理，进行分级授权管理，确保数据的准确性。

功能模型设计。组织机构管理：建设大通关统一的组织机构库。组织机构的维护和管理采用分级授权的方式，单位管理员可以维护本单位的组织机构。

组织机构接口：大通关门户使用电子政务标准指南的 XML 方式，将门户数据库的组织机构数据提供给各单位和各业务系统使用。

（2）用户管理。

业务模型分析。每个传统电子政务系统都维护管理自己的用户信息，每个系统的用户信息格式、属性种类、内容各不相同，很难保证各个系统用户信息的完整性、一致性。这就增加了各应用系统整合的难度，成为信息自动化的瓶颈。

为了实现用户信息的统一管理和存储，在各应用系统之间方便地共享用户信息，要保证信息的共享和互通是受控制的、安全的；这就需要建设一个统一用户管理系统为电子政务各应用系统提供统一的用户身份信息管理，保证了用户身份信息的安全性、完整性、一致性和可用性，并在各应用系统之间安全地共享用户信息。

功能模型设计。用户管理：各级系统管理员对自己负责管理的用户进行用户账号、密码、用户信息、隶属单位的管理和维护包括用户基本信息和职务信息。系统支持用户属性的增加、扩展，支持多级用户信息管理。

用户状态监控：用户登录系统，进行操作时，系统自动记录用户信息包括日志记录和系统审计；支持文件、数据库、审计服务器接口。

用户接口：使用电子政务标准指南的 XML 方式，将电子政务门户数据库的用户数据提供给各单位和各业务系统使用。

（3）权限管理。

权限分配流程。系统采用通过角色给用户授权及直接给用户指定权限相结合和方式，实现统一的权限管理，保证用户使用的方便性及操作的灵活性。

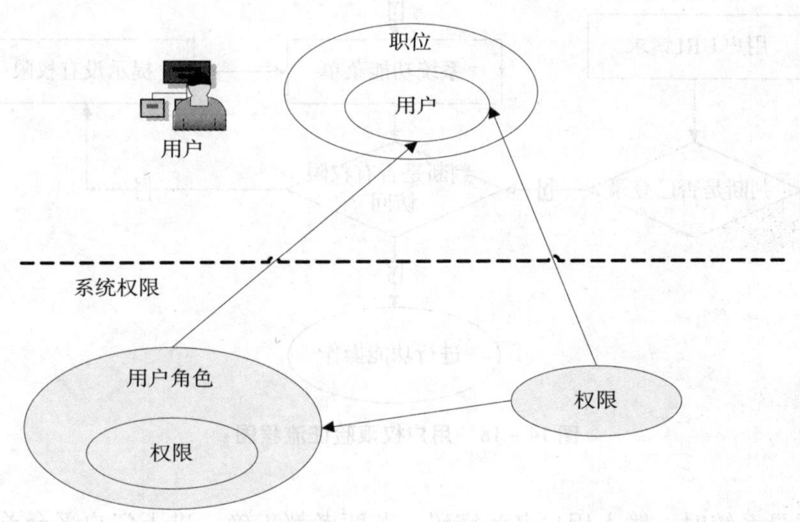

图 14－17　权限分配流程图

通过角色：角色中的成员继承角色的权限，角色与角色没有上下级关系，他们是平行的。通过角色的引入，以对角色进行权限分配的控制取代了直接对用户进行权限分配的控制，增强了权限管理的灵活性，同时也降低了权限管理的复杂性；系统管理员可按照需要对权限进行分配，建立合理的角色，并把合适的角色指定给不同的用户，对授权的变化有很好的适应性和伸缩性。

直接指定：直接指定是通过对某个人具体指定一项权限，使其有使用这个权限的能力。直接指定是角色指定的一个简化版，省略创建角色这一个步骤，使角色不至于过多。

权限验证流程如下图：

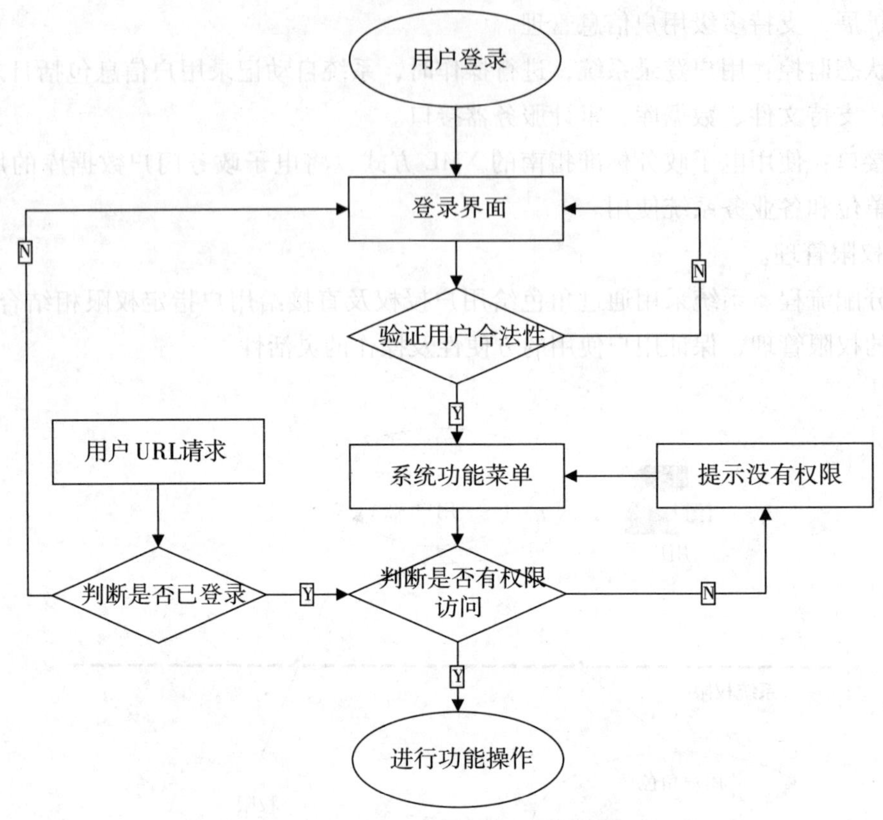

图 14－18　用户权限验证流程图

用户在登录系统时，输入用户名和密码，若两者都正确，进入门户平台首页，通过平台提供的单点登录功能，可以单点登录进入各业务系统中进行功能操作；若输入有误，则仍返回登录页面，此时也可以点击各业务系统，通过各业务系统各自独立的登录认证页面进行登陆，根据各业务系统的权限对各业务应用系统进行使用。通过各业务系统登录的用户不可以单点登陆进行其他业务应用系统。用户在登录系统成功后所做的每一项操作都要进行权限验证，验证通过可进行正常的操作，验证未通过则返回相应的错误信息。

14.5.2.5　审计日志

审计日志管理负责采集来源于平台用户的登录日志、运行日志、访问日志，对这些日志信息进行统一展示和统计分析，为管理人员对整个平台的运行情况、使用情况的分析提供依据。

系统提供详尽的日志功能，包括系统日志和用户日志。系统日志主要提供所有系统管理员、系统操作员、用户对系统信息或证书信息的操作，并且提供了功能强大的查询条件。系统管理员可以通过日志查询获得系统的状态，操作员可以通过日志查询获得证书和用户信息操作的历史记录，用户则可以查询本人的操作记录等。

系统提供强大的操作审计功能，用户对系统所有操作均记录在案，以备统计和分析，实现对用户接入应用系统的行为进行全方位监控、追踪和审计。

14.5.2　电子口岸大通关数据中心方案

14.5.3.1　项目承担部门

商务厅（人民政府口岸办公室）。

14.5.3.2　数据中心总体框架

电子口岸大通关数据中心是电子口岸大通关的基础和核心，数据中心利用现代信息技术和公共数据网，将电子口岸大通关牵头单位、成员单位和进出口企业的可共享数据集中存放在公共数据中心，实现信息的集中存储、集中使用和共享利用。

由于各通关业务应用需要，须实现数据共享和传输才能提高应用系统的整体效率。由于各单位信息系统在应用范围、构建方式、系统结构、数据资源等方面存在一定的差异，因此需建立统一的数据共享交换平台，实现信息资源共享的目的。

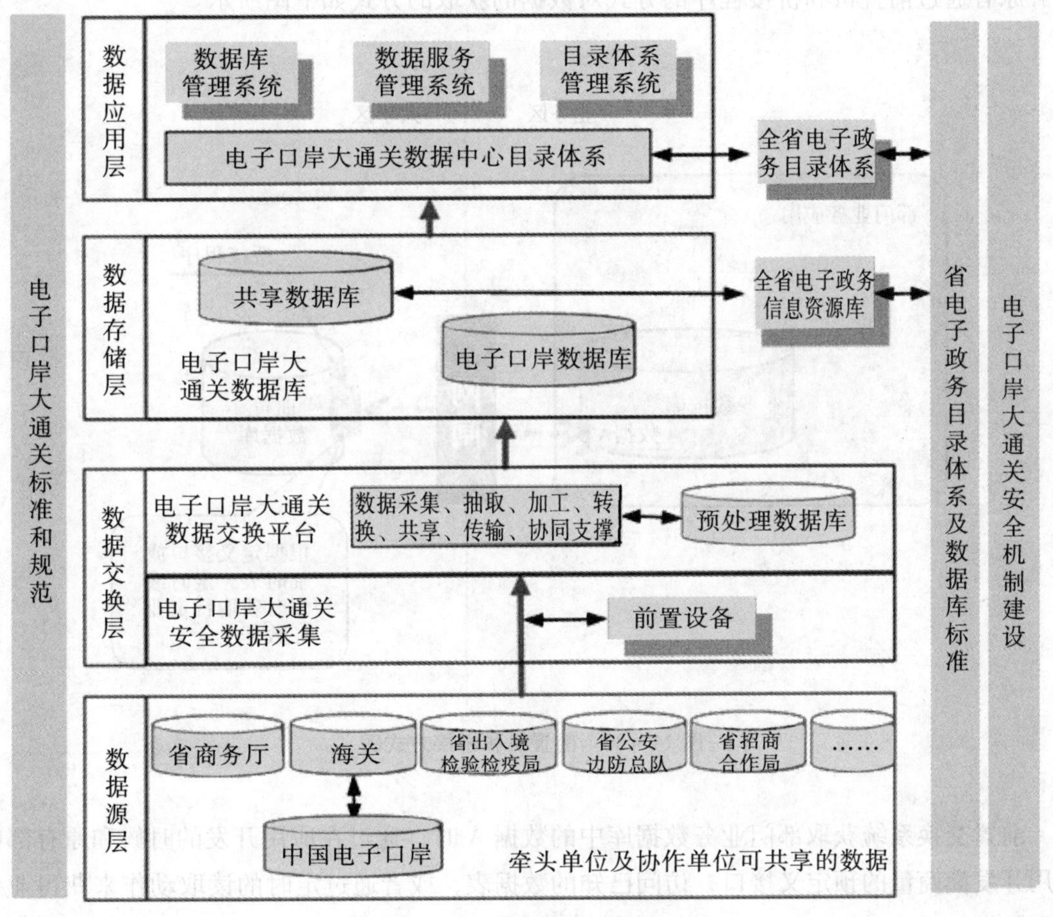

图 14－19　数据中心总体框架图

14.5.3.3 通关业务数据交换体系功能设计

政务总体框架大通关数据中心的构成包括服务与应用系统、信息资源、基础设施、法律法规与标准化体系、管理体制，支持各通关单位间公共业务应用。大通关信息资源交换体系作为基础设施，与各业务应用单位相对独立。

针对大通关的社会服务和企业、通关监管和公共管理等三个政府职能，建设思路是不建设单独的三个大类的应用，而是按照国家的政务资源信息目录体系和交换体系的标准，并且依托大通关现有的各业务系统，建立起一系列能够实现企业服务、市场监管和公共管理等三个政府职能，公共业务应用的业务的 Web Services 的服务接口调用，以方便当前公共业务应用的应用建设以及满足未来需求的变化。

在建设 Web Services 服务接口的同时，我们按照国家目录和交换体系的规范，将获取业务数据库中数据的方式以资源交换服务的方式加以实现。下面我们来比较一下新旧两种方式的优劣。

原有通过前置机和桥接程序的方式对数据的获取的方式如下图所示。

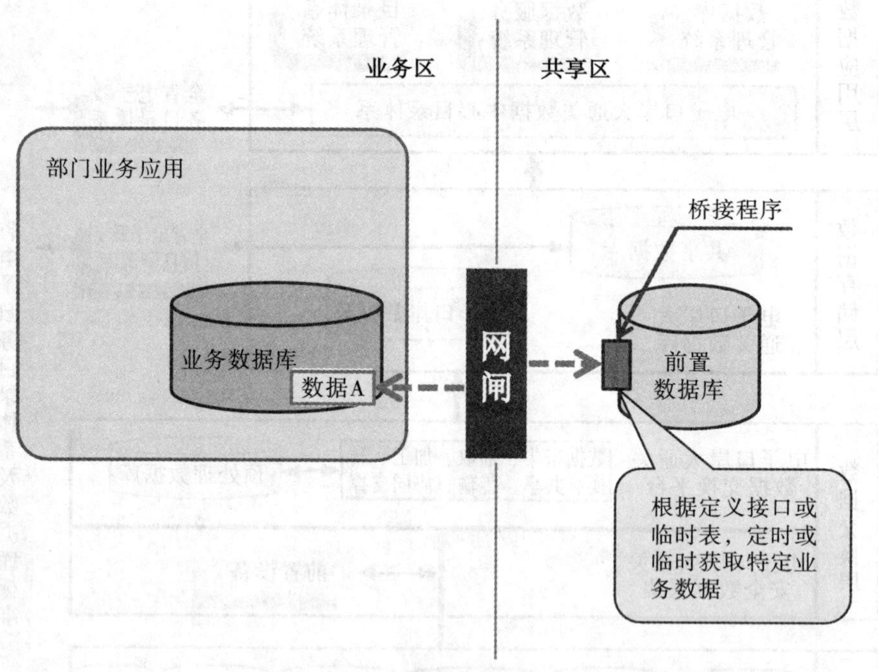

图 14－20　前置机和桥接方式图

前置交换系统获取部门业务数据库中的数据 A 时，通过在应用开发的时候和原有部门应用开发商商量的预定义接口，访问已知的数据表，或者通过定时的读取动作来获得业务资源数据。

其特点是针对一类数据，需定制配合的桥接程序。

新的基于资源交换服务的方式，用户或者应用首先通过目录体系查询业务数据库中的数据，而后再在交换服务目录中获取原有的业务应用注册的获取该数据的交换方式，通过直接的数据获取，或是调用相关的接口去获取业务资源数据。交换过程如下图所示。

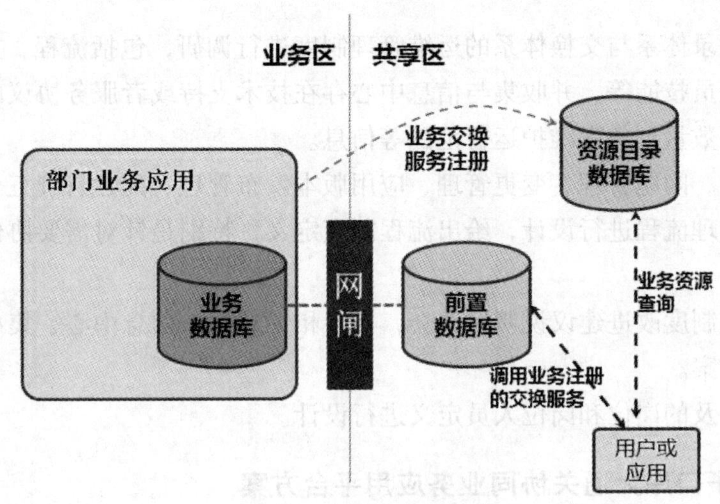

图 14－21　交换过程图

新方式的特点包括以下几个方面：

（1）获取数据的方式由原部门业务应用开发商提供并且注册到资源目录中。

（2）前置数据库获取数据随用户或第三方应用的需求变化而变化。

（3）前置数据库对数据的获取无需配套开发桥接程序。

我们建立的 Web Services 服务接口通过 UDDI 中心注册、发布和管理，不仅提供相关业务应用或对未来新建应用进行调用，并且每一个 Web Services 服务接口又可以作为一个组件，由用户和应用开发商装配组成一个新的实现特定业务需求的 Web Services 服务接口。这样，所有的新开发的协同业务应用服务接口可以获得重用。

14.5.3.4　电子口岸数据中心管理制度建设

参照国家标准，结合电子口岸大通关信息化现状及项目建设的实际，围绕共享信息资源的规划、编目、注册、管理、服务和使用等 6 个环节以及信息交换的交换桥接、前置交换、交换传输、交换管理、交换部署、运行使用等 6 个环节，完成招标文件提出的标准与规范。参考共建部门对信息资源目录体系的应用需求和项目实施中间的经验教训，为标准与规范建设提供特色的范本。

标准与规范输出的文本包括服务目标、服务方法论，服务工作内容。

在大通关目录体系与交换体系方案建设完成后，需要建立一整套规范、完整、可操作性强的标准与规范，以保证高可用性、高可靠性、高响应度。

针对大通关目录体系与交换体系项目制定一套标准与规范，并协助相关部门在原有标准与规范制度的基础上修改并完善形成此次项目的标准与规范制度，特别是需要协作完成的流程和制度，包括以下部分内容。

对相关部门现行目录体系和交换体系进行调研，包括流程、文档、汇报机制、组织架构、人员技能等；

需对大通关目录体系与交换体系的运维管理制度进行调研，包括流程、文档、汇报机制、组织架构、人员技能等，并收集与信息中心存在技术支持或者服务协议的厂商联系方式、技术人员技能数量、负责维护运行范围等信息。

根据事件管理、问题管理、变更管理、应用版本发布管理、配置管理五个流程，对各相关部门和相关管理流程进行设计，给出流程制度定义，特别是针对需要协作完成的流程建议。

召开管理流程制度改进建议说明讨论会，与各相关部门、信息中心、集成商及其他厂商讨论确定设计方案。

对各流程所涉及的岗位和岗位人员定义进行设计。

14.5.3　电子口岸大通关协同业务应用平台方案

14.5.4.1　项目承担部门

省商务厅（省人民政府口岸办公室）。

14.5.4.2　通关监管服务系统

根据大通关的管理要求，对相关单位及口岸的监管和服务职能也需要通过信息化的手段进行管理，通过电子数据报送方式来进行监管也日渐迫切，原有的统计分析系统面临着海量数据处理的准确性、及时性、安全性等一系列挑战，并且也带来了不断增长的工作量，大量的纸质报表，更使各级统计服务器业务人员陷于半人工处理的困境，根据业务的需要，规划如下功能。

14.5.4.3　通关业务智能分析系统

大通关协同应用需要架构在大通关数据共享的基础上，在大量的各类业务数据中，应用智能分析工具，架构各类数据应用，进行数据的推送和查询，提供各类分析数据、报表数据等，以上操作无需通过复杂的编程实现，只需要根据业务逻辑来配置即可实现。

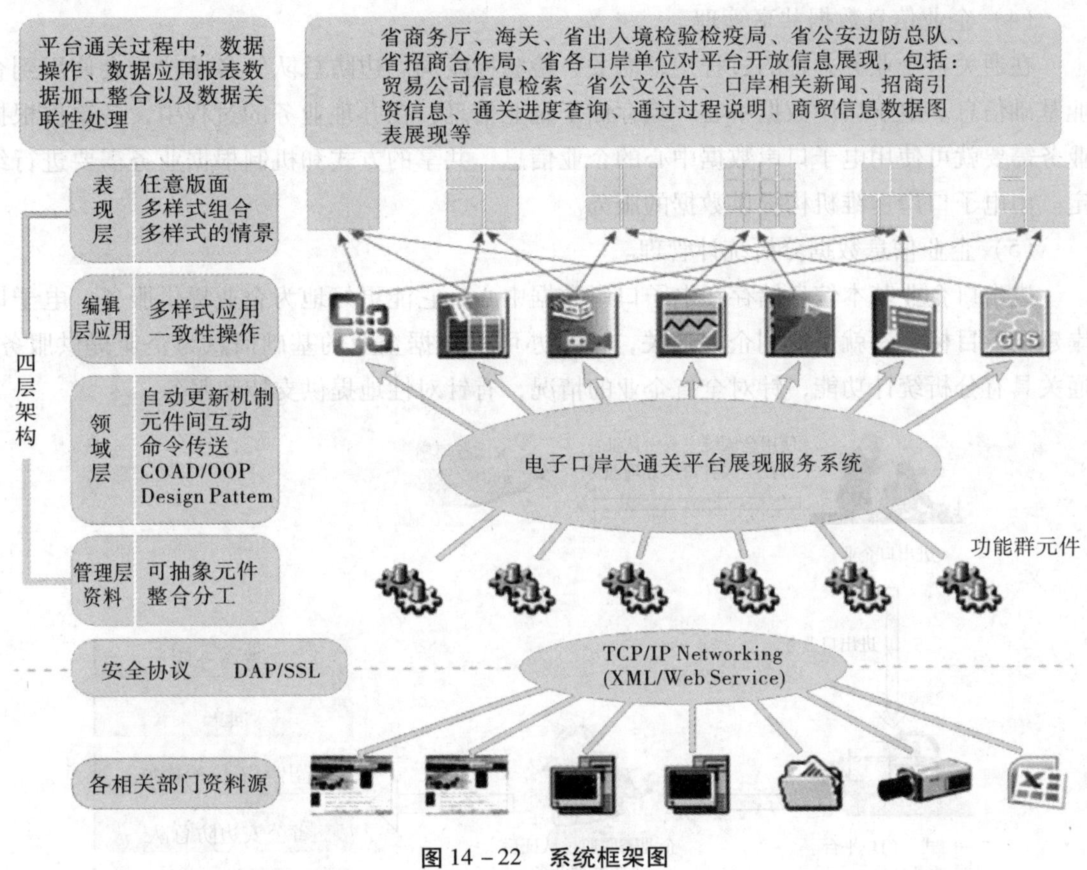

图 14－22　系统框架图

14.5.4.4　统一身份认证

统一身份认证功能设计：

（1）企业信息数据传输管理。

进出口企业身份认证数据在海关有企业 IC 卡系统、出入境检验检疫局有企业备案数据，企业在办理通关业务过程中需要频繁地使用到企业基础信息，电子口岸平台通关与海关数据分中心通过统一规划的数据传输和交换平台，将数据集中存储到电子口岸数据中心，供各业务单位使用。

（2）企业信息数据入库管理。

进出口企业基本信息储存到电子口岸数据中心，需要按照相关的数据标准和数据入库的管理机制；使用同步、异步方式进行数据的入库，需要按照业务规则进行约定。

（3）企业信息数据同步管理。

进出口企业基本信息储存到电子口岸数据中心，根据现有的业务规则及从各系统的安全考虑，规划使用前置设备对数据进行同步，同步数据的规则可根据业务的需要进行调整。

（4）企业信息数据共享管理。

在通关各个业务办理的过程中，海关、检验检疫局、边防总队等各单位均会使用到企业基础信息。电子口岸数据中心一旦存储了企业信息，在办理业务的过程中，各单位根据业务需要就可使用电子口岸数据中心的企业信息，共享的方式和机制根据业务需要进行约定。由电子口岸运维机构提供数据的服务。

（5）企业信息数据分析统计管理。

进出口企业基本信息储存在电子口岸数据中心，它能更好地为企业提供服务。电子口岸建设的目标之一就是便利企业通关，口岸办可以根据企业的基础信息为企业提供服务；通关具有分析统计功能，针对全省企业的情况，有针对性地提供支持和服务。

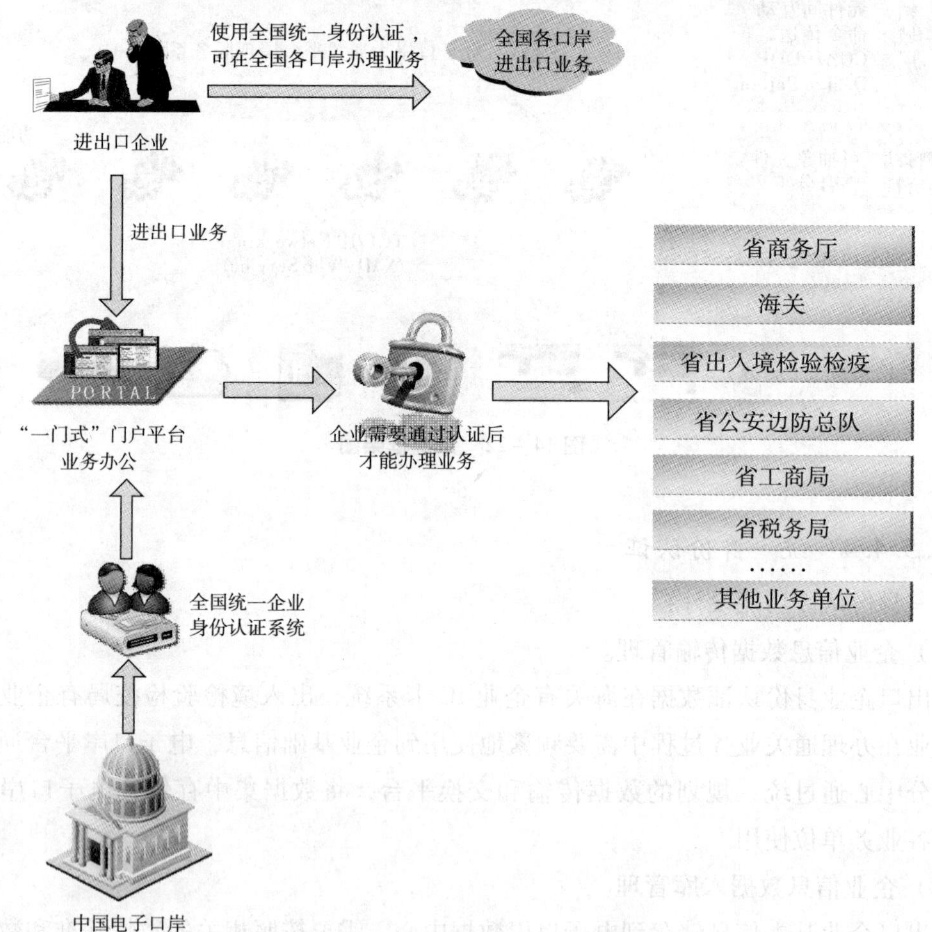

图 14－23　统一身份认证框架图

14.5.4.5　统一联网核查系统

现有业务模式：

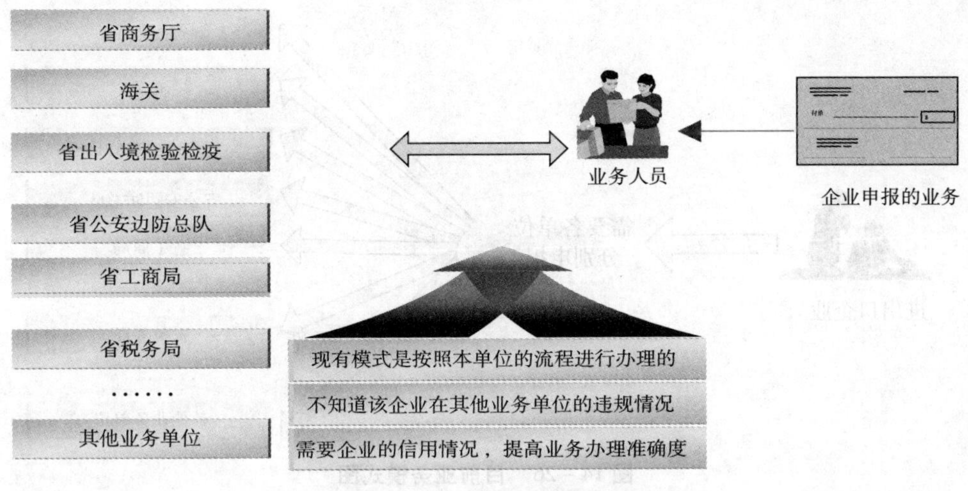

图 14－24　目前业务模式图

电子口岸业务模式设计：

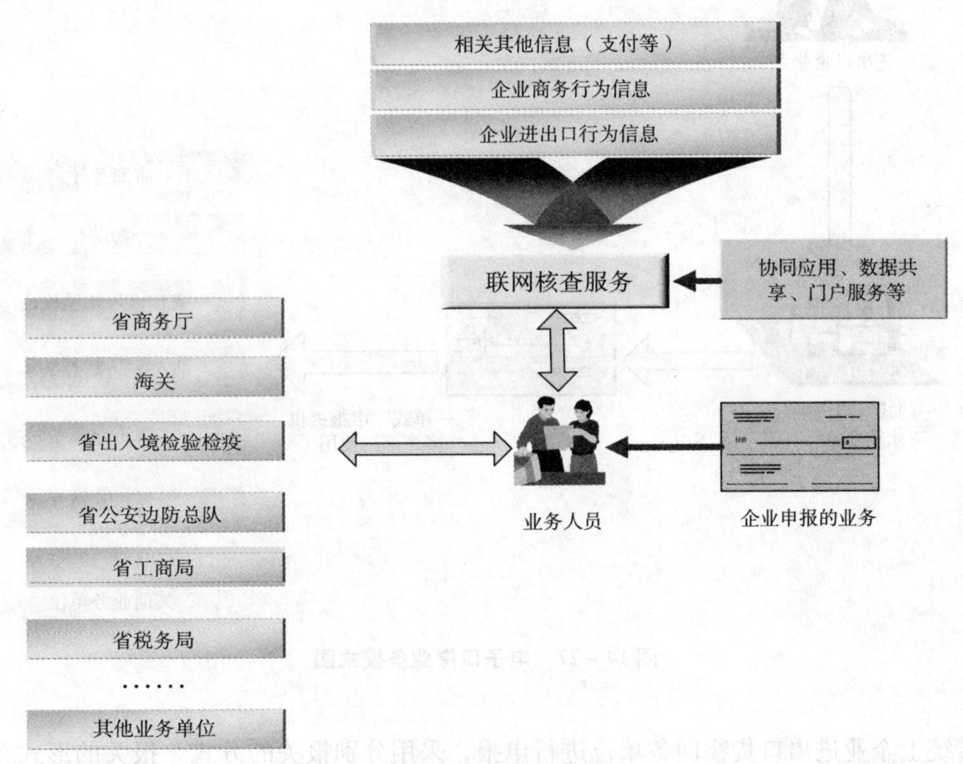

图 14－25　电子口岸业务模式图

14. 5. 4. 6　统一联网申报系统

现有业务模式：

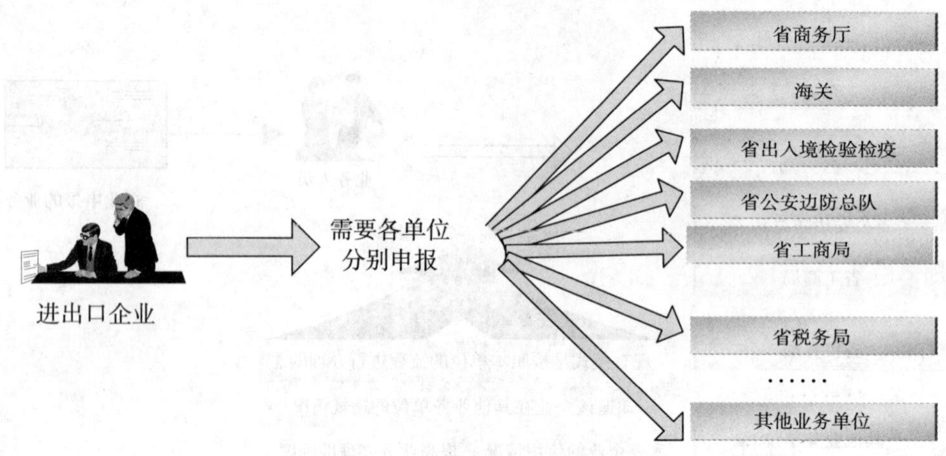

图 14－26　目前业务模式图

电子口岸业务模式：

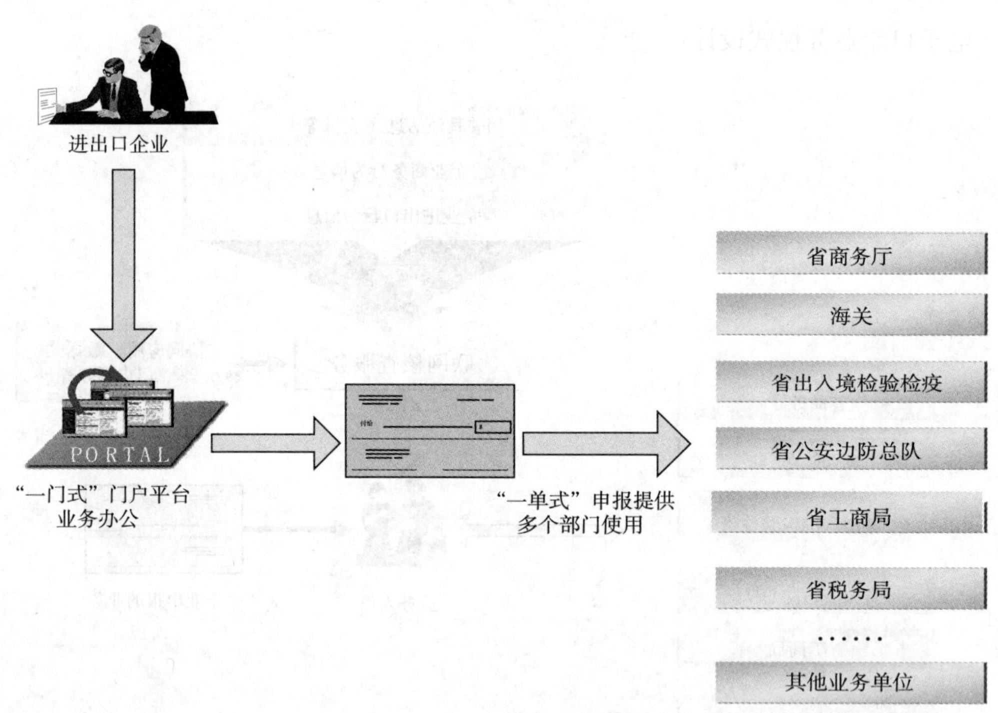

图 14－27　电子口岸业务模式图

传统上企业进出口货物向各单位进行申报，采用分别报关的方式。报关的形式在实际运作过程中，企业普遍认为存在手续较多、差错不易控制等诸多不便，并且在某些情况下，对于瞒报、伪报等走私违规现象，各单位和企业双方也很难察觉。能否采取一种新的方式替代传统的申报，既方便企业报关，又方便各相关部门加强监管，同时还可以有效防止走私违规——联网申报的方式就是很好的解决办法。

完整的报关是指企业通过终端设备与中心联网，从而实现与海关、银行、商检等部门的电子数据交换和认证，在计算机网络上完成所有的申报。报关虽然理想，但在全省目前的现实条件下，海关、银行、商检等部门的联网和协调是一项庞大的系统工程，成本高、投入大、完成周期长。因此，需采取一种类似于报关的方式，实现相关单位与企业的联网报关，称为相关单位—企业联网报关。可达到快捷方便、减少差错、提高效率、加强监管和有效制止走私违规的目的。

14.6　效益与评价指标分析

14.6.1　经济效益分析

电子口岸大通关服务平台项目通过多部门协作产生经济效益如下：

（1）政府部门经费将大大节省，由原来的多部门、多头管理变为“一站式”服务，管理成本和办公成本将被大大节约，产生经济效益。

（2）企业从原来的多部门办理业务变成一门式办理，缩短审批时间，简化审批流程，企业因此将获得更多商机，产生不可估量的经济价值。

14.6.2　社会效益分析

提升政府办事效率、提升政府公信力和形象，为营造良好的经济环境做出贡献，因此产生非常好的社会效益。

14.6.3　项目评价指标分析

（1）进出口企业在项目咨询和信息获取的效率上提高 50%。

（2）进出口企业申报效率提高 30% ~50%。

（3）进出口企业申报的状态获取提高 50%。

（4）相关的监督管理部门效率提高 30%。

14.7　案例评析

抓住千载难逢的桥头堡建设机遇，通过电子口岸大通关服务平台项目的建设，不断强化和落实“四个服务”（即“为国家宏观经济发展服务、为电子口岸大通关各单位服务、为成员单位服务和为广大进出口企业服务”）的理念，努力探索并掌握电子口岸大通关和口岸传统职能的内在联系，加强内外部的沟通和协调，争取各方的理解和支持，按客观规律办事，创新管理理念和工作思路，与参与各方和谐共建，协同应用、共享成果，在电子口岸大通关建设的推动和管理方面发挥重要而积极的作用。

该项目是典型的涉及通关业务各政府部门业务协同的项目，项目的主要难点在于打破现有的部门条块分割和部门利益格局，协调工作通常会大于技术工作，项目建设过程中必须以需求为驱动力不断迭代。一旦项目建设完成，对相关部门内部业务和涉及进出口企业都会带来非常大的便利，因此建设电子口岸大通关服务平台项目具体重大的意义。

第 15 章　工会信息化系统建设项目项目案例（总工会）

15.1　概　述

为贯彻落实《2006—2020 年国家信息化发展战略》的各项要求，根据《中华全国总工会关于印发〈全国工会系统信息化发展规划（2014—2018 年）〉的通知》的有关规定，省总工会深入贯彻落实党的十八大和全国总工会十五大的精神，以推动工会各项工作信息化建设，紧跟时代步伐，适应政务信息化建设的新形势，成立了省总工会网络信息化建设领导小组，加强工会信息化建设工作的组织领导。

省总工会在深入调研、广泛参与的基础上，科学合理地编纂完成了《总工会信息化顶层设计报告》。根据信息化顶层设计方案，依托互联网、云计算、大数据等新一代信息技术手段，拟建设总工会信息化系统，全面提升各级工会信息化服务水平、解决工会突出问题、创新群众工作方法，促进社会和谐稳定，为构建全国民族团结示范区做出应有的努力。

总工会信息化建设将紧紧围绕党和国家工作大局与工会工作全局，主动融入国家“一带一路”发展战略和国家“互联网 +”行动计划，按照省委、省政府全方位推动信息化建设跨越式发展的目标，在总工会网络信息化建设领导小组的统一领导下，结合工作实际，利用新一代信息技术手段推进全省工会信息化建设，创新服务模式，使信息化建设成果惠及全省工会会员及广大职工群众。加强信息化顶层设计、统一标准规范、完善服务体系、创新工作方法、完成信息化系统建设，为全面推进省工会工作的创新发展，提供系统支撑和有力保障。

15.2　项目需求分析

15.2.1　项目建设必要性

15.2.1.1　形势发展的需要

2015 年 8 月 31 日，国务院发布《促进大数据发展行动纲要》，大数据汇集、分析，云计算、云平台快速席卷整个世界，从目前发展趋势来看，数据中心的建立已势在必行。

中华全国总工会一直在推动工会信息化建设。全国大部分省、市都建立了自己的工会信息平台，全省大部分厅局也都采用云架构的方式构建了自己内部系统的信息平台，可见，建立全省工会自己的信息系统云平台，并使其成为工会业务流转的大平台已是大势所趋。

15.2.1.2 提高工会管理水平的需要

该项目的建设充分体现了规范管理、会务公开、方便群众的宗旨，从根本上使工会管理工作走上数据化、信息化、规范化、快捷化、一体化的道路，实现电子化管理，提高工会工作效率、降低行政成本，推动工会管理水平上新的台阶。

15.2.1.3 提高宏观决策能力的需要

该项目的建设有利于及时准确地把握工会发展趋势的相关信息，随时跟踪监测工会态势，利用先进技术手段，对工会组织和会员信息进行统计、分析，提高管理和决策水平，为政府的正确决策提供科学依据，促进工会管理的健康、稳定发展。

15.2.1.4 实现工会信息资源共享的需要

该项目的建设有利于建立健全工会与组织、人社、财税、民政等部门相互协调、相互制约的机制，形成一个较为健全、适用面较广的单位和人员信息库，在更大范围内实现数据资源共享。

15.2.1.5 实现会务公开、阳光部门的需要

该项目的建设使社会公众能够及时了解工会信息，切实维护人民群众的知情权、参与权、监督权，在党、政府与人民群众之间架起一道理解和信任的桥梁。

15.2.2 云计算平台需求

计算资源需要满足工会信息系统平台未来 2 ~3 年的 IT 需求，内容包括资源整合、快速部署、可用性、可靠性、扩展性、安全性等方面。通过计算资源平台，将工会各业务部门的计算需求实现共享和按需分配，有效提高计算资源的利用率。计算资源平台应采用云计算技术，实现服务器虚拟化和桌面虚拟化。

15.2.2.1 业务需求

（1）共享 IT 基础设施资源降低架构成本。

省总工会已经具有一定规模的 IT 基础设施资源，采用 IDC 托管的方式运营，资源利用率较低且管理成本较高。为进一步提高资源利用率、降低基础架构成本，考虑对现有 IT 基础架构进行整合及虚拟化，实现 IT 基础设施资源的共享。

（2）增强 IT 基础架构支撑灵活度。

系统有能力在灵活的时间内交付服务或产品，实现用户自服务，按需求获得或访问计

算机、网络、存储资源。增强IT基础架构的自动化和智能化程度，轻松、灵活地应对快速变化的业务需求，大大节省上线时间。

（3）降低系统管理复杂度，提高管理效率。

省总工会面临管理和运维人员不足的问题，以往传统的IT管理方式很难满足业务系统出现故障时的时效性要求，故需进一步降低系统管理复杂度，提高管理效率，提高各类系统的可靠性和可用性。

（4）支持桌面虚拟化。

通过桌面虚拟化实现"无处不在的安全桌面"，满足省总工会机关办公PC机可同时访问政务外网和互联网的安全要求，并减少对办公PC数量的需求。

15.2.2.2　技术需求

（1）性能。

该项目能够满足我省工会信息化业务应用需求的性能，但是性能本身并非主要关注点，且无需对任何特定的功能提供优化性能。

（2）非预先定义的使用模型。

平台设计者必须知道最终用户使用的目的和具体负载，满足在用户根本不知道应用需求的情况下运行各式各样的应用。

（3）按需或自服务应用。

通过简单灵活的方式提供给最终用户自适应的计算、存储、网络和软件的能力。用户必须能够在不破坏底层主机操作的情况下扩展资源以满足自身需求，具有在有限的资源下启动，随着时间的增加和用户需求增长而轻松扩张的能力。

（4）私有云。

管理者可建立私有云平台，并在内部建立自己的云的逻辑，维护整个架构中的控制点以及组件。

（5）安全性。

安全应根据资产、威胁和脆弱性风险评估矩阵来实现，满足计算安全、网络安全和信息安全等的需求。

15.2.3　存储资源平台需求

随着工会系统近年来信息化的发展，数据的产生量和价值与日俱增，却没有完善的数据保护措施，数据大部分分散在服务器中，当发生机房停电、病毒感染、人为误删除等无法预知事件时，数据丢失隐患极大，会给工会业务运行造成很大的影响。而且随着工会业务系统的增加，数据的增长速度难以预知，数据的保护的要求日益凸显，需要一套能够适应未来数据环境的存储系统，以实现业务数据的高速存取、集中管理和连续保护，保障业务不中断、数据不丢失。

15.2.3.1 业务需求

总工会的存储资源平台应采用虚拟化存储技术构建统一存储资源池，为各级工会系统提供数据级和应用级数据存储服务。存储资源区主要分为生产区和备份区。

生产区包括虚拟化统一存储、数据库统一存储。虚拟化统一存储为云计算平台的虚拟主机提供统一存储空间，主要存放虚拟主机磁盘文件，并为部分重点应用系统提供文件存储空间。数据库统一存储为数据库系统、数据库集群提供统一的数据库数据存储空间。

备份区包括近线备份存储和离线备份存储。近线备份为虚拟化统一存储和数据库统一存储内需要备份的系统数据和数据库数据提供备份空间。离线存储是对近线存储数据的备份，满足近线备份数据二次备份和归档要求。

15.2.3.2 技术需求

（1）高可靠。

数据是工会最重要的资产，作为云计算平台最核心的部分，存储系统的高可靠性至关重要，主要包括数据安全性和业务连续性两个方面。因此，存储系统本身应具有较高的可靠性，且各主要模块支持冗余、热备及在线更换，避免单点故障。

（2）高性能。

存储系统能够满足工会业务系统及虚拟桌面并发高峰期的 IOPS 和吞吐量需求，避免由于存储响应缓慢而不能正常提供服务。

（3）高智能。

云计算平台承载的业务系统种类多样、数据量巨大、数据处理过程复杂，且各业务系统共享存储资源，因此，存储资源平台应支持块存储和对象存储，并提供自动精简配置、自动分层和 QoS 功能，满足今后业务发展的需要。

15.2.4 网络资源平台需求

本项目建设中很重要的一块内容为组建以省总为核心，州（市）为分支的二级网络资源平台，通过接入到电子政务外网安全通道，形成工会专属网络，最终实现省、州（市）两级工会互联互通。这为业务系统建设及应用打下安全、可靠、高效的网络基础。

根据相关文件精神，结合本项目的设计思路和目标，总工会信息化建设需要充分考虑为全省各级工会系统提供信息化服务的需求，并对承载信息化业务的网络环境提出了非常高的要求，主要包括：

（1）满足依托政务外网建立我省工会系统业务虚拟专网，实现非涉密工作信息的共享与交流需求。

总工会信息化建设应围绕党和国家工作大局和工会全局，充分利用电子政务外网建设基础，使用成熟的网络及信息技术在政务外网内组建适用于全省工会系统的业务虚拟专网，实现工作信息在全省各级工会系统间的业务流转，降低业务虚拟专网组网成本。业务虚拟专网建成后可承载全省各级工会的各类工会内业务的非涉密业务应用，并实现与全国总工会网络的互联互通。

（2）满足基于电子政务外网与各级政府部门间的数据共享和业务协同。

依托电子政务外网，整合全省工会系统信息资源，满足政府部门与工会系统间信息资源交换和共享需求，实现资源的优化配置和有效利用，促进跨部门的电子政务业务工作协同。

（3）满足工会依托互联网面向职工群众提供服务的需求。

工会工作发挥着密切联系政府与职工群众的重要作用，为使职工群众方便、快捷的获取工会服务及信息，需要进一步拓展工会基于互联网的服务渠道，满足承载各级工会系统门户网站体系、推进工会信息公开、接受群众和社会监督的迫切需求。

（4）确保网络系统安全，满足政务外网与互联网间逻辑隔离要求。

遵循电子政务外网、互联网的安全隔离要求，在充分考虑工会信息公开、信息共享的客观需要的前提下，采用多种安全软硬件设备相集成的网络安全保障措施，实现工会信息资源及业务应用的安全管理、安全认证与授权访问，确保各级工会系统关键应用的网络安全。

（5）总工会办公楼室内无线覆盖需求。

为提高工作效率，满足省总工会工作人员在办公大楼内的移动办公的需求，需实现总工会整栋办公大楼的无线局域网全覆盖。

15.2.5　应用软件资源需求

总工会业务系统目前主要是建设符合全省工会机关内部办公、职能业务、业务支撑、决策支持、保障管理等应用系统，如协同办公系统（OA 系统）、总工会机关内外网门户系统。

近年来，随着工会部门信息化建设逐年的增长，海量的业务数据、文档数据需要实时共享，业务繁杂的办事流程需要在工会各级部门之间顺畅流传，单一、封闭的协同办公系统已经不能满足总工会内部级各个系统之间知识共享、业务往来及单位之间数据共享的需要。总工会领导下的各级机构目前更需要一个开放且安全的办公系统平台，以提高公文流转效率，实现知识共享，同时能够适应政务公开的要求，增强政府施政的透明度，并具备实用性、规范、通用和可操作性等特点。

工会需要建设专门的会员管理系统和组织管理系统对各级工会组织的工会会员信息、会员会籍、组织关系进行统一管理和监督，使工会管理逐步变得简单有效、安全全面。

为扩大工会组织的社会影响面，弘扬劳模精神、宣传工人伟大品格、维护职工合法权益，总工会还需要建设门户系统，包括门户网站、微信、微博等门户，用于增强工会组织与职工的联系，促进工会与职工的沟通协调，实现工会业务创新。

15.2.5.1　应用系统需求概述

总工会行政办公自动化系统（以下简称 OA 系统）是工会系统政务信息化建设与管理工作的重要组成部分，是提高工会工作效率，降低和节约成本，加快办公自动化建设，保障公文和各种信息传递快捷畅通的必要手段。坚持“政务公开、共享信息、快速反应、优质服务”的原则，利用现代信息技术手段，搭建省总工会与各州、市、县总工会及省级各产业、厅、局（公司）工会之间相互沟通联络的便捷桥梁。

需要梳理现有的公文流转制度，规范总工会及各级工会组织的公文办理流程。建设 OA 系统，用于改进各级工会组织公文处理方式，实现纵向至上级总工会公文接收，横向至全省所有同级工会组织的互联互通和无纸化办公，实现全工会组织主要办公业务的数字化、网络化，加强部门之间协同业务流程和信息交换。

需要建设工会组织管理系统，准确把握工会组织发展的实际情况，通过实时更新的工会事务数据库来全面掌握基层工会组织的发展动态。

需要建立门户系统，在工会与广大职工群众之间搭建起一个信息传递、互动便捷、服务高效的平台。

15.2.5.2　应用系统功能具体需求

（1）OA 系统。

总工会需要一个高效的协同管理工作平台，实现内外资源的高效整合的信息系统，从而提升其管理水平。实现纵向至上级总工会公文接收，横向至全省所有同级工会组织的互联互通和无纸化办公，实现全工会组织主要办公业务的数字化、网络化，加强部门之间协同业务流程和信息交换。

OA 系统实现日常管理、公文办理、会务管理、信息发布、信息报送、短信中心、系统管理等办公自动化功能。通过实现工会日常业务信息化和会议、信息通知网络化，降低传统电话通知所付出的时间和资金的消耗；实现公文网络传输和流转，降低公文送取中带来的工作成本，实现电子化办公。

利用 OA 系统邮箱联通省、市、县三级工会，获取下级工会各项工作业务数据。公文管理主要实现系统内公文流转会签，系统外部来文可以从来文系统中通过转换进入收文管理模块，纸质文件可以通过手工输入，也可通过扫描作为附件进入系统流转。

移动办公功能支持智能手机、平板电脑、手提电脑等移动设备通过 4G 移动网络远程接入，方便领导及各部门同志出差时能够随时随地地访问平台数据，实现远程办公。

短信接入功能连接 OA 系统与短信通知系统的接口，实现在线发送短信通知，实现待办文件提醒、文件催办、会议通知等自动或人工发送短信功能。

个人资源功能主要管理个人相关信息和资源。

信息交流功能提供信息获取和交流渠道，方便员工交流信息。

（2）工会会员管理系统。

总工会建设工会会员管理系统，可以全面、实时、准确地反映全区工会组织和工会会员的基本情况及其变化，实现工会会员基本信息变化和工会组织变动调整的动态管理，为全区工会工作和会员管理提供信息化平台和载体。提高日常工会会员管理水平，节约了时间、财力、人力等资源。根据省总工会工作需求，主要实现会员的档案管理、查询和统计、会员会籍管理、会籍文件管理、会员卡管理、会籍信息查询统计、会员身份验证调用接口等功能。

（3）工会组织管理系统。

工会组织管理系统协助各级总工会基层组织建设工作管理部门完成对相关工作的管理，主要的功能包括基层以上工会管理、工会联合会管理、企业信息管理、基层工会管理、企业转移管理、数据查询、数据统计等；协助各级总工会基层组织建设工作管理部门完成对基层以上工会管理、企业信息管理、基层工会管理、企业转移管理、数据查询、数据统计等相关工作的管理。

（4）门户系统。

门户系统包括总工会网站、各州市工会网站、移动 APP、QQ、微信和微博公共账号等门户，在工会与广大职工群众之间搭建起一个信息传递、互动便捷、服务高效的平台。工会门户系统是工会组织对外宣传的窗口，是工会组织与广大会员相互交流沟通的平台和工会组织服务职工群众的便捷通道。

总工会门户网站建成后，将成为总工会内外信息交流的核心通道：即对内包括以内部政务、业务信息为主的综合信息管理，促进总工会内部信息共享管理、发布交流；对外打通互联网服务通道，体现总工会的业务管理和服务本质，树良好形象，使该网站成为省总工会与公众沟通的信息平台，成为向外展示的重要窗口。门户网站主要用于发布通知公告、对外信息公开、共享资源等。总工会门户系统的主要功能包括：通知公告、新闻、最新动态、政务公开、政策法规、资源共享、在线交流等。通过门户网站应用建设，将成为具有高性能、高可靠性，技术先进的一站式总工会公众信息服务总平台，实现统一的信息发布、集中的信息存储备份，专业的系统管理维护、面向社会面向公众的信息服务功能。

微信、QQ、微博等移动门户是工会开展党的群众路线教育实践活动的新平台，其目的在于进一步加强政民联动，拓宽联系群众、服务群众的渠道；和广大网友“微”距离接触、“零”距离交流，进一步提高政务服务工作的透明度和公众参与度，让老百姓更加直接、快捷的了解政府工作方针，咨询相关政策，让总工会更加直观的宣传相关法规，直接获取老百姓的需求，做到权为民所用、情为民所系、利为民所谋。及时公布工会工作动态、接受公众监督、发布便民信息、征求公众意见和建议等，旨在打造一个工会和职工共同参与、共同交流的信息平台。

（5）会员发展潜力分析系统。

根据会员基本信息、文化程度、工作经历、健康程度、岗位信息等相关数据，通过岗位需求分析、会员能力素质分析、会员岗位胜任力分析等模型，分析会员的职业发展潜力并可视化。

15.2.6　安全监管体系需求

15.2.6.1　平台安全加固系统需求

传统的安全体系通常是从管理层、网络层、应用层、系统层、物理层等5个层面来考虑，单个层面的产品无法根本解决整体的安全问题，故需要把五个层面的产品、技术、管理思想融合在一起，针对总工会实际需求规划出一个适合云计算的平台架构，能解决云安全问题的方案。

15.2.6.2　平台应用监管系统需求

系统需要能够实现与云计算平台的无缝对接，通过标准化、规范化、精细化控制运维的管理过程，将对设备、资源、应用、流程等进行有效的整合，集视、监、管、控为一体的IT综合运维管理平台，为云计算中心提供稳健的IT运维服务。

15.3　项目目标和任务

15.3.1　项目目标

结合工会工作特点开展信息化建设，努力实现“基础设施完善”“工会管理高效”“普惠服务创新”“会员生活幸福”的愿景目标。总工会网络系统建设完成后，实现“按需扩展”的云计算基础框架，办公自动化及重点应用系统的建设和推广应用有序推进，信息资源规划科学合理、大数据分析应用成果初现，独具特色的工会普惠应用取得突破，规范制度、信息安全和运行维护体系建设同步，对全工会系统信息化建设指导效果明显。项目建成后，总工会信息化程度达到全国工会系统中的先进水平。

15.3.2　项目任务

15.3.2.1　完善总工会网络

（1）基于总工会现有网络基础，利用省政务外网服务资源，构建省至州市，州市至县的工会MPLS VPN虚拟专网。省总工会和经过电子政务外网扩容的各级工会采用≥100Mbps的带宽接入电子政务外网；通过省级电子政务外网与国家电子政务外网的连接，实现与全国总工会政务外网的网络连接。

（2）对于没有进行电子政务外网的扩容的州市县各级工会，采用VPN/VPDN等多种方式通过互联网接入。

（3）采用双运营商双链路接入互联网，实现双线双节点设备架构，实现省总工会建设部署2套链路负载均衡设备、2套入侵防御系统、2套流量控制分析系统、2台核心交换机（含防火墙板卡）和32台汇聚交换机、2套漏洞扫描系统、2套安全审计系统、2套上网行为管理网关、3套网页防篡改系统等设备，划分互联网接入区和DZM安全区，接入总带宽≥150Mpbs。

（4）支持通过电子政务外网的互联网安全接入统一平台接入互联网的方式。互联网和电子政务外网之间逻辑隔离，确保非涉密信息交换的安全性。

15.3.2.2　建设省总机关办公楼无线网络

在完善总工会网络系统的同时，因实际业务需要，将在省总机关办公楼1~6层内，部署共计40个无线AP设备、6台无线汇聚交换机；AP设备通过楼层POE供电交换机连接至核心交换机，核心交换机旁挂2套无线控制AC设备，管理所有AP热点；无线WIFI网络与办公局域网出口相同，获得相同的网络安全保护能力，通过VLAN划分与办公有线局域网二层隔离。

15.3.2.3　开发部署OA系统，提升办公效能

开发部署省总工会办公OA系统和相应的系统管理、公文管理、短信接入、个人资源、信息交流、电子邮件系统、移动办公等功能模块。基本实现以信息化办公解决方案完成工会日常工作；总工会各部门之间依靠电子公文流转实现“无纸化”办公；根据实际需要与全国总工会信息化平台数据选择性对接，保障各项工作报送数据准确、真实与安全；支持智能手机、平板电脑、笔记本电脑等设备通过移动互联网远程办公。

15.3.2.4　建设完成云计算平台，支撑信息化建设需求

依托总工会机房资源，分阶段有序建设完成一个高弹性、高可靠、分级互联、按需服务的云计算平台，实现工会信息资源和服务能力的集中汇聚。硬件部署30台X86架构节点服务器、6台数据库集群服务器、4台安全及管理服务器、3套存储阵列、6台光纤交换机、16套KVM设备，软件购置120颗CPU的云计算虚拟化授权、2套云计算平台管理系统、2套数据库管理系统、1套WEB应用服务软件、1套备份系统。以此为基础，完成云架构的虚拟化计算资源池、虚拟网络资源池、虚拟存储资源池建设。

15.3.2.5　部署省总工会机关虚拟桌面服务

为保障总工会机关办公电脑同时访问政务外网和互联网的安全，在总工会办公场所部署一套基于云计算的虚拟桌面服务，虚拟桌面服务采用集中部署模式，易于管理，用户存储空间安全隔离，支持负载均衡，可进行远程接入访问控制，通过云计算平台调度实现虚拟桌面服务的按需扩展功能。部署的虚拟桌面服务支持100个客户端并发使用。

15.3.2.6　平滑移植原有应用至云计算平台

为实现资源共享高效利用，需统一信息化管理、统一数据接口规范，将省总工会原有的“地税代收工系统”“职工医疗互助系统”“劳模信息管理系统”等应用平滑移植至云

计算平台，迁移之后的应用系统采取云架构集中部署，原应用系统业务数据整体转化为省总工会基础应用业务数据库，最终迁移到数据仓库，逐步将其纳入大数据处理系统的统一管理。

15.3.2.7 开发业务管理应用和普惠应用系统

根据工会工作实际，逐步开发服务于工会管理工作的“工会组织管理”“工会会员管理”两个业务应用系统，提升各级工会组织的信息化管理水平。开发面向社会提供普遍服务的“门户系统”、开发基于移动互联网的“官方微信”“工会 APP”，在工会与广大职工群众之间搭建起一座互动便捷、服务高效的信息桥梁，创新工会组织的服务模式，使开发成果惠及会员大众和职工群众，促进工会的信息化服务迈上新台阶。

15.3.2.8 基础资源库、数据仓库和大数据处理系统建设

（1）按照全国工会系统“执政能力建设信息化工程”建设规划要求，建设云架构下的工会会员库和工会组织库，形成工会会员及基层工会组织基础资源数据库。

（2）通过应用系统开发，构建工会业务信息资源数据库；通过服务升级，构建工会服务信息资源库；进而整合各业务历史数据资源，构建省总工会数据仓库。

15.3.2.9 智慧创新型应用开发

（1）借助大数据分析成果，开发具有智慧创新理念的新兴应用，将原有传统应用系统进行大数据处理，转化为“智慧型”应用。

（2）将大数据分析成果与政府部门和商业机构进行充分互动，不断提升工作效率，从而提升服务能力、扩大工会的影响力，这有利于进一步扩大会员队伍，形成良性循环，从而实现螺旋式发展。

15.3.2.10 构建信息化标准保障体系

（1）在总工会网络信息化建设领导小组的坚强领导下，建设完成制度保障机制，制定总工会的各项信息化技术管理服务规范和信息化管理制度。

（2）构建完整、有效和可信的总工会信息化环境安全体系架构，明确信息安全策略、信息安全技术规范标准，完善信息安全管理方法和流程。

（3）从运维保障组织、运维保障制度、运维管理系统三个方面着手建立运维保障服务体系，统一信息化的运维过程管理、运维人员管理、运维资源管理、运维技术管理，建设服务评价系统，确保整体保障体系规范、高效和长期支撑。

15.4 总体框架

根据信息化建设的目标和原则，结合各级工会目前的基础情况及建设愿景，明确信息化建设的主要任务，按照合理可行、适度超前的原则，制定总工会信息化建设的总体架

构，指导后续的实施工作。总体架构图如图 15－1 所示。

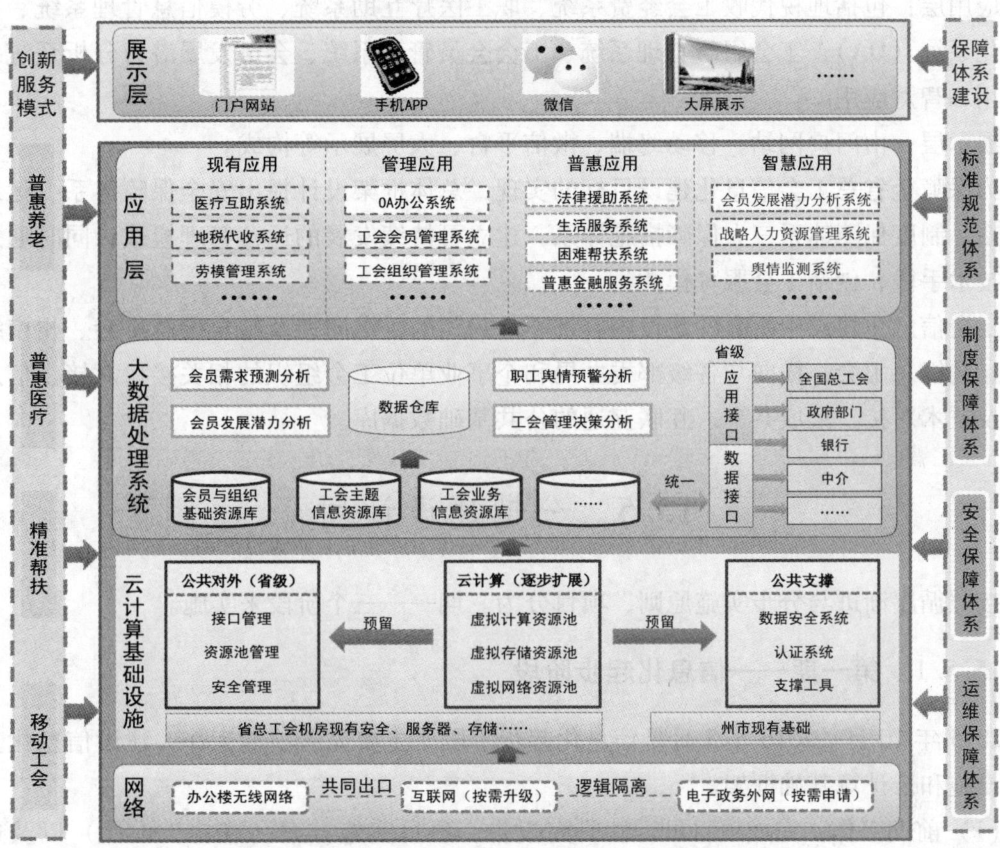

图 15－1　省总工会信息化系统建设项目总体框架

从宏观角度看，总工会信息化建设的总体架构由下至上包括网络层、云计算基础设施、大数据处理系统、应用层、展示层等五层，左边为服务模式创新，右边为标准化保障体系。

网络层：包括按需升级的互联网接入、无线局域网、电子政务外网等基础网络设施，用于实现省总工会“纵向”的上下互联以及与外界的“横向”互连互通，对云计算基础设施层和应用层起到基础支撑作用。

云计算基础设施：在省总工会现有的机房设施基础上，建设可逐步扩展的云计算基础框架，包括虚拟化的计算资源池、网络资源池和存储资源池；预留了用于公共支撑的数据安全系统、认证系统和支撑工具；预留了用于对外对接服务的接口管理、资源池管理和安全管理。对大数据处理系统和应用层提供基础性服务。

大数据处理系统：包括工会会员与组织基础资源库、工会业务信息资源库、工会主题信息资源库，通过统一的数据接口与全国总工会、各级政府部门、商业机构等进行数据对接。在基础数据之上构建数据仓库，经过大数据技术处理，进行会员数据质量分析、会员需求预测分析、会员发展潜力分析、工会管理决策分析、职工舆情预警分析等优秀成果。

应用层：包括地税代收工会经费系统、职工医疗互助系统、劳模信息管理系统、办公自动化系统（OA）、工会组织管理系统、工会会员管理系统、会员发展潜力分析系统等普惠应用和智慧应用。

展示层：由门户网站、移动终端、微信平台、大屏展示等构成。

为保障全省总工会信息化建设目标的实现，总体框架设计提出安全保障体系、运维保障体系、制度保障体系三大保障措施体系，建立可持续发展的运营管理模式；同时通过大数据技术手段，创新工会服务模式。

工会信息化建设中所有的建设内容都不是封闭的，纵向涉及与全国总工会、州市级总工会、县级总工会，横向与各级部委办局和企事业单位工会组织的相关接口对接、信息对接以及技术对接，形成共享、互联互通的公共基础数据库。

15.5　分期建设计划

按照循序渐进与分步实施原则，项目分为三期——三个阶段来实施。

15.5.1　第一期——信息化起步阶段

2015 年 10 月—2016 年 3 月是信息化起步阶段，主要完善前期工作，建设信息化基础网络设施和云计算基础框架。

（1）前期工作：完成项目可行性研究报告、项目实施方案（或初步设计）以及进行招投标相关工作。

（2）应用系统建设：完成省总工会办公 OA 系统建设。

（3）基础网络建设：全省各级工会接入省电子政务外网；省总工会接入互联网；省总工会机房部署单线路、单节点设备，建立政务外网接入区和互联网接入区，配备必要的信息安全设备和软件。

（4）基础设施建设：部署 6 台高性能服务器、1 台存储阵列及相配套的网络及安全设备，完成云计算平台基础框架的搭建；建设 1 套云计算平台管理系统；建设完成省总工会机关虚拟桌面服务系统。

（5）制定完成相关制度和技术规范

15.5.2　第二期——信息化完善阶段

2016 年 4 月至 2017 年 4 月是信息化完善阶段，主要以完成云计算平台和应用系统建设为主。

（1）基础网络扩容建设：进一步扩展网络及安全设施，实现网络核心设备的双节点部署及虚拟化，实现互联网、电子政务外网均为双线、双运营商接入；内部网络具备负载均衡和双机热备的服务能力；完成覆盖整个省总办公楼的无线网络建设。

（2）基础设施扩容建设：扩展云计算平台基础设施，物理服务器扩充至 40 台，存储阵列扩充至 3 台，建设完成云计算平台，云计算平台管理系统扩充至 2 套，完善云计算平台安全建设；完成基于云架构的数据库管理系统部署和集成，为全省工会系统提供数据库云服务。

（3）基础系统建设：平滑迁移原有的地税代收工会经费系统、职工医疗互助系统、劳模信息管理系统等应用至云平台；完成我省工会信息资源规划；完成工会基础资源数据库、业务信息资源库和服务信息资源库建设；构建工会数据仓库；引导和推进省管各级工会系统建设符合当地实际的工会服务和业务平台。

（4）应用开发建设：搭建完成省总工会官方网站、官方微信、APP 应用等；开发内部业务管理系统——工会会员管理系统、工会组织管理系统；开发普惠应用系统的门户系统。

15.5.3　第三期——智慧应用阶段

2017 年 5 月—2017 年 10 月是信息化的跨越发展——智慧应用阶段，重点在建设各项智慧应用。

（1）基础系统建设：建设完成总工会的大数据处理系统。

（2）大数据分析成果：会员数据质量分析、会员需求预测分析、会员发展潜力分析、工会管理决策分析、职工舆情预警分析。

（3）智慧应用开发：开发智慧应用——会员发展潜力分析系统。

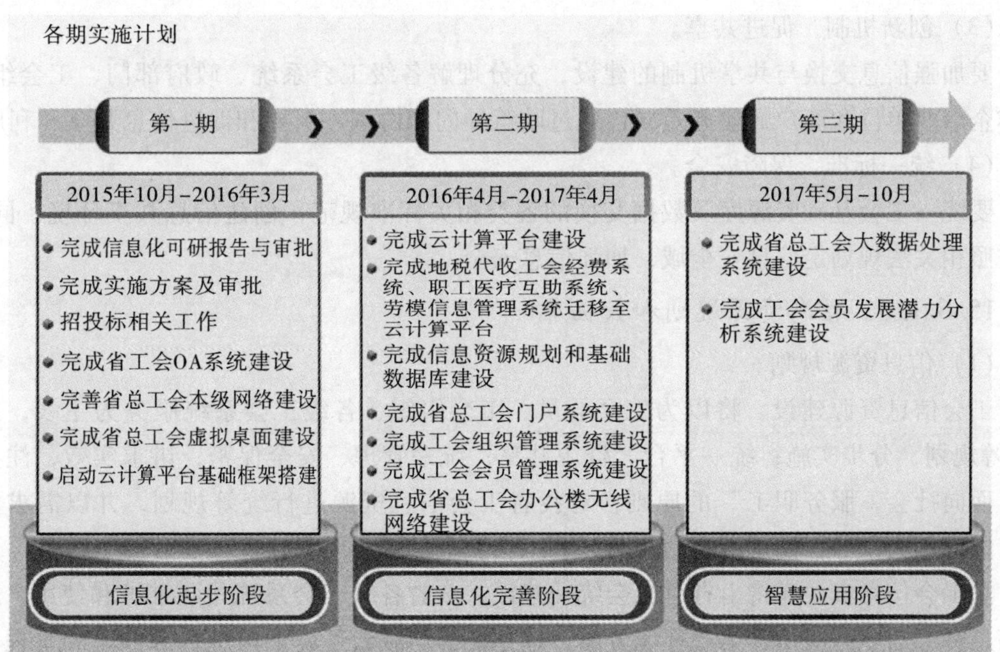

图 15-2　总工会信息化系统建设分期及计划图

15.6 建设方案设计

15.6.1 信息资源库及大数据处理系统建设

15.6.1.1 建设目标

系统的建设目标：建立全省工会基础资源库，整合全省工会组织、工会会员的基础信息资源，对基础数据进行集中管理；通过科学的数据更新维护机制，确保数据的一致性，准确性和完整性；最终为领导决策、公众服务和各业务部门提供数据支持。在全省工会基础资源库的基础上，通过数据共享和交换，采用先进的数据存储技术、数据挖掘和分析技术、数据展现技术等，为领导决策、公众服务等提供方便、直观和灵活的数据服务。

15.6.1.2 建设原则

(1) 统筹规划，逐步推进。

工会基础资源库是工会信息化建设的基础性数据库，涉及众多的工会系统、工会组织、工会会员及政府各部门，要用科学合理的方法做好数据资源的总体规划，以总体规划为基础，分步、分层有序地稳步推进系统建设。

(2) 急用先行、需求为先。

对当前急需的应用和需求优先考虑数据库建设，保证业务的协同和应用能满足需求的发展变化。

(3) 创新机制，促进共享。

要加强信息交换与共享机制的建设，充分理解各级工会系统、政府部门、工会组织、协作企事业单位和商户的业务差异，通过政策导向和协调，引导和促进信息共享和利用。

(4) 统一标准，保障安全。

要统一工会基础资源库及数据交换的各类相关标准规范，创建信息共享环境；同时，要按照相关法规划定信息安全域，加强信息安全。

15.6.1.3 信息资源规划和数据库

(1) 信息资源规划。

工会信息资源建设，将以为工会会员、工会组织、各级工会系统服务为主线，遵循“统筹规划、分步实施；统一平台、资源共享；统一管理、安全保密；讲求实效，注重应用；面向社会，服务职工”的原则，对我省工会信息资源进行统筹规划，并以需求为驱动、以应用为主导，满足工会信息公开和工会服务的核心要求。

总工会信息资源库将由省总工会统一建设，全省各级工会系统共同维护和使用。通过将信息资源与业务应用、承载环境分离，建立能够承载云环境下信息资源共享的管理和支撑服务，以授权服务的方式为全省各级工会系统提供应用数据服务、综合信息查询服务、协同办公数据服务和辅助决策等支撑服务，提升信息资源开发利用水平。

（2）信息资源库建设。

整个数据库建设规划分为两个层次，底层是基础数据库，上层是主题与业务信息资源库。

①工会会员及基层工会组织基础资源库。

工会组织库：以工会组织信息为基础，记录基层工会组织的基本信息及基层工会组织的隶属管理层级，形成工会组织数据库，该库是其他各种工会业务信息系统的数据基础。

工会会员库：收集会员会籍号码、姓名、身份证、户籍、工作时间、入会时间、数码照片等基本信息和会籍信息，形成工会会员数据库，为全省工会工作和会员管理提供数据库载体，实现对全省工会会员的管理。

②工会主题信息资源库。

工会服务信息资源库存储面向工会组织、工会会员、职工群众提供服务的各类应用数据，包括政务信息、政策法规、普惠服务、帮扶救助、劳模管理、权益维护、技能培训、就业创业、数字化图书等多个类别的信息资源。

③工会业务信息资源库。

业务信息资源库实现工会办公资料与信息档案的收集、整理、入档等数字化管理工作，满足省总工会机关、省各级工会系统“无纸化办公”的业务需求，提高工作效率；记录基层工会法人信息，实现基层工会法人资格证书的各项管理；管理基层以上工会（总工会）和基层工会的干部个人档案信息、任职信息和教育培训情况；负责存储定时形成的各类统计基础数据，为各级工会领导进行各种业务统计和数据分析提供统计基础数据，辅助分析决策、应急指挥等工作。

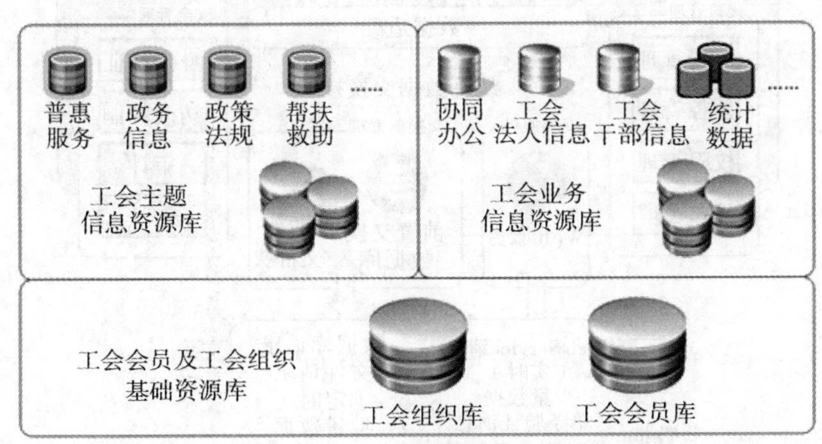

图 15－3　信息资源库示意图

（3）数据仓库建设。

当信息系统运行一段时间后，时间范围根据信息系统实际业务情形制定（一年、三年、五年或十年），可将运行的业务数据从数据库迁移到数据仓库中，这样即可以保证数据库运行的高效，又可以透过数据仓库所特有的资料储存架构，基于历史运行数据分析整理出有价值的资讯，以利于对我省工会发展历程和未来趋势做出定量分析和预测，辅助决策拟定及快速回应社会环境发展变化。

（4）统一数据交换接口。

总工会信息系统的建设离不开与各级政务部门、各级工会系统及工会组织之间的数据交换和业务协同，因此统一数据交换接口是省总工会信息系统建设中不可或缺、尤为重要的组成部分。统一数据交换接口通过全省统一、标准化的数据接口实现全省各级工会系统、业务系统之间的数据对接和业务协同，同时还将承担对其他政务部门和公共政务应用提供数据接口和服务的工作。

①数据交换服务架构。

统一数据交换接口提供数据采集和分发服务，实现与各数据交换节点间的数据映射和转换功能，主要包括交换前置接口和交换服务接口，能够满足省总工会与各级政府部门、各级工会系统、工会组织及协作企事业单位、商户间的数据交换与共享需求。同时，统一数据交换接口还包括接口管理和安全管理功能，满足对数据交换接口的管理、配置以及对基于接口进行数据交换过程的安全要求。

统一数据交换接口服务架构如下图。

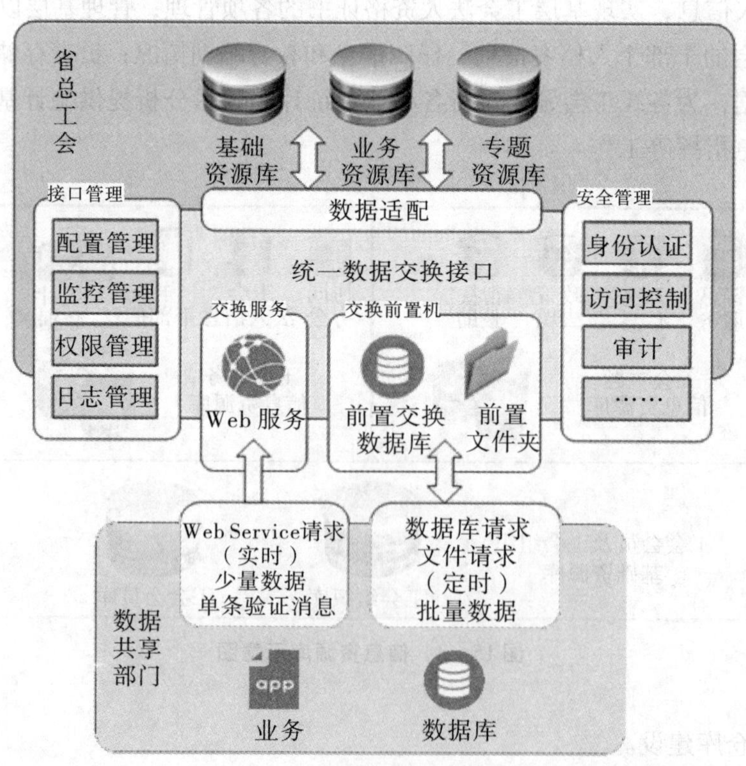

图 15－4　信息资源库示意图

②交换前置接口。

交换前置接口由交换前置机、前置机数据库及前置机文件夹组成，提供数据库和文件两种接口，主要用于大批量数据的交换，如前置数据库直连、数据库备份文件、格式化文本等。

交换前置接口（数据库接口、文件接口）具有独立封装和事件驱动的特性，提供针对各种主流数据库及格式化文本的数据提取、打包和存储功能。同时接口还提供数据映射机制，实现异构数据库之间、格式化文本与数据库之间、不同格式文本之间的数据转换。同时可配置触发条件、提取周期、数据封装格式等数据提取规则，进行不同部门业务系统中需要交换数据的提取、封装和传输。

交换前置接口示意图如下。

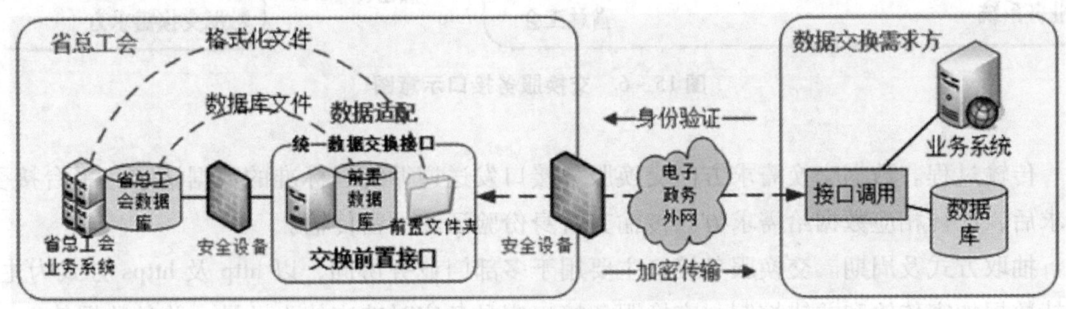

图 15－5　交换前置接口示意图

传输过程。数据交换需求方根据交换前置接口要求，按照预先设定的数据交换规则，调用交换前置接口；统一数据交换接口将对请求进行验证，以确保请求来源及请求数据的合规性；身份验证通过后对请求进行处理，获取省总工会数据库相关数据，经数据适配后，以标准、统一的数据格式传送至前置机的数据库或文件夹中；交换前置接口获取数据后将状态回送至数据交换需求方；数据交换需求方再次调用交换前置接口传递数据（支持加密传输），传送完成后，生成校验信息反馈统一数据交换接口；统一数据交换接口完成后对整个数据交换过程的日志进行记录。

交换方式及周期。它主要包括不定期交换、定期交换和按需交换等方式的全量或增量数据传送。

库表、目录权限及维护。交换前置机内的数据库接口库表命名、表结构、字段项及其访问账号由统一数据交换接口提供，各用户只能访问具有权限的数据库表。

异常处理。数据交换需求方对省总工会传递的数据进行校验并发现错误后提交异常请求，省总工会根据请求重新生成接口文件。

③交换服务接口。

根据相应的标准和规范，对省总工会提供数据交换的相应组件进行封装和接口定义，基于 Web Service/EJB/CORBA/DCOM 等组件方式开发部署交换服务接口。数据交换需求方通过调用封装好的服务实现数据交换。交换服务接口主要提供少量、单挑数据的交换，满足实时性要求较高的业务协同和数据支撑需求，如验证消息（是、否）、单条查询及批量查询（按条件返回单条或多条）等。

交换服务接口示意图如下。

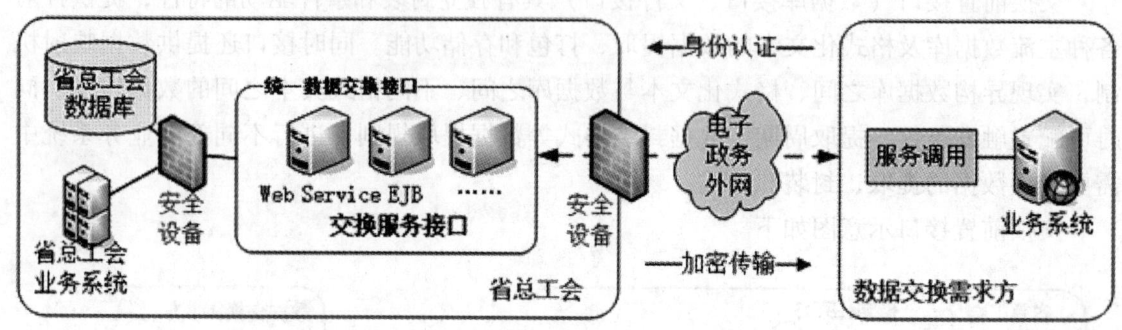

图 15－6　交换服务接口示意图

传输过程。数据交换需求方向交换服务接口发送遵循统一标准的数据请求，平台接受请求后，回传相应数据给需求方。传输支持身份验证和加密传输。

抽取方式及周期。交换服务接口主要用于多部门业务协同，以 http 及 https 方式为主，支持数据加密传输和差错控制。交换服务接口应具备实时响应的小批量、单条数据传送。

交换服务接口权限。交换服务接口权限由省总工会统一数据交换接口提供，且各用户只能发送具有权限的数据请求。

④接口管理。

配置管理：统一数据交换接口可管理各接入数据交换需求方、交换前置接口、交换服务接口及数据适配，并可对相关状态进行监控，及时了解各模块的运行状态。

权限管理：按接口及用户管理要求进行权限分配，包括数据和功能权限两个方面。

⑤安全管理。

身份认证：数据查询和交换必须经过认证。身份认证支持数据通道启动时双方的双向身份认证。

访问控制：根据系统管理员设置的用户权限，加载不同的功能模块，确保用户不越界获取数据或服务，拒绝不合法访问。

审计：具有健全的审计功能，完全记录所有用户操作及数据交换过程，并能够直观、便捷地将其显示出来，所有过程可追溯。

15.6.2　大数据处理系统

目前，工会在为工会会员提供服务时，只是基于少数职工的需求进行推断或者预判多数人乃至整个职工队伍的需求，或者基于部分地区的经验推断整个地区的工作措施，随着社会转型期的加快和职工队伍结构的日益变化，这种根据少数人需求而提供的服务具有很大的局限性。随着工会信息化建设的发展，工会组织和职工相关的数据规模越来越大，数据关联性越来越强。在工会业务工作的开展过程中，需要更多地借助医疗、社保、社交网络的数据，更加及时地了解各基层工会所发生的事情和职工反映的热点、难点问题和要求，更加快捷的掌握职工的思想动态。随着工会组织的发展和工会与其他信息系统数据交换的增加，与会员相关的医疗记录、临床数据、微博、微信、微视频等数据量已经达到 PB 级别，所以需要建设工会大数据处理系统，化海量、动态、多样的数据成为有价值的信息。结合政策对工会会员和工会组织的行为规律进行分析，从中发现目前工作中可能存在的问题，进而为解决这些问题提供依据，从而更好地提高工会服务。

15.6.2.1　省总工会大数据处理系统架构

总工会综合采用通讯运营商和应用技术商提供局域网组网、宽带接入、基础语音服务构建支撑工会信息化的综合通信基础设施。建立覆盖省总工会及各个县市的光纤主干网络、4G 无线网络，形成全覆盖的高速通信网络，满足工会信息化发展的需要。制定服务规范和管理办法，积极推进大数据、云计算等信息化基础设施在整个省的覆盖，为工会信息化建设奠定基础。

工会大数据处理系统主要采用大数据分析技术、大数据管理技术、大数据处理技术、大数据展现技术等针对不同数据层次的技术实现对工会大数据的处理分析和展示。

工会大数据智能分析平台架构如图 15－7 所示。

通过建立工会会员数据库和工会组织数据库，将分散在工会各部门的数据进行有效整合，为工会大数据分析打下坚实的数据基础，实现工会数据的保存、分析应用和深度挖掘，并从关联的数据信息中发现问题、判断趋势，从而做出有效的决策。

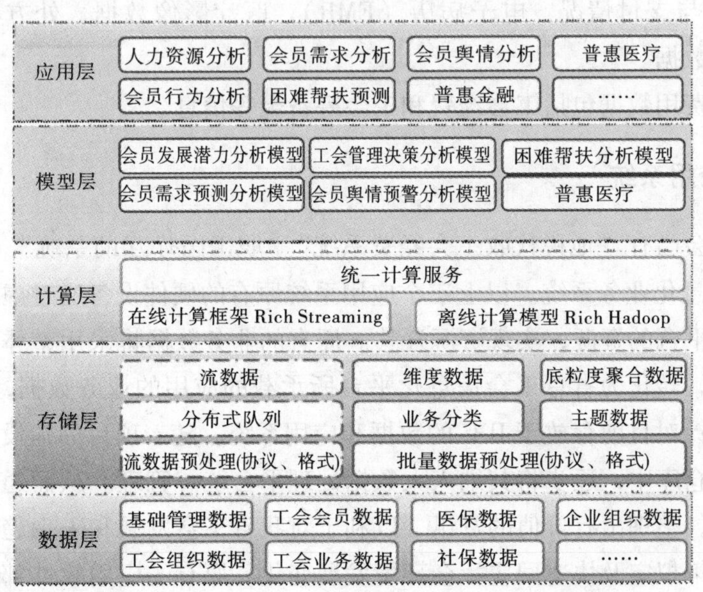

图 15－7　工会大数据智能分析平台架构示意图

15.6.2.2 大数据处理平台所涉及主要数据

大数据处理平台的数据主要包括省总工会信息化系统中的基础管理数据、工会会员数据、工会组织数据、工会业务数据等内部数据和工会会员的医保数据、社保数据、会员所在企业的组织数据、地税局代收工会经费等外部数据。

其中，工会管理数据包括工会的日常管理、通知、公文办理、会务管理、信息发布、信息报送等数据。

工会会员数据包括会员的姓名、证件号码、性别、出生日期、政治面貌、文化程度、家庭地址、特长爱好、所属工会、就业状态、技能等级、证件号码、联系方式、所在单位、会籍变化情况等反映工会会员自身基本情况的信息，还包括家庭情况、个人简历和所获得的成果奖励等数据。

工会组织数据包括工会名称、类型、性质、所辖工会、所属上级工会、联系方式、工会负责人、建会时间、组织机构代码、所相关企业信息等数据。

工会和会员所相关企业信息包括企业国民经济类型、企业类别、企业所在区县、企业职工数量、企业会员数量、外来务工人数等反映工会基本情况的数据。

工会业务数据包括劳动模范的性别、年龄、证件号码、劳动模范类型、健康状况、政治面貌、本人收入、所属产业、配偶的基本情况、劳模工作情况、劳模奖励情况、劳模补助发放情况、劳模疗休养情况等数据；还包括困难职工的姓名、证件号码、困难类别、致困原因、家庭收入、健康状况、政治面貌、家庭成员情况、困难职工所属产业、救助情况等反映困难职工基本情况的信息。

医疗数据包括会员所享受的医疗服务、相关诊断信息、提供服务的医疗机构及时间地点以及费用明细与支付情况、电子病历（EMR）、医疗影像数据、处方信息、体重、血压、血糖水平等数据。

地税局代收费用数据包括工会经费和工会筹备金等信息。

15.6.3 应用系统

目前，总工会已有“地税代收工会经费系统”“职工医疗互助系统”和“劳模信息管理系统”三套信息化业务系统。以上三个应用系统原有的硬件设备通过虚拟化技术转化为省总工会信息化平台的资源，实现资源迁移。原有的业务数据将采用整体迁移的方式进行数据继承和保存，转化为省总工会信息化平台所承载的应用的业务数据，实现数据迁移，并且主要工作是针对目前存放于IDC的数据和应用系统。随着项目的建设，业务数据从数据库迁移到数据仓库中，逐步将其纳入大数据处理平台统一管理。从而通过大数据分析技术分析运行数据，整理出有价值的资讯，以利于对我省工会发展和未来趋势做出定量分析和预测，辅助决策拟定及快速回应社会环境发展变化。原有的应用软件部署到省总工会信息化平台，实现应用软件迁移。

15.6.3.1　办公自动化系统（OA）

（1）系统目标。

总工会通过建设办公自动化系统（OA），可提高工会工作效率，降低和节约成本，加快办公自动化建设，保障公文和各种信息传递快捷畅通；为各业务部门提供合理、易用的信息化办公平台，进一步提高工作效率。

（2）系统需求。

省总工会需要一个高效的协同管理工作平台，能够将日常工作活动、管理活动、业务进行内外资源整合的高效的信息系统，从而提升其管理水平。平台实现纵向至上级总工会公文接收、横向至全省所有同级工会组织的互联互通和无纸化办公，实现全工会组织主要办公业务的数字化、网络化，加强部门之间协同业务流程和信息的交换。

（3）功能描述。

办公自动化系统（OA）实现日常管理、公文办理、会务管理、信息发布、信息报送、短信中心、系统管理等办公自动化功能。通过实现工会日常业务信息化和会议、信息通知网络化，降低传统电话通知所付出的时间和资金的消耗；实现公文网络传输和流转，降低公文送取中产生的工作成本，实现电子化办公。

公文管理：主要实现系统内公文流转会签，包括流程定义、收文管理、发文管理、发文档案、数据字典等功能。发文管理具体包括拟稿、会签、审稿、签发、编号、电子盖章、符合一定的格式的套红、分发签收、查阅、打印、督办或者催办、公文归档查询等功能。系统外部来文可以从来文系统中通过转换进入收文管理模块，纸质文件可以通过手工输入，也可通过扫描作为附件进入系统流转。

移动办公：支持智能手机、平板电脑、手提电脑等移动设备通过 4G 移动网络远程接入，引入移动办公对信息化平台进行扩展，实现移动化、现场化的办公模式。方便领导及各部门同志出差时能够随时随地方便地访问平台数据，实现远程办公。可让工会领导、管理员和职工通过文字、图片等多种方式进行沟通，一方面方便任务下达，可让成员下发任务、查看任务与回执情况，实现闭环管理；另一方面也可加强领导与职工的交流。

个人资源：主要包括管理个人相关信息和资源，主要包括个人文档、修改密码、通讯录、工作日志、日程安排、首页定制、待办事宜等功能。

信息交流：提供信息获取和交流渠道，方便员工交流信息。信息交流主要包括电子论坛、人员通讯录、电子期刊、电子公告、新闻动态、政策信息、资料汇编、理论研究、劳模风采、建言献策、员工培训、岗位职能、行政审批、规章制度、公共资料等功能。

系统管理：主要包括用户、组织、栏目、权限的管理，表单定义、工作流定义、论坛管理、配置管理等功能。

知识管理：主要提供公共文档管理、知识汇聚、文档查阅、文档检索等功能。

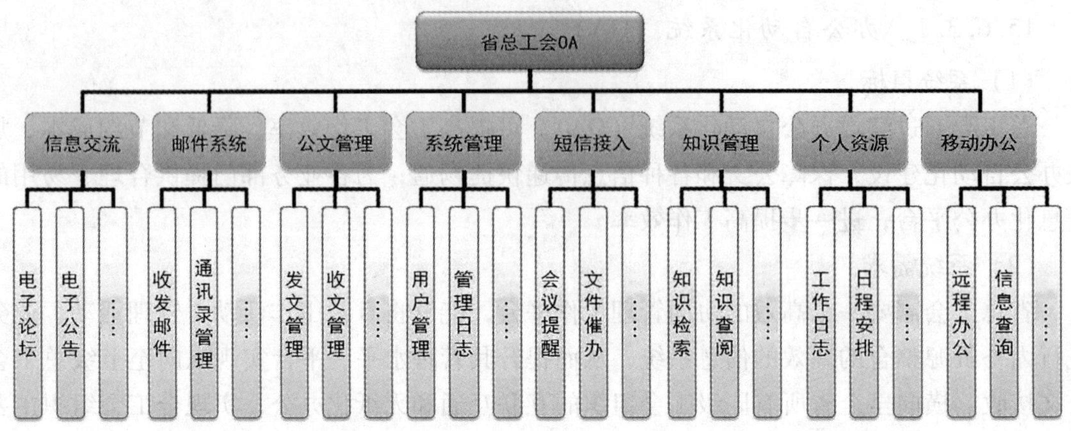

图 15－8　工会 OA 系统功能模块图（各模块功能设计细节见文字）

（4）OA 系统体系结构。

基础支撑，是系统的运行基础。包括云计算基础设施、大数据处理系统、互联网、办公无线网和电子政务外网。以业务基础平台为核心，依托该平台向整个系统提供稳定、高效的基础服务，包括 Portal、组织权限、工作流、业务监控、知识办公等。

以云计算基础设施、大数据处理系统为数据基础，以工会 OA 业务为核心，以门户系统为访问接口，依托该平台向整个系统提供稳定、高效的基础服务。总工会 OA 系统如图所示。

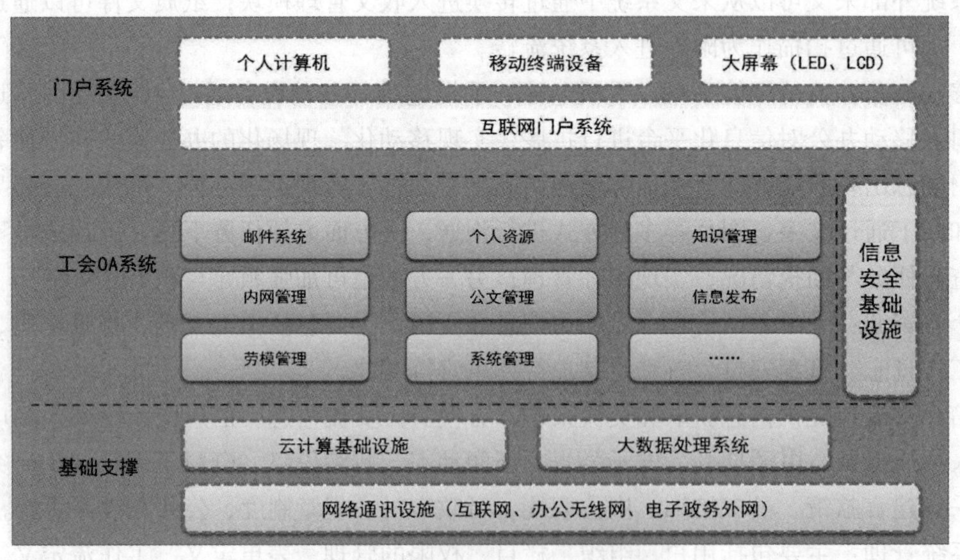

图 15－9　省总工会 OA 系统示意图

（5）技术路线。

办公自动化系统（OA）采用主流的 OA 建设方式——基于面向服务的应用（SOA）

设计理念，选择主流 J2EE 构建 OA 平台，以统一的知识门户为展现方式，以知识管理为核心，以实时协作为技术支撑手段，构建跨平台、高性能、高安全、可扩展的 OA 系统。

在系统的设计、开发和运行过程中，采用下列的技术路线：采用 B/S 结构，提升系统易用、易维护、易移植的特性；采用应用服务器和组件开发技术，提高系统的灵活性和可扩展性；采用中间件技术，提高系统的可靠性和稳定性；根据不同的应用类型，采用面向对象或面向过程的方法分析和设计系统；采用 Web Service 技术；服务端支持 Windows、UNIX 以及国产 Linux 等操作系统；利用 XML 作为系统接口的数据交换标准，进行信息资源整合；采用工作流引擎技术促进系统的快速开发和更新；采用 Portal 技术提供统一门户支持。

15.6.3.2　工会会员管理系统

（1）系统目标。

总工会建设工会会员管理系统，可以全面、实时、准确地反映全区工会组织和工会会员的基本情况及其变化，实现工会会员基本信息变化和工会组织变动调整的动态管理，为全区工会工作和会员管理提供信息化平台和载体；提高日常工会会员管理水平，节约了时间、财力、人力等资源。

（2）系统需求。

根据省总工会工作需求，主要实现会员的档案管理、查询和统计，会员会籍管理、会籍文件管理、会员卡管理、会籍信息查询统计、会员身份验证调用接口等功能。

（3）功能描述。

工会会员管理系统功能结构示意图见图 15－10。

（4）技术路线。

①按照系统功能需求将系统划分为六个模块。

②采用大数据处理系统的数据库作为数据支撑。

③主要采用 MVC（JSP＋Servlet＋Javabean）设计模式来设计。

④Web 标准实现站点推广、站点展示、用户交流模块。

⑤JSP 及 CSS 实现站点生成、站点管理模块，提升用户体验。

图 15－10　总工会会员管理系统功能模块图

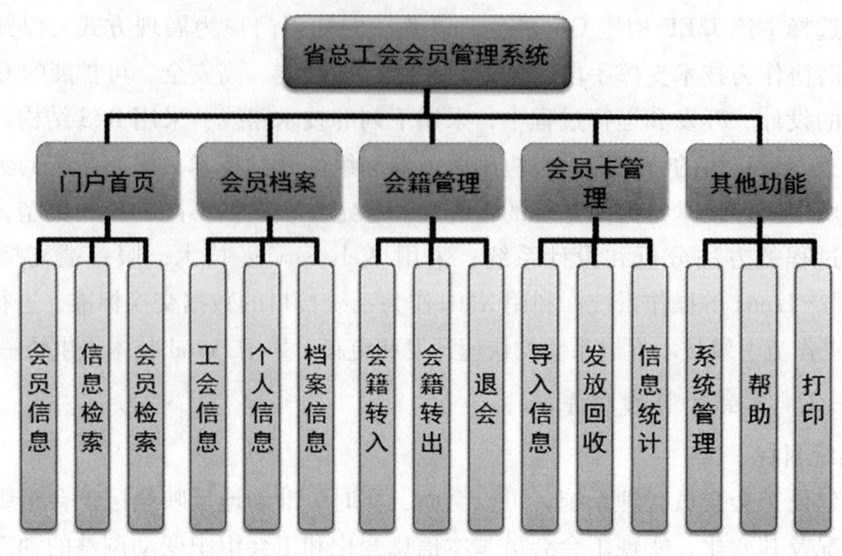

图 15－11　工会组织管理系统功能示意图

⑥JQuery 框架实现用户体验的进一步提升。

⑦前后台各层间的整合与协调。

15.6.3.3　工会组织管理系统

（1）系统目标。

总工会建设工会组织管理系统，建立动态化管理的数据库，准确把握工会组织发展的实际情况，通过实时更新的工会事务数据库来全面掌握基层工会组织的发展动态，最大限度地减少基层工会的工作量。

（2）系统需求。

协助各级总工会基层组织建设工作管理部门对基层以上工会管理、企业信息管理、基层工会管理、企业转移管理、数据查询、数据统计等相关工作的管理。

（3）功能描述。

工会组织管理系统主要实现工会组织的信息化管理，实现工会组织网上增加、注销、转接，工会会员关系网上转接、管理等。该系统管理的工会组织数据是大数据处理系统主要的数据源，如图 15－12 所示。

工会组织管理系统主要功能模块有首页、工会组织信息管理、企业关系转移、用户管理、系统管理、修改密码等。不同权限用户能看到的模块不同，涉及工会机构、职代会、工会资料、经费预算、经费收支、资产管理等方面。

门户首页：主要介绍工会组织的情况、工会组织体系架构等信息。

工会组织信息：该管理模块可以对本级工会和下级的基层以上工会、工会联合会、基层工会、企业、劳务派遣公司进行管理，实现了对企业信息、劳务派遣公司信息的新增、编辑、删除、查看、导出和对基层工会的导入、查看、剪切、导出。

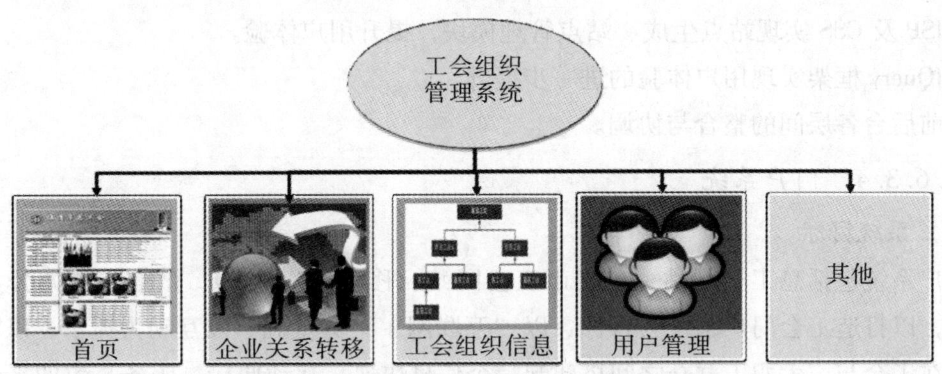

图 15－12　总工会组织管理系统功能模块图

企业关系转移：该模块可以对本级和下级没有成立工会的企业进行转移和转出，还可进行企业的转入。对于基层工会组织建设及工会组织的其他事务建立动态化管理的数据库，在定期调查统计和更新基层工会组织信息的同时，及时对关、停、并、转的企事业单位工会组织进行注销，提高工会组织统计数据精准度。

用户管理：主要是方便工会组织对用户进行管理。

其他：该功能模块主要是实现系统管理和帮助等功能，包括用户、组织、栏目、权限的管理、配置管理。

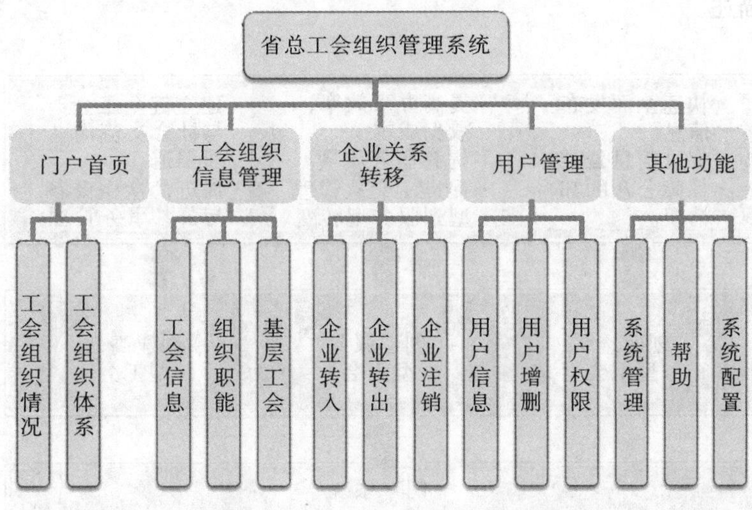

图 15－13　门户系统架构示意图

（4）技术路线。

①按照系统功能需求将系统划分为六个模块。

②采用大数据处理系统的数据库作为数据支撑。

③主要采用 MVC（JSP + Servlet + Javabean）设计模式来设计。

④Web 标准实现站点推广、站点展示、用户交流模块。

⑤JSP 及 CSS 实现站点生成、站点管理模块，提升用户体验。

⑥JQuery 框架实现用户体验的进一步提升。

⑦前后台各层间的整合与协调。

15.6.3.4 门户系统

（1）系统目标。

门户系统包括总工会网站、各州市工会网站、移动 APP、QQ、微信和微博公共账号等门户，以打造工会门户系统为目标、以“互联网+”为基础、以互动为抓手、以服务为导向，在工会与广大职工群众之间搭建起一个信息快递、互动便捷、服务高效的平台。通过互联网门户及移动互网门户的建设，整合总工会信息资源，努力打造“互联网+”工会，将工会门户系统建设成为工会组织对外宣传的窗口、工会组织与广大会员相互交流沟通的平台和工会组织服务职工群众的便捷载体。

（2）系统需求。

为方便用户访问，将分散在不同系统中的信息集成到一个信息管理平台上，以统一的用户界面提供给用户，有效地整合现有的应用系统和信息资源，为用户提供更为便捷的管理信息的手段，实现快速的信息交换和资源共享，提高协同办公的效率。它主要包括：工会网站和移动互联网门户。

（3）功能描述。

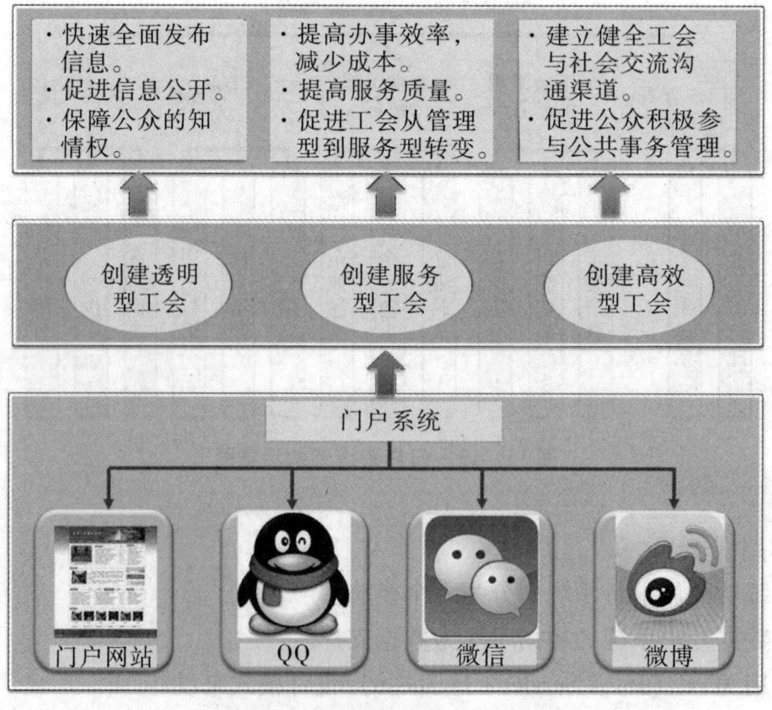

图 15－14 门户系统架构示意图

总工会网站：该门户主体主要由新闻板块、服务板块、业务板块及互动板块四大部分组成。

移动互联网门户：移动门户建设通过 QQ、微博、微信等在线服务工具，开通互动栏目，为群众、成员单位提供在线服务及互动平台。依托 QQ 公众号、微博公众号、微信公众号等，打造集会议要闻、领导讲话、省总文件、地税代收、部门机构、宣传教育为一体的移动门户。移动门户承担省总工会的对外信息发布，对相关问题表明省总的立场和态度；服务广大职工，宣传保障职工权益的有关法律法规和工会工作，转发会员和职工关注的相关内容；及时回复网友提问及留言；应对突发事件，正确引导舆论；负责有关工会工作和劳动关系的微博舆情监测。

（4）系统实现及技术路线。

依托服务器虚拟化平台，划定一定资源作为 WEB 服务器用来对外提供服务，划定一定资源作为数据库服务器用来存数据和做文件资料备份，系统通过接口与微信平台进行通信。系统利用云平台现有防护措施，以达到网站的安全性。

门户网站建设规划设置参考栏目将以现网站栏目为基础，参考其他省份对总工会的规划和设计，进行网站建设时的栏目规划应该和省总工会再进一步的交流沟通确认。（栏目包括工会简介、工会要闻、领导讲话、省总文件、地税代收、部门机构、组织建设、切实维权、服务大局、宣传教育、自身建设、基层动态。）

门户总体风格基于总工会门户是政府服务展示的网站，其网站有区别于其他行业网站。网站的页面设计富有政府服务与现代化的气息和美感，同时体现地方民族整体风貌，色彩搭配要稳重、合理、大气。

系统为 B/S 结构，服务器运行平台为操作系统 Windows Server 2008，数据库采用大数据处理系统的数据库。平台包括门户级网站前台和后台整站管理系统软件，可在企业的服务器上迅速搭建企业的门户级网站，并提供后期便捷、灵活的维护和扩充能力。系统具体开发采取以下步骤：

①按照系统可行性进行模块的划分，完成整体实现思路。门户网站建设以当前 JAVA WEB 开发最流行的框架 MVC（JSP + Servlet + Javabean）设计模式为基础，开发一套高效、扩展性强、灵活、稳定的技术框架。

②采用大数据处理系统的数据库作为数据支撑。

③主要采用 MVC（JSP + Servlet + Javabean）设计模式来设计。MVC 模式各个模块之间层次清晰，适合于团队开发，可维护性高。在这种模式下：JSP 负责数据显示，开发前台界面，设计开发 UI；Servle 负责处理用户请求；Javabean 负责封装数据。

④Web 标准实现站点推广、站点展示、用户交流模块。

⑤JSP 及 CSS 实现站点生成、站点管理模块，提升用户体验。

⑥JQuery 框架实现用户体验的进一步提升。

⑦前后台各层间的整合与协调。

微信公众平台是一个自媒体平台，可以采取注册微信公众平台账号的方式实现，通过开发模式设置，注册申请通过之后就可以使用微信公众平台群发文字、图片、语音三个类别的内容。微博和QQ采取申请公众号，实时发布信息的方式实现。

15.6.3.5 会员发展潜力分析系统

（1）系统目标。

会员发展潜力分析系统基于“互联网+”技术，建立综合性的总工会会员信息库，采用大数据分析技术，将分散在工会各部门和人口基础信息系统的职工数据进行有效整合，实现工会数据的保存、分析应用和深度挖掘，并从关联的数据信息中发现会员的职业发展趋势和发展潜力，从而做出有效的决策。

（2）系统需求。

根据会员基本信息、文化程度、工作经历、健康程度、岗位信息等相关数据，通过岗位需求分析、会员能力素质分析、会员岗位胜任力分析等模型，分析会员的职业发展潜力，并可视化。

（3）功能描述。

工会全方位收集工会会员相关数据，包括会员的健康数据、消费数据、日常活动等数据。针对不同岗位的要求，建立相应的以能力、个性、动机以及技能和经验为评估基础的能力素质模型。

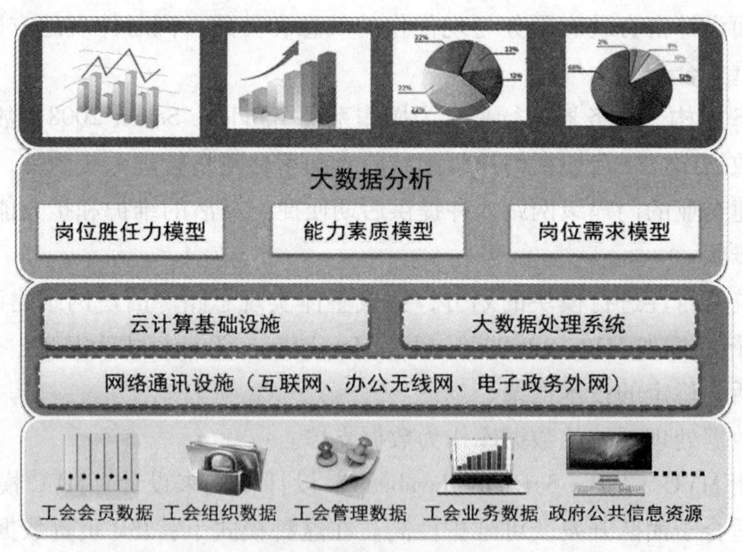

图15－15 会员发展潜力分析系统功能模块图

采用360度胜任素质反馈法、行为事件访谈法、通用性问卷等几种测评方法获取员工相关数据，通过大数据分析平台进行深度挖掘与分析，得到每个员工的岗位胜任能力评估，对员工的问题解决适应行为、个人学习适应行为、人际文化适应行为和压力管理适应行为的表现进行分析，通过分析结果快速地甄别员工的类型和发展潜力，为每个员工安排最适合他们的岗位、工作，设计适合员工的训练计划。系统有效地激发所有现有员工的潜能；能够有效地寻找出最有潜力的也是最适合填补公司空缺的员工；可以利用狭义大数据技术有效地鉴别出那些有潜力成为优秀管理者和企业领袖的员工；通过设计最适合他们的训练计划，让他们在公司的日常运作中潜移默化地掌握应有的技巧。

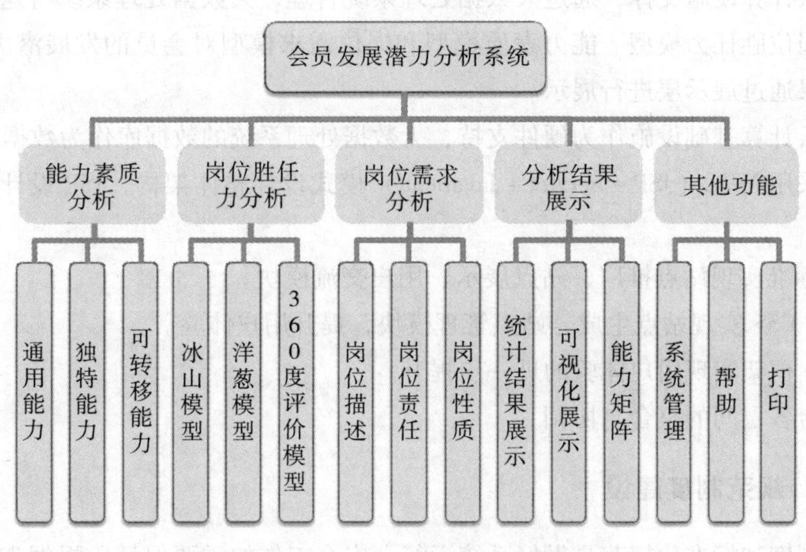

图 15－16　功能架构图

能力素质分析：该模型包括通用能力、可转移的能力和独特的能力三类能力。能力素质分析模型通过大数据处理系统，从会员的信息、简历、成果、社交网络等数据提取会员成功或失败的工作经历中具体的言行、想法、感受、处理方法等信息。然后统计各项素质出现的频率并分级，根据领导力（中高层岗位）模型、管理岗位能力素质模型、营销岗位能力素质模型以及专业技术岗位能力素质模型等具体岗位模型进行评估。

岗位需求分析：该模型主要是通过会员所在企业的相关信息，获取该企业所提供岗位的相关说明，提取岗位名称、岗位工资、所属部门、工资等级、岗位性质、岗位意义，工作内容、时段、地点、环境、专业、技能等信息。再从会员管理系统获取从事该岗位会员的学历、工作经历、成果等与会员工作能力相关的数据进行综合分析，将分析结果通过展示界面展示出来。

岗位胜任力：该模型主要考察会员完成工作、达成绩效目标所应具备的系列不同素质要素的组合，主要通过冰山模型、洋葱模型等具体模型从内在动机、知识技能、自我形象与社会角色特征等几个方面来考察会员的岗位胜任程度。

分析结果展示：该模块主要是采用表格、散点图、柱状图、直方图、饼状图等常规统计方法和能力登高图、能力矩阵等可视化方法对会员的相关能力统计分析进行展示。

其他：该功能模块主要是实现系统管理和帮助等功能，包括用户、组织、栏目、权限的管理、配置管理等常规功能。

（4）技术路线。

①按照系统功能需求将系统划分为四层，底层为数据层，由工会会员数据、工会组织数据、工会管理数据、工会业务数据和政府公共信息资源组成基础数据库。基础数据通过网络基础和云计算设施支撑，通过大数据处理系统管理，大数据处理系统将这些数据融合关联，通过岗位胜任力模型、能力素质模型和岗位需求模型对会员的发展潜力进行分析，并将分析结果通过展示层进行展示。

②采用云计算基础设施作为硬件支持，大数据处理系统的数据库作为数据支撑。

③主要采用 MVC（JSP + Servlet + Javabean）模式设计整体架构，JSP 设计用户填入表单界面。

④Web 标准实现站点推广、站点展示、用户交流模块。

⑤JSP 及 CSS 实现站点生成、站点管理模块，提升用户体验。

⑥JQuery 框架实现用户体验的进一步提升。

⑦前后台各层间的整合与协调。

15.6.4 规范制度建设

健全的制度和标准化规范是做好系统运行、安全工作的重要保证。根据省总工会信息化建设的特点，参照国家有关规定和国家、行业标准，适时研究并制定相关的管理办法、安全要求和技术规范，以便信息化工程在建设中和建成后，遵照执行的规范，系统平台能够顺利投入运行。

项目建设中拟开发的技术规范和管理制度有以下几项。

15.6.4.1 制定信息化技术和管理服务规范

（1）《总工会对外信息资源统一接口服务规范》。

规范规定了总工会信息化系统与外部信息资源数据访问服务的统一接口功能和采用的协议、连接方式、调用参数以及数据的返回格式；规范了对外数据交换服务架构、交换前置接口，交换服务接口的功能、流程和范围；规范了接口的配置管理、监控管理、权限管理、日志管理等管理方式；规定了接口安全、通讯方式、技术实现、接口列表、报文规格等具体内容；适用于总工会信息化系统建设项目中对外数据访问服务接口的建设，实现对其他政务部门和公共政务应用提供数据接口和服务的工作。

（2）《总工会云计算管理平台技术规范》。

规范是针对总工会云计算管理平台的功能技术条件编制而成的。该规范规定了平台的体系架构和各层应实现的功能；规定平台系统结构中的内部组成、各子系统功能、子系统之间关系以及与外部系统的关系等；详细规定了平台系统的功能体系、管理方式和技术要求；规定了平台的资源管理、访问控制、按需分配等的功能和流程关系；适用于总工会云计算平台建设运行中的业务开发和功能管控。

(3)《总工会信息资源库数据管理规范》。

规范规定了总工会信息资源库数据管理的范围、技术要求；规定了数据格式、连接协议、调用参数和返回格式；规定了数据的管理运行流程、安全访问控制、备份与恢复功能；规定了数据管理的支撑系统和应有功能；规定了数据接口安全、通讯方式、技术实现、报文规格等具体内容；适用于总工会信息资源库建设和运维中的数据标准和数据规范管理。

(4)《总工会信息资源共享接口规范》。

规范规定了总工会信息化系统中信息资源数据共享访问接口采用的协议、连接方式、调用参数以及数据的返回格式；规定了共享接口的编码方式及响应格式；规定了接口安全、通讯方式、技术实现、报文规格等具体内容；规定了共享交换接口的传输过程、交换方式及周期、库表、目录权限及维护、异常处理等功能；适用于总工会信息化系统建设项目中信息资源数据共享访问服务接口的建设。

(5)《总工会应用系统共享接口规范》。

规范规定了总工会信息化系统中各应用系统之间数据共享访问接口采用的协议、连接方式、调用参数以及数据的返回格式；规定了共享接口的编码方式及响应格式；规范了接口的配置管理、监控管理、权限管理、日志管理等管理方式；规定了接口安全、通讯方式、技术实现、报文规格等具体内容；适用于总工会信息化系统建设项目中应用该系统进行数据共享访问服务接口的建设。

15.6.4.2　制定信息化管理制度

(1)《总工会网络和信息安全管理办法》。

管理办法制定了总工会在网络和信息安全方面的组织机构建设、责任权限、工作内容；制定了信息化系统建设和使用中的信息安全总体框架；定义了事件管理与响应机制；制定了基础设施安全的管理办法；制定了应用设施安全的具体措施；制定了安全监控管理的范围和功能；制定了风险管理和补丁管理等的具体规定；适用于总工会就开展网络和信息安全进行专项管理和组织安全管理培训。

(2)《总工会信息化运行维护管理办法》。

管理办法制定了总工会在信息化运行维护管理方面的组织机构建设、责任权限、工作内容；制定了统一运维过程管理、统一运维人员管理、统一运维资源管理、统一运维技术管理、服务评价等方面的制度和工作规范；制定了总工会信息安全管理平台的总体架构；制定了运维服务门户的功能和流程；制定了运维管理平台功能划分和具体使用办法；适用于总工会就开展信息化日常运维工作确定管理制度和用于组织信息化运行维护培训。

(3)《总工会信息化安全技术要求》。

要求规定了在信息化网络安全、系统安全、数据库安全方面的身份鉴别、访问操作、访问规则、授权传播限制、标记、访问控制安全策略、安全审计、数据完整性、数据保密性、可信路径等的具体技术要求；定义了总工会的具体安全区域划分；规定了基础设施安全策略、应用设施安全策略、云安全策略等方面的具体操作要求；适用于总工会作为信息化安全建设中的技术标准，适用于内部安全技术方面的培训。

(4)《总工会信息化安全保密管理办法》。

管理办法主要制定信息化保密方面的具体措施；规定了信息内容的安全等级划分，限定了信息内容与使用信息对象的映射关系；规定了从管理层面、技术层面、审计层面对信息进行有效的监控、预警、取证、行为回放等办法；规定了网络安全、存储安全、主机安全、设备安全等方面的具体安全保密技术防范措施和管理办法。管理办法使省总工会信息化环境符合安全保密标准、国家和行业规定，避免违规带来的管理和人员风险。

(5)《总工会信息发布与审核管理办法》。

管理办法主要制定了总工会信息化发布和审核的具体工作流程和措施，规定了信息发布机构和信息审核机构的责任权限和工作内容；规定了信息发布分级与信息审核管理的技术手段和工作规程；规定了信息发布和信息审核工作流的追踪、记录和日志保持办法；规定了信息发布内容的保密性、安全性条款。该管理办法适用于省总工会在对外进行信息发布服务中的工作规定，适用于进行信息发布和安全审查技术培训。

15.6.5 运维保障服务体系建设

运维保障服务体系从运维保障组织、运维保障制度、运维管理平台三个方面着手建立。其中，运维保障组织、运维保障制度是运维工作开展的基础，运维管理平台为省总工会信息系统运维工作的开展提供技术支撑。

15.6.5.1 运维保障组织

运维保障组织是运维服务开展的基础，是对运维服务组织、运维角色及运维职责的划分与界定。

运维组织机构由省总工会信息系统运营机构、运维服务支撑机构及各业务应用部门组成。其中运维服务支撑机构包括网络运营商、平台设施供应商、应用开发商、运维服务外包商等机构。

省总工会信息系统运营机构承担所有信息系统的运维工作和管理角色，负责开展全省工会系统运维工作的统一规划部署、协调组织，并为下级工会系统的运维工作提供业务指导和服务支撑；运维服务支撑机构承担运维服务实施角色，负责基础设施、应用功能、业务系统、网络环境等内容运维服务的实施；各业务部门承担运维服务应用、评价角色，并为运维服务提供业务逻辑支撑。

15.6.5.2　运维保障制度

运维保障制度是省总工会信息系统运行实施的制度保障，从统一运维过程管理、统一运维人员管理、统一运维资源管理、统一运维技术管理、服务评价五个方面着手建立相应的管理制度和工作规范。

（1）统一运维人员管理。

建立运维资质管理制度，根据运维工作等级划分，明确各级运维服务提供机构和从业人员的资质、准入机制等相关要求，制定相关工作规范。

（2）统一运维资源管理。

建立运维资源集中管理制度、资产管理制度，制定平台运维工作中涉及的网络资源、基础设施、应用系统、支撑软件、固定资产等资源的申请、使用、维护、配置、变更、回收等各个环节的管理制度和工作规范。

（3）统一运维技术管理。

制定运维技术管理制度、安全管理制度，提供明确的运维技术管理、运维工具管理、知识库应用管理制度；建立安全管理制度，从技术方面为平台安全、稳定运行提供保障。

（4）统一运维过程管理。

建立运维过程管理制度、运维服务管理制度、运维质量保障制度，根据平台运行实际需求进行运维等级、服务等级、运维工作流程、运维服务流程及运维服务质量保障制度规划，确保服务规范化、运维工作流程化。

（5）运维服务评价制度。

制定可行的运行维护服务评价办法，设计评价指标，对运维服务提供机构的服务水平、服务能力、服务质量进行综合考核；对运维成本进行量化核算，有效控制服务成本，提高服务质量。

15.6.5.3　运维管理平台

运维管理平台是开展运维工作的重要技术支撑，要实现与云计算平台的无缝对接，根据运维服务管理要求，按照标准化、规范化、精细化的流程，对平台运行状况进行全范围、全过程的实时监控，确保运维服务的及时性。

（1）功能架构。

运维管理平台功能划分为资产管理、资源管理、设备性能监测、网络流量监测、业务应用监测、机房环境监测、运维流程管理、供应商管理、运维统计分析和可视化展现等十个模块。

（2）具体功能模块。

①资产管理。

针对基础设施资源实现资产登记备案和使用管理，明确记录每项基础设备的名称、规格、价格、归属、使用信息、运行状态等内容，提供资产清单明细，为基础设施资源查找、分配、使用、维护提供基础；提供报表功能，可按不同维度对种类基础设施资源进行统计。

针对服务资源实现服务资源信息和配置信息的管理，对各类服务资源的名称、规格、归属、用途、使用方法、关联资源以及服务人员配置等信息进行管理，形成服务清单明细，便于对服务资源进行查找、定位、分配。

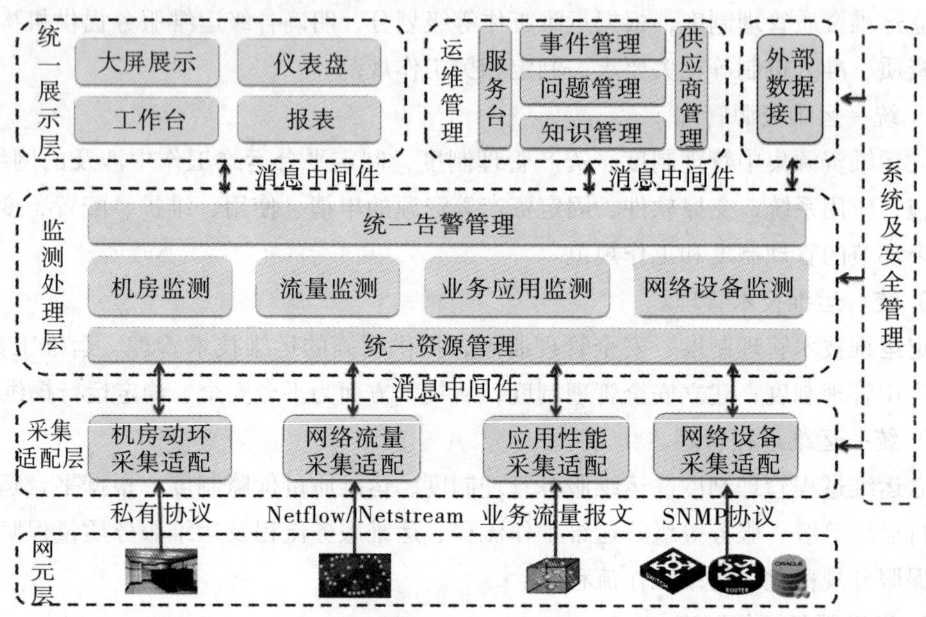

图 15－17　功能架构图

②资源管理。

资源管理部分用于对资源类别、资源信息、资源申请、资源使用、资源回收等内容的管理。以资源性质分类，可将平台资源分为基础设施资源和服务资源两大类。基础设施资源主要包括机房、机柜、服务器主机、网络设备、存储阵列、安全设备、应用系统等内容。服务资源主要包括支撑软件服务资源、应用服务资源和人力资源，其中应用服务资源又分为应用功能、应用部署和信息资源三种服务资源。

资源管理支持自动发现资源、手工创建资源及预览资源详情。

③设备性能监测。

设备监测网络设备、主机、数据库、中间件等硬件及软件资源的性能情况，实时掌握设备的 CPU、内存等关键资源的使用情况以及流量变化的情况，及时了解设备资源的状态，防患于未然。

④网络流量监测。

通过对设备 Netflow 流量的监测，可以监测端到端链路、业务应用、主机、子网、资源群组等的流量分布情况，从包速率、流速率、字节速率趋势等方面详细了解各种流量信息，给网络故障分析、网络优化等提供决策数据支持。

⑤业务应用监测。

通过实时采用业务应用的流量，分析业务应用的用户、流量地域分布，用户操作体验，应用的负载、流量、错误率、访问人数，业务应用于支撑资源的关联关系，相关告警等；即时掌握业务应用的运行状态和访问情况。

⑥机房环境监测。

机房环境监测提供机房的动力、环境参数的监测功能，如温度、湿度、防火、水浸、门禁、电压等，并通过三维机房模式直观的展示。

⑦运维流程管理。

基于相关管理制度和工作规范，对运维工作和运维服务进行分类和等级划分，根据运维工作和运维服务类别、等级制定相应的工作流程和服务流程。流程管理部分用于对已定义的工作流程和服务流程进行配置、变更和系统实现，从技术手段上对运维工作和服务实施的过程进行规范化管理。

⑧供应商管理。

供应商管理包括供应商服务内容管理、资质管理、服务质量保障管理、服务绩效管理四个方面的内容。

服务内容管理用于对已界定的服务内容、服务范围、服务类型、服务标准、服务等级划分、服务资质要求等内容进行管理，为服务流程制定和服务实施提供依据；服务机构资质管理用于对参与平台运维工作的相关机构基础信息、服务信息、机构资质等内容进行管理，实现运维服务机构的规范管理，确保各服务机构的服务能力满足实际要求；服务质量保障管理用于对运维服务质量体系、运维服务质量保障体系等内容进行管理，确保运维服务的质量；服务绩效管理用于实现运维服务绩效评价信息的管理与绩效评价结果分析，为提高运维服务绩效和下一步的工作部署提供参考。

⑨运维统计分析。

基于运维历史记录对故障的影响及根源进行统计分析，提高运维工作的效率。

故障影响分析：通过资源之间的关联性分析和故障的关联性分析，给出一个故障的影响分析，为故障的解决提供技术支撑，并同时分析被影响的资源和业务应用，提前预算一个故障对客户业务的影响度。

故障根源分析：通过故障关联分析，帮助运维人员对故障进行归并和挖掘，降低运维人员工作量，提高故障的解决效率。

⑩可视化展现。

运维管理平台应提供多种类型的图形化展现视图，能够通过丰富直观的图形化界面详细展现 IT 基础设施的网络结构、实时运行状态，并且支持大屏展示和 3D 机房展示功能。系统集成的可视化视图编辑功能，能够根据实际管理需要灵活定义展现内容，更好地满足客户的不同需求。

可视化视图设计器内置图元组件库，提供各类形状、资源模具、图表组件等，用于编辑资源展现模板、仪表板、拓扑图、机柜图等。另外，可视化视图设计器支持用户方便拖拽 CMDB 中的资源到视图编辑，并快速将资源的性能和告警进行绑定，形成各种直观的监控拓扑视图。

15.7 效益分析

建好总工会信息化系统，无论从工会服务的社会属性，还是从工会自身发展属性来讲，都具有重要而深远的意义。项目建设将促进全省广大会员群众的信息化普及，加快各级工会信息化发展进程，有利于分类整合工会资源，形成服务的整体效能——具有显著的社会效益和间接的经济效益。

15.7.1 社会效益

15.7.1.1 加强党群联系、维护社会稳定

工会信息化作为信息时代下党和政府密切联系广大职工和人民群众的桥梁，作为促进全省公共信息服务均等化的有效途径，以此来弘扬社会主义核心价值观，服务城乡大众，彰显各级工会组织在加强密切联系群众、维护职工利益、加强社会帮扶、促进群众互助、实现社会稳定等方面的重要作用。

15.7.1.2 服务职工群众、赢得会员信赖

工会组织是会员群众利益的代表者、表达者和维护者，在全省互联网特别是移动互联网迅猛发展、智能终端快速普及的背景下，省总工会全面实施信息化建设，借助互联网的广泛性和实时性，通过多种网络信息化应用、职工热线等途径，全天候、跨地域的为广大会员职工提供多种援助、帮扶、互助服务；扩宽了群众的对工会服务的获取途径，便捷高效地帮助了会员群众。工会信息化服务成为广大会员群众在新时期最信任、最可靠、最有效的援助窗口。

15.7.1.3 优化工会工作，提升服务效率

工会工作涉及面广、任务繁重、责任重大，信息化建设有效整合了省总各个系统信息资源，建立上至全总下到乡镇工会机构的“纵向”协同机制，完善了左右连接各级部委办局和广大企业事业机构的“横向”协同机制，促进合理共享，实现资源优化配置和高效利用。协同办公提高工作能力，流程化精准化管理工作，快速提升了工会各项工作的运转效率，根本上提升我省各级工会整体服务能力和服务效率。

15.7.1.4 信息科技引领，创新普惠服务

项目协同了工会各项信息资源；经过新一代信息技术手段分析处理，不断创新和开发

出来更加新颖、更加睿智、更加贴合民意、更加深入社会生活方方面面的服务应用，更加广泛便捷地服务会员群众。创新工会服务与政府、商业机构充分互动的模式，不断拓宽工会各项服务的范围、方法和提升报务质量，为党和政府的各项决策提供科学依据，努力满足新时期广大人民群众的各项信息服务需求

以上分析表明，本项目建成后，将提升全省工会信息化普及水平、增强总工会各项工作的能力，助推信息化跨越式发展建设。项目社会效益十分显著。

15.7.2　间接经济效益

总工会信息化系统建设项目是个公益性建设项目，没有直接的经济效益。项目建设通过推进工会各项服务与政府机构和商业模式的充分互动，创新服务模式，激活总工会 530 万会员数据的潜在价值，通过信息化手段，提升全省各级工会工作效率，提升工会各项服务能力，进而提升了工会的整体影响力、号召力和凝聚力，成为新时期广大职工群众最信赖的服务提供组织，最终形成会员队伍不断壮大的格局。

会员壮大造成整体会费增加，形成间接的经济效益。

15.8　案例评析

该项目的建设是总工会落实《中华全国总工会关于印发〈全国工会系统信息化发展规划（2014－2018 年）〉的通知》的具体任务，项目紧紧围绕“创新体制机制、服务科学发展”的大局，以改进和优化配置工会资源为宗旨，以贴近经济社会发展的需求和建设人民群众满意的工会组织为目的，以服务为工会部门的核心业务导向，努力实现现代信息技术与工会业务的有机融合，着力提高整体管理水平，是深化工会管理体制改革、服务模式创新、推进工会法制化的重要内容和有效手段，为实现工会组织向科学化、规范化、法制化的根本转变，实现工会运行机制和管理方式向规范有序、公开透明、便民高效的根本转变，提供更加有效的技术支撑和服务保障。项目的建设意义重大，影响深远。

项目建成后，信息化成果将使总工会工作水平迈向一个新的台阶，满足省、州（市）、县（市、区）三级工会系统信息共享和业务应用的要求。随着社会信息化水平不断提高，部门业务应用系统呈现向上集中的大趋势，本项目就是典型的部门省级大集中业务系统，工商、税务、交通等部门省级大集中信息化建设可参考本案例。